U0578982

权威·前沿·原创

皮书系列为
"十二五""十三五"国家重点图书出版规划项目

BLUE BOOK

智库成果出版与传播平台

北京社会心态蓝皮书

BLUE BOOK OF
BEIJING SOCIAL MENTALITY

北京社会心态分析报告
（2019~2020）

ANNUAL REPORT ON BEIJING SOCIAL MENTALITY
(2019-2020)

北京市社会心理服务促进中心／编
主　编／李万钧

社会科学文献出版社
SOCIAL SCIENCES ACADEMIC PRESS（CHINA）

图书在版编目（CIP）数据

北京社会心态分析报告. 2019 – 2020 / 李万钧主编
. -- 北京：社会科学文献出版社，2020.11
（北京社会心态蓝皮书）
ISBN 978 – 7 – 5201 – 7545 – 6

Ⅰ.①北… Ⅱ.①李… Ⅲ.①社会心理 – 研究报告 –
北京 – 2019 – 2020 Ⅳ.①C912.6

中国版本图书馆 CIP 数据核字（2020）第 209160 号

北京社会心态蓝皮书
北京社会心态分析报告（2019～2020）

编　　者／北京市社会心理服务促进中心
主　　编／李万钧

出 版 人／王利民
责任编辑／陈晴钰
文稿编辑／单远举　李惠惠　刘　燕

出　　版／社会科学文献出版社·皮书出版分社（010）59367127
　　　　　地址：北京市北三环中路甲 29 号院华龙大厦　邮编：100029
　　　　　网址：www.ssap.com.cn
发　　行／市场营销中心（010）59367081　59367083
印　　装／天津千鹤文化传播有限公司

规　　格／开　本：787mm×1092mm　1/16
　　　　　印　张：25.5　字　数：420 千字
版　　次／2020 年 11 月第 1 版　2020 年 11 月第 1 次印刷
书　　号／ISBN 978 – 7 – 5201 – 7545 – 6
定　　价／159.00 元

本书如有印装质量问题，请与读者服务中心（010 – 59367028）联系

主要编撰者简介

李万钧 中共北京市委社会工作委员会书记，北京市民政局局长，高级政工师。曾任中共北京市委政法委干部处助理调研员、副处长、处长、助理巡视员，中共北京市委政法委秘书长，首都综治办副主任、主任，北京"2008"环境建设指挥部办公室党组成员、副主任，北京市流动人口和出租房屋管理委员会办公室主任，中共北京市委政法委副书记、机关党委书记，北京市民政局党委书记、副局长，北京市民政局党委书记、局长。在《中共民政》等期刊发表多篇文章。

张青之 北京市民政局副巡视员。毕业于陆军学院，先后就读于装甲兵指挥学院、中国人民解放军国防大学、中国科学院以及美国芝加哥大学，获军事硕士学位，大校军衔。先后在总后勤部政治部担任院校教育组组长，总后勤部干部轮训大队副大队长等职，担任全军"5·12"汶川地震救灾心理专家组组长。曾任北京市社会建设工作办公室副巡视员，北京市委宣讲团专家。专著有《新时期军警官心理健康指南》《后勤保障部队战时心理调适指导手册》《信息化战争心理防护》《军队抗震救灾心理教育和服务》等。

摘　要

　　本书是北京市社会心理服务促进中心"北京社会心态研究"课题组在北京市委社会工作委员会、市民政局相关领导的指导下组织编写的第七部"北京市社会心态蓝皮书"。本书主要包括四个部分：总报告、社会心态篇、心理健康篇以及社会心理服务篇。在总报告中，我们系统地探讨了我国社会心理服务体系建设的重要性以及主要问题，提出了加强社会心理服务体系建设的对策建议。在社会心态篇，我们从生态环境、国家、社会以及个人四个层面考察了北京市居民的生态环境满意度、国家认同感、社会安全感、社会焦虑、社区归属感、社会疏离感、社会责任感、亲社会行为、主观幸福感、生活满意度和工作满意度现状以及其相关因素。在心理健康篇，我们探讨了北京市居民的心理健康状况，并重点考查了北京市老年人的抑郁和孤独感状况。考虑到网络的普及与使用，我们也考查了北京市居民手机成瘾状况。在社会心理服务篇，我们探讨了北京市居民对社会心理服务的需求状况以及北京市社会心理服务建设现状。

　　通过以上调查研究，我们期望能够系统地了解北京市社会心理服务建设现状以及北京市居民的社会心态和心理健康水平，并且为北京市乃至我国社会心理服务体系建设提供相应的对策建议。

　　关键词：北京　社会心态　心理健康　社会心理服务

目　录

Ⅰ　总报告

Ⅱ　社会心态篇

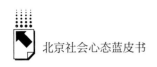

Ⅲ　心理健康篇

Ⅳ　社会心理服务篇

皮书数据库阅读**使用指南**

总 报 告

General Report

B.1
加强社会心理服务体系建设研究报告

宋贵伦[*]

摘　要：　社会心理服务体系建设通过提高个体的心理健康水平、维护
　　　　社会稳定并且引导社会价值观念而成为政府高度重视的工作。
　　　　本报告采用文献分析、调查访谈等方法研究我国社会心理服
　　　　务体系建设现状及未来发展方向。以北京市民为例的心理调
　　　　查结果表明：①多年来我国社区居民心理健康水平整体下降，
　　　　其中压力、睡眠障碍及焦虑/抑郁等心理问题对居民困扰较为
　　　　严重。②居民社会心态整体状态良好，但价值观念需要进一
　　　　步引导；部分居民由于生活压力（住房、医疗、教育等）产
　　　　生负面情绪，甚至倾向于采取激进方式对待不公平事件；群
　　　　际冲突也日益突出。③多数居民认同心理健康工作的重要性，
　　　　但寻求专业化帮助的居民占比较低，渴望政府部门充分发挥

---

* 宋贵伦，北京师范大学中国教育与社会发展研究院二级教授，博士生导师，主要研究方向为
社会建设与治理。

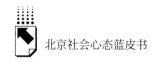

作用。针对我国现阶段部分民众心理健康意识薄弱、心理服务专业性/可及性较低、资源整合性较差、资金/政策支持有限等问题，借鉴国内外心理服务工作经验，从教育宣传、专业人才培养、规范组织管理、信息共享、网络平台建设、政府资金/政策保障及社会心理文化培养等几个方面为建设社会心理服务体系提出对策建议，推动社会心理服务工作良性发展。

关键词： 社会心理服务　心理健康　社会治理　北京

一　前言

现阶段，信仰缺失、价值观念混乱、社会认知偏差、心态浮躁等社会问题不同程度存在，个体心理失衡引发的极端事件时有发生，心理服务成为社会治理的迫切需求。政府高度重视社会心理服务工作，并给予一系列政策引导。2016年12月30日，国家卫生计生委等22部门联合印发了《关于加强心理健康服务的指导意见》。2018年11月，国家卫生健康委、中央政法委、中宣部等10部门联合印发了《全国社会心理服务体系建设试点工作方案》。系列政策的出台反映了国家对心理服务目标的认识逐步深化，国家对心理建设重要性的认识从健康领域、精神文明领域、文化建设领域拓展到社会治理和社会建设领域。国家对心理服务具体工作的指导意见和试点工作的细则方案的出台，说明了社会心理服务工作的迫切性和国家对这项工作的高度重视。

社会心理服务建设是社会发展的需要，是社会治理现代化和创新社会治理的需要。社会心理服务建设对社会发展的作用主要表现在三方面。

首先，通过社会心理服务工作，增强个体心理健康，提高社会生产力。其次，通过社会心理服务工作，疏导社会群体情绪，引导社会行为，减少过激事件、群体事件的发生，有助于维护社会稳定。中国的发展需要有稳定的社会秩序，从国际形势看，经济全球化、科技革命给我国带来经济与科技等方面的机遇，也带来了挑战，需要一个安定团结的社会局面来应对外部考验。从国内形势看，市场经济提高了物质生活水平，对社会价值观念产生冲击；人们的主观幸福感普遍提高；大多数人感受到生活压力增大；社会流动的加快产生了留守问题；贫富差距增大加剧了仇富现象；局部地区或行业发展的不平衡引起人们对社会公平的质疑；突发事件发生时民众与政府可能产生认知冲突；等等。部分社会问题的产生与人们的社会认知与社会情绪紧密相关，个体及群体的认知与情绪若产生偏差可能诱发非理性的群体行为，心理服务工作的重要性日益凸显。了解个体群体心理特点，缓解潜在的社会矛盾和冲突，加强对弱势群体、特定群体的社会支持，促进社会治理，有助于维护安定的社会环境。最后，通过社会心理服务工作引导社会价值观念。中国改革开放 40 多年来取得巨大成就，重要因素之一是这期间整个社会对社会发展方向有一致的认同，全社会一心抓改革谋发展，有共同的理想信念。随着改革开放的推进，人们对社会发展方向的认知有了一定的分化，社会价值观念产生多元化倾向，享乐主义与物质主义价值观在一定范围内的泛滥，理想主义的没落，成为许多社会问题产生的根源。因此，需要通过社会心理服务工作提高不同阶层民众的社会认知水平，引导其树立正确的社会价值观念，为社会未来的发展夯实社会心理基础。

当前，不管在理论还是实践中，社会心理服务体系建设处在初级阶段，社会心理服务工作的功能定位尚未明确，社会心理服务的工作模式仍在摸索之中。为了适应社会对心理服务的需求，更好地贯彻政府对社会心理服务工作的指导精神，本报告采用文献分析、抽样调查、小组访谈等方法，对社会心理服务体系建设的若干问题进行探讨。具体内容包括：一是总结当前已有研究，界定社会心理服务工作的功能定位与概念，提出社会心理服务工作的内容框架；二是分析居民心理健康状况、社会心态特点和社会心理服务需求；三是总结国际、国内社会心理服务工作的经验；四是分析当前社会心理服务体系建设中存在的问题；五是对加强社会心理服务体系建设提出对策建议。

二　社会心理服务工作的功能定位和概念

对于"社会心理服务"及"社会心理服务体系"的功能定位和概念，研

究者们从各个角度进行了探讨。大多数观点认为社会心理服务包含了"提升个体心理健康"及"培育社会心态"等广泛意义的心理服务工作内容。

俞国良等认为社会心理服务工作具有理解社会认知、监测社会情绪与社会影响、引导社会行为的功能①。傅小兰指出社会心理服务体系建设既要加强心理健康建设，也强调了运用心理学理论与方法指导社会治理的重要性②。辛自强指出"社会心理服务体系"在严格意义上应该理解为"社会心理的服务体系"③，他认为社会心理服务体系与心理健康服务体系的视角有根本差异。陈雪峰强调了社会心理服务在国家公共政策制定与社会治理中的重要性④。王俊秀认为要扩展社会心理学传统学科边界，整合心理学的学科资源，来为社会治理服务，社会心理学是心理学体系与社会治理体系的桥梁和中介⑤。社会心理服务对于社会治理的重要意义得到了广泛的认同。

综上所述，社会心理服务工作的功能定位主要有两个方面：一是认为社会心理服务工作包含了心理健康服务工作以及社会心态建设等与社会治理相关的心理服务工作；二是认为社会心理服务体系与心理健康服务体系是完全不一样的体系，二者是并列关系。大多数研究者的观点更倾向于前者。

笔者认为，作为社会整体心态基础的个体心理健康是社会心理服务工作不可分割的内容，个体心理健康建设是和谐社会建设的基础，社会心理服务工作的概念可以总结为"运用心理学的科学规律与方法，把握个体和群体的心理与行为规律，提高个体身心健康，促进群体与社会和谐的心理服务工作"。其工作目标在于提高个体心理健康、帮助人们建立理性的社会认知，疏导不良社会情绪，引导社会行为，培育积极的社会心态，满足人们的心理与精神需求，促进社会治理。因此，要从系统的角度分析社会心理服务工作的功能定位。

从个体、群体的社会心理的发展规律和社会治理的不同工作层面看，社会

① 俞国良、谢天：《社会转型：社会心理服务与社会心态培育》，《河北学刊》2018年第2期。
② 傅小兰：《加强社会心理服务体系建设》，《人民论坛》2017年第S2期。
③ 辛自强：《社会心理服务体系建设的定位与思路》，《心理技术与应用》2018年第5期。
④ 陈雪峰：《社会心理服务体系建设的研究与实践》，《中国科学院刊》2018年第3期。
⑤ 王俊秀：《社会心理学如何响应社会心理服务体系建设》，《心理技术与应用》2018年第10期。

心理服务工作的功能定位是个多层次、系统性的功能体系，同时包括微观（如个体心理健康）、中观（如群体认知）和社会宏观（如社会心态培育）层次的心理建设。提高个体心理健康是社会心态培育的基础，社会心态的引导也能促进个体的心理健康、群体的理性认知与行为。所有层次的工作都立足于对人心理与行为规律的认知与尊重，这是现代社会治理工作的出发点。

社会心理服务工作的功能定位可以分为个体层面、人际层面、群体层面、群际层面与社会层面。一是个体层面：此层面工作目标在于提高个体心理健康，帮助个体建立理性的社会认知，提高个体情绪调节能力，纠正其失调行为。二是人际层面：此层面工作目标在于帮助人们提高人际交往能力，建立和谐的人际关系，提高人们在不同人际环境中的社会适应性。这个工作层面经常与个体层面相结合。三是群体层面：此层面工作目标在于了解群体心理特点与心理需求，纠正群体性社会认知偏差，建立弱势群体的社会心理支持系统，监测与引导群体情绪与群体行为。四是群际层面：此层面工作目标在于促进群体间的社会互动与群体沟通，调节突发事件中相关群体的冲突性的认知、情绪或行为，调节因社会结构变化带来的群体认知差异，提高不同群体对社会发展的共同认知，缓解群体间冲突性的情绪与行为。五是社会层面：此层面工作目标在于引导社会舆论，营造积极、和谐的社会心态，提高社会认同和文化归属感，弘扬主流社会价值观，加强心理文化建设。

不同层面社会心理服务工作在工作内容上存在较大差异，其管理与执行单位、已有基础、相关的学科支持各有侧重。在个体与人际层面，以精神病学、临床心理学等学科知识为理论指导，以精神病学治疗、心理治疗、心理咨询为主要服务方式，以精神卫生组织的工作为主，以政法系统、民政系统的心理服务工作为辅。精神病治疗方面的工作与体系都相当成熟，对于个体心理与行为纠正的心理治疗与咨询工作和体系建设也在逐步完善。在群体与群际层面，以社会心理学（社会认知、社会情绪、社会比较与社会动机等理论）、社会学等学科知识为理论指导，以面对群体性的社会工作方式，如讲座、小组座谈、群体干预为主要服务方式开展工作，以民政（社工委）系统、教育系统、政法系统、行业心理服务机构为主，以妇联、残联、工会等政府部门的社会服务工作为辅。这方面的工作是社会治理工作的重点，相关部门做了不少的实践，但群体、群际层面的社会心理服务的工作体系建设尚有待完善、尚未形成理论体系。社会层面的社会心理服务工作，需要科研机构、教育、宣传和文化等各个部门的共同参与，采用舆论引导、宣传、教育和其他文化建设等多种工作形式。突发事件的应急与危机心理干预是涉及个体、人际、群体、群际关系和社会各个层面心理服务工作的一种特殊情况。应急与危机心理干预涉及当事人或当事群体的心理援助，相关人群的认知、情绪与行为干预，社会舆论引导，应以政府部门为领导，以专业的心理危机干预中心的工作为主，整合各方可利用的资源来开展工作。

社会心理服务工作功能定位的五个层面中，不同层面的工作相互作用、相互影响。个体层面是基础，个体心理健康是所有层面工作的基石，每一个层面工作都是更高层面的基础，从个体心理健康到社会心态的建立，是层层推进、逐步提升的过程。最高层面的价值观念树立和文化建设，对所有层面的工作有内在推动作用。社会心理服务工作包含个体心理健康工作，其工作核心应是中观和宏观层面，重点和难点应该是群体、群际和社会层面的工作：如何加强群际互动，协调社会认同，缓解群体间矛盾，促进社会和谐。

社会心理服务提供主体及其工作侧重点、社会心理服务工作的对象群体、社会心理服务要解决的问题类型、心理服务工作队伍见表1。

表1 社会心理服务工作的相关内容

项目	具体内容
社会心理服务提供主体及其工作侧重点	卫生系统：全体居民心理疾患的预防、治疗与康复，特别是严重精神障碍者的治疗与康复 教育系统：心理健康与社会心态建设的知识普及，提高青少年的心理健康水平与社会认知 科研机构：参与各个层面的社会心理服务工作，社会心理服务及体系建设的研究工作，促进社会心理服务理论成果的实践应用 政法系统：管理危及治安的精神病人的收容与治疗康复，监控精神病人群中有肇事肇祸倾向人群的行为动态，降低社区人格异常人群心态失衡、行为异常导致的极端案(事)件发生率 民政系统(及社会工作委员会)：为特定精神病患者(如"三无"病人)提供民政支持，通过延伸到最广泛的社区居民提供心理服务，如建立社区心理服务网络 行业及妇联、残联、工会等政府部门：建立特定群体的心理支持系统，促进部门所属群体的心理健康与社会心态建设 民政登记或工商注册的心理服务机构：心理服务的市场需求，参与部分公益性的社会心理服务，部分机构承担政府购买的社会心理服务

项目	具体内容
社会心理服务工作的对象群体	普通群体:社区群体、职业群体、儿童、青少年、老年人等 弱势群体:包括失业人群、困境儿童、孤儿、空巢老人、长偶居民、失独家庭、留守老人、孕产妇女、更年期妇女、受创伤妇女、残疾人、慢性病患者、农民、农民工、城市流动人口、留守儿童、突发事件后的相关人群等 特殊群体:药物滥用人群、精神病患者、公安监所被监管人员、社区矫正人员、服刑人员、刑满释放人员等
社会心理服务要解决的问题类型	一般性心理问题:人际交往、学业或工作或生活压力、自律能力(如控制体重)、职业发展、自我认识、婚姻关系、家庭关系、子女教育、亲子关系等 精神疾病:精神分裂症、情感障碍、人格障碍、心因性精神障碍、性心理问题、药物滥用、神经症(焦虑、抑郁、强迫等)、创伤后应激障碍等 群体性问题:群体性自我认知、社会认知、群体情绪、群体性失范行为、群体关系、突发事件相关群体的危机干预等 社会心态问题:社会心态建设,包括整体社会认知、社会情绪、社会行为的引导、社会信仰、主流价值观建立、心理文化建设等问题
心理服务工作队伍	精神科医师:执业医师考试认证制度 心理咨询师:心理咨询师国家职业资格认证,自2003年开始,2017年退出国家职业资格认证。 心理治疗师:尚未建立心理治疗师执业准入制度 社会工作师:国家职业资格认证和职业水平考试(人事部颁发) 社区工作者:社区党组织、社区居委会专职从事社区管理和服务、与街道(乡镇)签订服务协议的工作人员,由街镇社区工作者服务站聘用 心理服务志愿者:尚无完整的相关制度

　　社会心理服务工作有以下特点:①专业性。社会心理服务通过了解个体与群体的心理与行为规律,运用专业理论、方法,解决社会心理问题。②服务性。社会心理服务以劳动形式对他人提供帮助,是一项保障性权利。③公共性。社会心理服务面向所有公民,具有全民共享的性质。④整合性。从工作方式看,社会心理服务与精神卫生工作、社会工作等有密切的关系,社会心理服务工作者、工作内容、工作方式、工作效果评估等各方面都需要跨领域的合作。社会心理服务工作体系包括教育与宣传体系、人才培养体系、组织管理体系、资金保障体系、政策法规支持体系、信息管理体系等。

三 居民心理健康、社会心态特点 与社会心理服务需求

社会心理服务是建设健康中国、和谐中国的迫切需求。本部分以北京居民的心理健康与社会心态调查数据为例，分析现阶段城市居民的社会心理服务需求。

（一）居民心理健康水平不容乐观

我国社区居民的心理健康问题日益突出。有研究发现，我国居民抑郁、焦虑、酒精滥用及自杀风险的筛查阳性率分别为 21.9%、15.5%、13.7% 和 4.5%，并且用《自测健康评定量表》中的心理健康评定子量表测量的中国居民心理健康总分为 114.27 分（总分范围为 0~150 分）[①]。

北京社会心理服务促进中心分别在 2011 年和 2017 年，采用《自测健康评定量表》中的心理健康评定子量表，对北京居民的心理健康水平抽样调查数据进行测量。结果显示，居民心理健康状况不容乐观。2011 年有 20.3% 的北京居民表现出心理健康不良倾向，2017 年心理不健康居民比例达到 30.7%；以《简易心理状况评定表 Kessler10 量表》测量，有 24.5% 的居民心理不良。

从心理健康的不同维度看，北京居民的心理健康水平在各方面都有一定的下降：心理健康总分平均值由 2011 年的 121.31 分下降到 2017 年的 113.11 分，在正向情绪、心理症状与负向情绪和认知功能等方面，也有明显下降，统计学上两年数据比较差异显著（见表 2）。

从心理健康的具体问题看，2017 年的调查结果显示，86% 的北京居民近期内遭遇过一类或多类心理问题。其中，现阶段居民所遇问题排名靠前的三类分别为体重控制、学业及工作压力和睡眠障碍，分别为 35.8%、32.1% 和 29.4%。居民自我认为具有焦虑、强迫和抑郁等常见的心理问题的比例分别为 26.5%、14.9% 和 14.2%。

---

① 王文政：《中国七地区心理健康调查及酒精滥用简要干预》，博士学位论文，上海交通大学，2014。

表 2　2011 年与 2017 年心理健康总分与分维度数据比较

项目	年份	样本数	平均值	标准差	P
正向情绪	2011	5010	42.25	7.75	< .001
	2017	2460	39.28	7.68	
心理症状与负向情绪	2011	5010	55.68	12.89	< .001
	2017	2460	52.11	13.09	
认知功能	2011	5010	23.39	4.98	< .001
	2017	2460	21.72	4.89	
总分	2011	5010	121.31	21.26	< .001
	2017	2460	113.11	20.48	

（二）居民的社会心态需要全面提升

本文综合北京历年居民社会心态和其他调查数据，分析社会心态特点。总体来看，北京居民社会心态总体平稳，但也涌现若干需要特别关注的问题，体现在以下五个方面。

1. 社会价值观：认同核心价值观，物质主义价值观念倾向显著

核心价值观方面：居民认为国家层面最重要的价值目标是国家富强，社会层面最重要的价值目标是社会公正和法治，个人层面最重要的价值目标是爱国。

社会秩序与社会规范方面：平等观念已经深入人心。调查显示，性别平等、家庭成员平等、职业平等、分配平等、干群平等这些观念已经深得北京居民认同。2014 年的调查结果显示，15% 的居民在亲情与法的衡量中会选择亲情，10.1% 的居民在法律与道德的衡量中，认为只要不违反法律，违反道德不是严重问题①。

人生目标选择方面：精神追求位于物质价值选择之后。调查显示，人生价值观的实现中，50.7% 的居民认为体现在"实现个人理想"，39.8% 的居民认为体现在"获得丰厚的经济收入"，36.4% 的居民认为体现在"为社会发展做

---

① 张胸宽：《北京居民对社会主义核心价值观的认知状况调查》，载宋贵伦主编《北京社会心态分析报告（2014～2015）》，社会科学文献出版社，2015，第 48～59 页。

出贡献"，20.5%的居民认为体现在"服务人民服务社会"①。数据显示，人们对物质价值与精神价值的追求出现了较大的分化，居民的价值观出现多元倾向，物质主义的价值观念得到了较为广泛的认同。研究表明，物质主义价值观念与人们的生活满意度、正向情绪、人际信任显著负相关，与负向情绪显著正相关②，即物质主义价值观念并不能给人带来积极的情绪体验和心态。

社会价值观念是个体社会认知、情绪、行为的基础，是社会心态的核心动力，要防止物质主义和享乐主义价值观念的泛滥。

2. 社会认知：乐观与悲观并存，多数居民认同国家治理效果，社会阶层的自我评价偏低

自我认知方面：居民生活满意度为中等满意水平。2016年有调查结果显示，北京居民的主观幸福感指数为3.31分（5分制），生活满意度平均分为2.92分，居民主观幸福感指数为中上水平，生活满意度为中等水平③。一项全国城乡居民的社会心态调查显示，56.9%的城市居民和53.8%的农村居民表示对生活状态比较满意或很满意④。

国家认知方面：居民对国家治理效果评价较高，居民获得感水平仍有很大提升空间。2016年调查结果显示，与百姓密切相关的政治治理、经济治理、文化治理、社会治理、生态治理政策和工作中，满意度最高的五项为社区服务（3.61分）、人口疏解（3.50分）、全面二孩（3.48分）、大众创业万众创新（3.41分）、文化交流（3.38分）。

群体认知方面：居民评定的社会凝聚力水平中等偏上，社会阶层的自我评价总体偏下。2016年调查中，有87.1%的居民认为北京社会凝聚力较高；在自我阶层评定方面，尽管北京居民对社会中上及中等社会阶层的自我认同比例首次突破了4%与30%，为2007~2016年最高，但全民弱势心态依然突出。

① 谭日辉：《信仰危机下的社会心态研究》，载宋贵伦主编《北京社会心态分析报告（2014~2015）》，社会科学文献出版社，2015，第165~177页。
② 李原：《物质主义价值观与幸福感和人际信任的关系研究》，《华中师范大学学报》（人文社会科学版）2014年第6期。
③ 陈珊：《北京居民主观幸福感调查》，载北京市社会心理服务促进中心编《北京社会心态分析报告（2016~2017）》，社会科学文献出版社，2017，第38~61页。
④ 刘天俐、徐晨、章书婷等：《近年来我国城乡居民社会心态的调查分析》，《人口与发展》2018年第1期。

3. 居民生活情绪表现为正向情绪与负向情绪交织，部分居民尤其是年轻居民悲观、不满、浮躁情绪突出

2013 年调查结果显示，情绪处于乐观愉悦状态的居民占 20.1%，情绪平和的人占 56.4%，出现悲观、不满与浮躁等负向情绪的人占 23.1%。可见，半数居民表现出乐观或是理性与平和状态，但超过 20% 的居民报告常出现负向情绪。

生活压力感是居民消极情绪产生的重要因素。2013 年的调查显示，北京居民的压力平均数为 60（百分制，分数越高，表示压力越大）。住房问题、物价上涨、收入低、医疗开支和子女教育是居民压力的主要来源[1]。全国抽样调查的结果显示，养老和看病就医是城乡居民生活压力的主要来源，城市居民在"子女教育""住房问题""税费负担""赡养老人"等方面压力较大，农村居民"务工就业""赡养老人"是生活压力的源头[2]。

4. 社会行为倾向：社会行为总体积极理性，助人行为道德弱化现象明显，部分居民可能采取激进方式解决不公平事件

2015 年调查显示，北京居民的助人行为倾向是 3.26 分，攻击行为倾向是 2.33 分（满分 5 分，中值 3 分），说明攻击行为倾向低于助人行为倾向，总体社会行为倾向趋于积极。

助人行为出现熟人优先的差序格局现象，"怕被讹诈"成为陌生人情境下妨碍助人行为的重要因素。在熟人情境下，居民的助人对象分为不同等级：朋友（83.0%）、同学（75.3%）、同事（73.4%）、邻居（66.6%）。在陌生人情境下，44.9% 的人愿意帮助摔倒者，43.4% 的人愿意帮助落水者，34.5% 的人愿意帮助乞讨者。此外，65.1% 的人表示自己不会帮助摔倒老人的原因是"怕被讹上"，69.9% 的人表示自己不会帮助乞讨者的原因是"他们是骗子，不值得救助"[3]。

---

[1] 陈珊：《2013 年北京居民生活压力报告》，载北京社会心理研究所编《北京社会心态分析报告（2013~2014）》，社会科学文献出版社，2014，第 73~90 页。

[2] 刘天俐、徐晨、章书婷等：《近年来我国城乡居民社会心态的调查分析》，《人口与发展》2018 年第 1 期。

[3] 张胸宽：《北京居民社会助人行为倾向调查报告》，载宋贵伦主编《北京社会心态分析报告（2015~2016）》，社会科学文献出版社，2015，第 45~66 页。

全国社会心态调查显示，在被问及解决不公平事件的行为方式选择时，45.7%的城市居民和45.0%的农村居民会选择个人协商、打官司和上访，22.5%的城市居民和19.6%的农村居民倾向于"向新闻单位反映"或"通过网络制造舆论"等，说明大部分城乡居民倾向于选择理性方式解决不公平事件。但部分居民会采用比较激进的方式，19.4%的城市居民和20.2%的农村居民将"联合亲友对抗"、"罢工罢课"或"集体示威"作为应对不公平事件的首要选择[①]。

5. 社会群际关系及主要社会矛盾：群际冲突与社会矛盾局部存在，需要高度重视

随着城镇化的发展，社会结构的变化产生了一系列新的社会问题，如失业问题、征地拆迁问题、移民问题、农民工的城市融入问题、留守儿童问题、留守老人问题、城市空巢老人问题等。这些问题随着社会发展进程而出现，表现为群体问题、群际冲突等形式。这些问题的解决，根本上依赖社会制度的完善，充分了解相关群体的物质与心理需求、心态特点，是解决问题的基础。社会心理服务建设在具体问题的沟通与解决、制度的完善过程中能起到积极的促进作用。

中国社会科学院的一项调查显示[②]，民众认为最容易产生矛盾和冲突的群体是"群众与干部之间""穷人与富人之间""管理者与被管理者之间""雇主与雇员之间"。

（三）居民充分认识社会心理服务工作的重要性

部分居民意识到现代社会人们的心理问题比较严重。以北京的调查数据为例：2011年调查中，48.9%的居民认为社会心理问题比较严重或非常严重；2017年有31.5%的居民认为比较严重或非常严重；2018年的调查数据显示30.4%的居民认为社会上人们存在的心理问题非常严重。

大多数居民认同心理健康工作的重要性，部分居民反映自己以前或现在有

---

① 刘天俐、徐晨、章书婷等：《近年来我国城乡居民社会心态的调查分析》，《人口与发展》2018年第1期。
② 王俊秀、杨宜音、陈午晴：《中国社会心态调查报告》，《民主与科学》2007年第2期。

心理困扰。2017年的调查显示，76.3%的北京居民认为心理健康工作比较重要或非常重要，5.4%的居民认为心理健康工作不重要；24.4%的居民认为有过心理困扰，心理困扰的主要问题是职业发展（46.3%）、学业/工作压力（43.3%）、子女教育与亲子关系（37.2%）、婚姻与家庭关系（26.3%）、人际交往（21.5%）、控制体重（16.0%）、自我认识（15.5%）、心理障碍（12.8%）、恋爱关系（9.8%）。

现阶段居民心理困扰的解决方式以自我调节和亲友倾诉为主，愿意寻找专业化正规化的心理帮助的人比例很低。对于有心理困扰的居民，76.9%的居民最愿意采用的是自我调节方式，65.0%的居民是找亲朋好友倾诉，11.4%的居民愿意到综合医院心理门诊，10.8%的居民愿意寻求心理咨询热线帮助，8.5%的居民愿意寻找社区心理咨询。

（四）居民社会心理服务需求迫切，心理服务需求有群体特点

从服务内容看，居民最需要的心理服务内容是人际交往、提升自律能力（如控制体重）、学业/工作压力、职业发展和自我认识（见表3）。

表3　居民需要社区提供的心理服务内容

单位：%

心理服务内容	占比
人际交往	52.3
提升自律能力（如控制体重）	50.0
学业/工作压力	43.5
职业发展	43.0
自我认识	40.4
心理障碍（焦虑、抑郁、强迫、药物滥用等）	39.6
子女教育与亲子关系	38.8
婚姻关系	16.9
恋爱关系	11.7

从服务形式看，居民最需要的心理服务形式是通过社区宣传栏、发放宣传册普及心理健康常识，社区医院开设心理门诊，建立社区心理服务站，建立社

区网站或 App，专题讲座。不同年龄段居民的心理服务需求形式有一定的区别（见表 4）。

表 4　居民需要社区提供心理服务的形式

单位：%

心理服务形式	总体	18～30 岁	31～40 岁	41～50 岁	51～60 岁	60 岁以上
通过社区宣传栏、发放宣传册普及心理健康常识	81.6	70.8	73.8	85.4	79.5	76.7
社区医院开设心理门诊	80.3	74.5	80.4	86.5	75.6	65.4
建立社区心理服务站	77.4	69.8	82.2	79.2	73.1	64.8
建立社区网站或 App	68.7	73.6	67.3	77.1	70.5	47.8
专题讲座	65.6	58.5	61.7	65.6	69.2	59.1
定期开展团体心理辅导活动	61.3	56.6	57.0	62.5	66.7	52.8
电话咨询	55.7	60.4	61.7	46.9	60.3	40.9
上门辅导	33.3	35.8	42.1	26.0	26.9	26.4

居民愿意接受低廉的心理咨询费用。调查结果显示，超过 80% 的居民选择的是每小时 100 元以下的心理咨询服务费用。其中，51.7% 的居民愿意接受每小时 50 元以下的服务费用，35.3% 的居民愿意接受每小时 50～100 元的服务费用，9.4% 的居民愿意接受每小时 101～200 元的服务费用，只有 3.6% 的居民愿意接受每小时 200 元以上的服务费用。

居民期望政府部门在心理服务中充分发挥作用，超过 70% 的居民希望把心理咨询费用纳入医保。调查显示，71.7% 的居民期望"把心理咨询纳入医保"，63.7% 的居民期望"扶持公益性的社会心理服务组织"，47.7% 的居民希望"通过电视、报纸等媒体宣传普及心理卫生常识"，46.4% 的居民期望"组织相关政府部门对全体居民进行心理健康筛查"，33.0% 的居民希望"组织高校心理学者提供有针对性的心理服务"。

其他地区的相关调查也显示，居民有广泛而迫切的心理服务需求，但人们的心理服务需求与客观条件有较大的差距。

四 国内外心理服务工作现状与经验

（一）国外社会心理服务工作经验

从世界范围看，每 10 个人中约有一个人存在心理健康方面的问题①，心理健康问题的解决需要花费 GDP 的 2.3% ~ 3.5%，精神疾患的社会代价与个人代价都很高，像焦虑、抑郁这样的轻度或中度心理疾患个体需要面临较普通人两倍的失业可能性，其生活贫困和被社会边缘化的风险与正常人相比要高得多。

根据已有资料，各国应对心理健康问题的工作主要有以下几个方面。美国通过《平价医疗法案》（*Affordable Care Act*）扩大心理健康保险覆盖人群；加拿大于 2014 年启动 ACCESS Canada 项目，对心理问题青少年提供循证干预；2008 年英国开始进行"改善心理治疗路径"（Improving Access to Psychological Therapy, IAPT）项目，用来促进大批心理治疗师的培训与上岗；荷兰自 20 世纪 90 年代末开展网上心理治疗与支持工作；澳大利亚于 2012 年发布了在线心理健康规划，随后投资建立在线心理健康护理环境。拓展性的工作还有"美国国立精神卫生研究所"（National Institute of Mental Health, NIMH）于 2009 年进行研发的"研究领域标准"（Research Domain Criteria, RDoC），以及 2013 年起由欧盟、美国、日本等启动的"大脑研究计划"等。其中 RDoC 是一种新型心理疾病诊断分类的方法，此方法重点基于认知神经生物维度。

从发达国家的工作经验可以看出，它们在社会心理服务工作中大多采取了以下有效措施。

1. 对心理服务工作进行前瞻性规划和大力度的政策支持

在国家的科技发展战略上，多国把心理研究纳入国家战略，在科技领域做出前瞻性的总体规划，并在国家层面给予有力的政策支持。对于"大脑研究计划"，扩大心理健康保险覆盖范围，开展认知神经生物学等基础或最前

---

① 参见世界卫生组织网站，https://www.who.int/mediacentre/news/notes/2015/finances - mental - health/zh/，最后访问时间：2020 年 9 月 26 日。

沿的研究，发展在线心理服务，培养优秀人才等各项心理服务方法与措施，各国都针对最突出的问题给予政策支持。此外，各国政府大多采取政府牵头，动员科研机构、企业与社会各方面的资源和力量参与，进行总体布局。英国国家精神卫生法律与政策明确了老年人心理服务的国家标准，帮助英国建立了较完善的老年心理健康体系。我国可借鉴其经验来建立老年人心理服务体系。

2. 努力提高公众对心理健康的认知

提高公众对心理健康认知是个国际性的任务，在不同发展程度及不同文化体系中，污名（stigmatization）现象普遍存在，这是人类认知的普遍误区，是心理卫生工作中的阻力之一。污名的存在，限制了人们出现心理问题时寻找帮助与治疗的意识与行为，削弱了心理健康工作的有效性。加拿大精神卫生委员会（Mental Health Commission of Canada，MHCC）主席 Louise Bradley 曾提出：污名会带来比心理疾病本身更严重的不良后果。而提高人们对心理健康的科学观念，消除污名是各个国家心理服务工作的重要任务。美国国防部在 2015 年 5 月强调了引导现役军人患者回归正常生活秩序的必要性，建议患者及家人在寻求心理健康帮助的同时尽力做到不被"污名"困扰；美国心理学会在 2015 年将"继续与污名斗争"列为工作重点之一①。

3. 加强心理服务专业人才的培养

英国有一个心理服务专业人才培养的"改善心理治疗路径"项目。此项目的成果表明：在条件有限的情况下想要推广心理服务相关工作，可全面系统地对基层工作人员进行长期培训。IAPT 将近 6000 位心理治疗师经过 7 年的培训后被安排到英国各大专业心理服务中心从事相关心理服务工作。并且调查结果显示：此项目显著提高了接受心理健康服务的焦虑/抑郁患者的比例，患者由之前的不足 5% 提升到项目实施后的 13.5%。

4. 利用现代信息技术，构建线上心理健康支持与服务系统，拓展心理干预渠道

在线心理健康服务可追溯到 20 世纪 90 年代末，荷兰等发达国家在那时

---

① 王玮、陈晶等：《部分发达国家心理健康研究与促进的政策及启示》，《中国卫生政策研究》2016 年第 10 期。

就已经开始通过互联网为人们提供心理服务，并随后提出旨在使用"信息和通信技术"（Information and Communications Technology，ICT）来提升人们的心理健康及医护水平的"在线心理健康"（E-Mental Health）计划。2012年，澳大利亚为了更好地帮助轻/中度的应激、焦虑及抑郁个体，为他们提供更多的心理问题专业支持及治疗服务，开始使用电脑、电话和其他在线应用等技术实时连线临床医生，开展线上心理治疗和咨询服务。在线心理健康服务有效降低了污名化对心理服务的不良影响，在心理疾病预防和早期干预方面有较大的优势。我国互联网应用广泛，推动线上社会心理服务工作具有相当的基础。

5. 注重重点人群的社会心理服务

英国于2001年正式成立了专门负责老年人问题的国家老年人服务机构①，为老年人的心理健康服务建立了评估、咨询、治疗、后续服务等全面的服务内容，有严格规范、健全的机构，成立了由社会工作者、精神科治疗师、心理学工作者、全科医生、病例管理人员等组成的全面、创新、多学科的工作队伍，此外还加大了资金投入和教育培训力度。

加拿大相关项目主要是促进社会对青少年心理疾患问题的关注，为青少年提供及时有效的早期干预；美国保险人群扩大的相关项目旨在帮助有心理问题的老兵、学生、药物滥用障碍者获得心理服务与支持。

6. 加强心理健康相关的基础学科研究与成果转化

美国的领域标准研究代表了思考与研究方式的重大范式迁移，打破了传统诊断分类。此研究对患者进行个性化治疗，结合患者的自我陈述、记录其行为方式以及测量患者脑神经的各项指标，全面了解患者的状态，从而展开有针对性的治疗。美国的这些经验更多指向严重精神疾患。对个体心理与行为发展规律的探究是心理服务工作的基础，加强基础学科研究与成果转化是社会心理服务工作的重点。

国外心理服务工作的经验大多集中在心理健康服务领域，群体、群际与社会层面的社会心理服务工作经验有待未来在实践与理论方面进一步探讨。

---

① 滕丽新、黄希庭、陈本友：《英国老年人心理健康服务体系的现状及启示》，《西南大学学报》（社会科学版）2009年第3期。

（二）国内社会心理服务工作的主要构成及工作状况

国内的社会心理服务工作主要由以下几个工作系统构成：教育及科研系统、卫生系统、政府部门（包括政法系统，民政部门、工会、妇联等群团组织及其他政府部门）、社会上的心理服务机构（由民政登记和工商注册的心理服务机构）。

1. 医疗系统的心理服务工作

指综合医院、专科医院的心理咨询门诊，主要是面对精神疾患病人的工作，始于 20 世纪 80 年代初，心理健康服务的专业化程度相对较高。

2. 教育系统与科研机构的心理服务工作

教育系统的心理服务工作始于 20 世纪 80 年代，以青少年心理健康的宣传与干预工作为主。教育系统的心理服务工作由高校逐步延伸到中小学，其心理服务工作人员多为心理学专业人员。

科研机构积极开展社会心理服务的理论研究与应用工作。中国社会科学院社会心理学研究中心多年来围绕社会认知、社会情绪、社会价值观与社会认同、社会心态及培育等各方面的主题，开展中国社会心态研究，并出版系列"社会心态蓝皮书"，在国内的社会心态研究领域起到积极的引领作用。中国科学院心理研究所建设了"组织与员工促进中心"，共计为 40 多家企事业单位提供心理服务，涵盖能源、金融、卫生、教育、电力等行业，有 30 余万人接受过其服务①。

3. 行业内及工会、妇联等群团组织的心理服务工作

部分企事业单位、政府机构及工会、妇联、残联、团委等群团组织也在机构内部开展心理服务工作。

4. 社区心理服务工作

（1）以政法部门为主的社区心理服务模式

2016 年，中央政法委和中央综治委带头启动相关活动，初步探索社会

---

① 陈祉妍、刘正奎、祝卓宏等：《我国心理咨询与心理治疗发展现状、问题与对策》，《中国科学院院刊》2016 年第 11 期。

心理服务体系建设的内容和方法，建设了 12 个社会心理服务体系工作联系点①。

（2）卫计委引领的社区心理服务模式

2016 年 10 月，北京海淀区卫计委启动心理卫生服务活动②，其中授牌给 34 个首批建设的社区心理咨询室，这些心理咨询室开展服务的主要群体有老年人、在职员工、学生等，每个咨询室中只有持证心理咨询师才有资格坐诊。咨询相关服务现如今可纳入医保，咨询收费标准则关联心理咨询师的职称级别，不同级别的咨询师按小时计费 30～60 元。

（3）民政部门引领的社区心理服务模式

北京市 2019 年拟建立 50 个社区心理服务站点，这是北京市政府 2019 年的民生重点实事项目，由北京市民政局领导完成。

（4）混合型的社区心理服务模式

有的社区依托多个部门的资源共同开展心理服务工作。例如，"高校服务社区心理建设"模式是依托社区所在的高校提供社区心理健康服务，新疆乌鲁木齐市的米东和天山两个区就采取了此类模式。

5. 商业注册和民政注册（社会团体或民非机构）相关机构的心理服务工作

指工商注册和民政注册的社会心理服务机构。20 世纪 90 年代，心理咨询机构开始出现。劳动部于 2001 年颁布《心理咨询师国家职业标准》成为社会心理咨询服务职业化、规范化的标志。

社会心理服务不同工作模式的出现，反映了政府、市场等各种社会力量适应社会发展的需求，从不同方向着力，摸索社会心理服务的发展模式。不同的工作模式针对不同人群有不同的工作目标和特色。总体来看，社会心理服务工作大多处在起步阶段，居民对心理服务需求强烈，但社会心理服务工作主要集中在个人心理健康服务层次，群体、群际与社会层面工作大多处在探索阶段。

---

① 陈雪峰：《社会心理服务体系建设的研究与实践》，《中国科学院院刊》2018 年第 3 期。
② 参见人民健康网，http://health.people.com.cn/n1/2016/1012/c398004 - 28772167.html，最后访问时间：2020 年 9 月 26 日。

（三）多元的社会心理服务工作模式：北京社会心理服务促进中心的工作

北京社会心理服务中心在社会心理服务的调查研究、人才培训、组织社会力量、建立心理服务试点等各个领域展开工作。工作内容主要有以下四个方面。

1. 北京居民心理健康与社会心态调查与分析工作：为社会心理服务工作提供理论基础与支持

一是开展心理健康与社会心态的民意调查。自2010年以来，北京社会心理服务促进中心与首都科研院所、高等院校联手，围绕居民心理健康、社会价值观、社会情绪、社会认知、社会行为倾向等维度开展抽样调查与追踪研究。2010年和2017年分别对北京居民的心理健康及其影响因素进行调查研究，全面分析了北京居民的心理健康总体状况、群体特点、影响因素，并针对北京居民的心理服务需求进行了全面调查，对调查中所包含的突出问题提出一些决策建议，以提高居民心理健康水平。

二是结合现代社会心理发展的特点和社会治理的需求以及京津冀一体化的发展，组织在京高校心理专家开展不同的主题研究，为政府的社会治理工作决策提供参考。

三是拓展社会心态的实践应用。参与政府相关部门对于干部心理与思想问题的若干研究，承接了政府部门关于领导干部思想状况、心理健康、领导干部作为与担当问题等实践应用课题。举办社会心理学术论坛，心理服务行业发展高峰论坛，促进社会、专业领域与政府等各方力量对心理健康、心态建设与社会治理的交流与协作。

四是结合现代信息技术发展，采用大数据技术，进行社会心态监测与分析机制研究，并对突发社会事件的舆情与发展进行监测与追踪分析，为社会心态的疏导工作及时提供信息。

2. 社会心理工作联合会的工作：支持与整合社会各方心理服务力量

北京市社会心理工作联合会是民政局注册的枢纽社团组织，2013年正式成立。联合会成立的主要目的是组织和联合以心理服务为主要工作的民政局注册的社会团体或民间非营利机构，推动社会心理服务的专业化发展，提高社会心理服务的管理水平。截至2018年，会员单位已稳步增至77家，成员单位服务对象涵盖所有心理服务人群，工作内容覆盖社会各类群体心理需求。

一是加强社会心理服务体系建设。①在市级层面建立社会心理服务综合基地，为北京地区不同需求的来访者和机构提供包括心理咨询、心理测评、心理危机干预和突发事件应急机制培训、社会矛盾化解、社会决策咨询等服务。②与其他政府部门、教研机构、行业协会等共同完成若干心理服务项目。如围绕家庭教育，与北京市妇联、中国心理卫生协会共同主办了"2017 年智慧父母与家庭教育公益开放论坛"，与顺义区教委联合实施了《教育改革新背景下家长素质教育提升项目》等。③针对社会突发事件、特殊人群开展心理服务工作，开展了一系列公益心理援助和救助活动，参与重大自然灾害和突发事件的危机干预和心理援助。

二是发挥联合会"枢纽"平台作用。作为"枢纽型"社会组织，联合会紧密联系会员，动员更多社会力量参与社会治理工作。

三是发挥专业品牌引领作用。联合会会员积极参与社会治理，创建了特色品牌，有"润心工程""暖心公益行""大篷车——心理知识农村巡展""幸福老人港"等项目。在老年心理关怀、妇女儿童权益保障、青少年心理健康、残障群体心灵呵护、成瘾人群康复指导、涉法涉诉人员心理援助、留守儿童社会支持等领域进行实践，探索建立行之有效的心理服务体制机制和模式。

3. 社区心理服务工作者与咨询师的培训：为社会心理服务工作培养人才资源

从 2010 年始，北京社会心理服务促进中心开展了社会心理工作者培训工作，培训工作以提高社区、社会心理服务机构的心理工作专业水平为主要工作目标，培训对象为社区心理工作者和心理咨询师，截至 2019 年，共培训社区社工心理服务骨干 1820 人次，持证心理咨询师 940 人次，心理服务志愿者 2000 多人次，邀请各个大学（如北京大学、北京师范大学）专业老师、科研单位（如中科院心理所、北京心理危机研究与干预中心）、社会心理机构的专业老师、著名专家或是资深心理工作者进行授课，培训内容涉及心理服务的各种理论与实践，如认知与行为疗法、精神分析理论及方法、人本主义疗法、艺术心理治疗等，还对危机干预、沟通技巧、情绪与压力管理、特殊人群心理服务、团体治疗、家庭治疗等专题进行培训，培训采用讲课、小组讲座、工作坊等多种形式。

心理服务的培训工作整合了多方的专业资源，在专业心理研究和实践力量与社区基层心理服务工作之间架起了一座桥梁，得到了广大社区工作者的好

评。经过近十年的努力，培训工作显著提高了社区心理服务工作者和心理咨询师的专业水平，大多数学员成为社区心理服务工作的骨干力量。

近年来，北京社会心理服务中心的培训工作在以下几个方面逐步完善。一是培训组织工作的标准化。在《社会心理工作者培训大纲》的基础上，根据以往培训工作的主要内容和实际社区工作需要，编写《社会心理工作者培训教材》。二是培训工作根据社会需求与时俱进。在培训工作之前，充分了解培训对象的社会心理服务培训需求，也了解社会整体心理服务最需要解决的问题，并以此来设计培训内容和组织师资力量。为适应新工作形势的需要，在北京市铺开社区心理服务标准化工作站的新工作形势下，培训对象主要向心理工作站工作者倾斜，以心理工作站的工作需求为今后培训工作的重要基础。

4. 社会心理服务站点工作：社会心理服务基层工作的全面布局

推进北京全市社会心理服务站点建设工作是北京市 2019 年重要民生实事项目之一，年度任务目标是在全市按照各区"一中心、两站点"的标准建设 50 个社会心理服务站（中心）。依据上述工作目标，开展了以下工作。一是开展社区心理服务需求调查。在全市范围内开展居民社区心理服务需求调查。二是实地考察调研。组成专题调研组，赴 16 区实地考察 50 余个站点选址、基础条件等，就社会心理服务站点建设工作开展座谈交流，了解各区结合自身优势资源开展社会心理服务的现状。三是研究制定并发布工作方案。针对各区反映的问题，召开专家座谈会，研讨初步建设方案，对全市的社会心理服务工作进行整体布局。

北京社会心理服务中心在社会心理服务方面做了多年的基础工作，但心理服务的供给与居民需求仍有很大的差距，各区的服务基础水平差别较大，相关的政策支持仍有待加强，社会心理服务体系的建设任重而道远。

五 现阶段社会心理服务工作的主要问题

（一）公众心理健康知识较贫乏，心理健康意识较薄弱

1917 年，北京大学成立了我国的第一个心理学实验室。1921 年 8 月，成立了中国心理学会，之后一度中断。心理学作为学科的发展虽然起步早，但是规模小。由于历史和文化的原因，心理学知识的普及率极低。

心理健康知识和意识的缺乏，导致人们心理保健意识薄弱，从而影响个体主动寻找心理帮助的行为。相当多的人包括受过高等教育的人，对心理疾患比如抑郁症怀着极强的"病耻感"，拒绝心理帮助，部分人采用自杀等极端方式来解决问题，酿成悲剧。对于有严重心理疾患的居民，周边亲人由于心理健康知识的缺乏，也无法及时帮助其寻找专业治疗。

在社会心理服务工作的起步阶段，相关工作部门的领导干部心理健康意识也影响心理服务工作的推动。重视心理健康的领导干部，便会突破现有的条件限制，充分挖掘可能的资源，创造各种条件，积极开展社会心理服务工作。如果领导干部不重视心理健康，工作只是行政要求、外部推动，则不利于工作开展，这也是现阶段不同地区社会心理服务工作水平差别较大的部分原因。

（二）社会心理服务的专业性有待提高

我国的心理咨询与治疗专业人员严重不足，持证心理治疗师数量不足，主要在医疗系统内工作。2003年施行心理咨询师国家职业资格认证试点以来，至2017年底已有逾100万人取得证书，但仅有不到1/10真正从事心理咨询工作。如果参照西方发达国家现有水平，即每1000～1500人对应一位专业心理咨询人员的比例，估算我国心理咨询与治疗工作者需求为86万～130万人，现在的人才数量远远不够。而且具有全面心理学知识，受过系统心理咨询与治疗训练的心理服务工作人员的比例偏低，大多是短期学习或培训的学员，无法满足居民对心理服务工作的专业性需求。

从社会心理服务的社会工作层次看，需要具有心理学、社会学、行政学、组织管理学等跨学科背景的复合型人才，而受过多方面专业训练的专业人员和实践工作者都非常稀缺，社会心理服务工作的专业性也要求培养大批综合性人才。

（三）社会心理服务的可及性很低

2017年的调查显示，24.4%的居民认为自己有过心理困扰，但是求助于专业机构的居民比例相当低。专业救助比例低原因是多方面的，除了个体心理健康知识与意识不足，人们对心理服务机构的不信任等，还有一个原因是处于起步阶段的社会心理服务的可及性很低。居民想寻找专业帮助时无法得到便利

的心理服务，这与社会能提供的心理服务覆盖面少、专业性不强、宣传不够、部分机构收费高于居民预期等因素有关。对于有心理服务需求的特定群体，有交通便利的、可信任的、收费合理的心理服务机构对其寻找帮助至关重要。教育系统的心理服务工作的便利性相对较好，人们对卫生系统的心理服务的信任度较高，调查显示居民期望建立社区心理服务站，开展电话与网络心理服务，以提高心理服务的可及性。

（四）社会心理服务工作的协作不够，工作资源整合性差

不同社会心理服务工作主体的工作职责有侧重，但在某些应急事件、群体事件中，常要面对多个服务群体，要达到多个工作层面目标，因此需要不同社会心理服务工作主体的协作。现阶段基本是各方力量单独行为的状态，社会心理服务工作的各种资源也相对分散，缺乏机制把各方面的力量与资源有效整合。

作为社会心理服务的基层建设，现阶段社区心理服务工作存在整合性不够的问题。社区心理服务机构由不同行政主体建立，存在各自为政的情况，服务站点建设与考核标准不一，资源分散，不利于开展工作。

造成上述状态的原因是多方面的。社会心理服务工作处于起步阶段，没有现成的模式可参考，不同心理服务工作主体的工作基础、工作侧重点有较大差别，其工作对不同的行政单位负责。从社会心理服务工作的特点看，针对不同的工作目标，既需要较强的专业性也需要较强的整合性，它既包含心理卫生也包含社会心态建设的工作内容，同时需要与教育、卫生、政法办、社会工作等各个部门合作。从目前状况看，社会心理服务的力量较为分散，如能建立有效的整合机制，有助于充分利用、协调社会资源，更好地达成个体、群体与社会等多层次社会心理服务工作目标。

（五）社会心理服务的资金投入不足

社会心理服务的资金投入根据其服务内容有不同的途径，普遍问题是对个体心理健康投入的资金不足。世界对心理健康的人力和资金投入都是偏低的[①]。

① 参见世界卫生组织网站，https：//www. who. int/mediacentre/news/notes/2015/finances－mental－health/en/，最后访问时间：2020 年 9 月 26 日。

从精神障碍投入的角度看，全球精神卫生支出很低，低收入和中等收入国家每年人均精神卫生支出不到 2 美元，高收入国家则超过 50 美元。国家卫计委发布数据称，全国在册严重精神障碍患者有 540 万例①。2016 年经济学人智库发布的《亚太地区精神卫生综合评价指数》指出，中国在精神卫生领域上的经费仍低于所有健康领域经费的 1%，且主要是针对严重精神疾患的投入，大多数居民期望心理咨询的费用能够纳入医保系统，这个问题已在卫生系统中开展心理服务工作的部分地区中得到解决。

群体与社会层面的社会心理服务工作资金，大多通过项目资金如社会建设资金等途径投入，其投入相当有限。北京市政府重大民生项目的心理站点建设投入为每个站点 20 万元，每年通过市民政局拨到区里。部分社区的心理服务工作与党建、残联、妇联及其他社会工作项目相结合，有一定的资金。截至 2019 年，仍缺乏关于心理服务资金投入的统计数据。

（六）社会心理服务的政策支持有待加强

社会心理服务在我国是新兴的事业，社会心理服务作为社会治理的重要内容，在社会未来的发展中起到越来越重要的作用，但现阶段在社会心理服务工作的行政管理、组织设置、工作模式、人才培养、资金投入等方面，都存在许多障碍，需要在实践中逐步完善。比如基层社会工作组织中相应的岗位设置，社会心理服务工作人员的专业培养制度，社会心理工作者的行业准入制度，如何动员社会力量增加社会心理服务工作的资金投入，都需要相应的政策支持。

六 加强社会心理服务体系建设的对策建议

社会心理服务体系包括教育与宣传体系、人才培养体系、组织管理体系、信息管理体系、网络工作平台、资金保障体系、政策法规体系等。

（一）建立全面的社会心理服务教育与宣传体系

纠正公众认知，提高人们的心理健康知识水平，强化个体心理保健意识，

---

① 参见界面网，https://www.jiemian.com/article/1230945.html，最后访问时间：2020 年 9 月 26 日。

需要加强心理科学知识与心理服务的教育与宣传。公众有了心理健康知识，有了关注自身心理健康的意识，才能及时调节情绪，及早发现心理疾患。因而需要建立知识与实践紧密结合、学校教育与社会教育相互补充、教育与宣传相互促进的教育宣传体系。

应把心理健康知识纳入义务教育、高等教育与成人教育的教育内容，组织心理学和教育学专家，根据青少年的认知特点，编制深入简出、生动活泼的心理健康读物；学校组织师资力量安排课时，把学校心理健康知识纳入教学内容体系。在成人教育中，根据不同年龄阶段面临的主要心理问题，如职业发展问题、家庭关系处理问题、老年人的心理问题等，编制通俗易懂的读物，进行心理健康知识宣传与教育。

在行业学习中，把心理健康知识纳入行业学习、政治学习的内容。把心理健康知识制度化、常规化，定期对从业人员进行心理健康知识教育与宣传，建立心理健康知识的考核标准以检验学习效果。

社区心理知识的宣传与教育，是学校与行业心理知识教育的重要补充与延伸，是非就学、非就业群体进行心理健康知识宣传与教育的主要途径。因此，社区心理知识的宣传与教育非常重要。在社区心理服务中，针对普通社区居民和特定群体，进行心理健康知识教育与宣传。对家有儿童与青少年的家庭，组织其父母学习儿童青少年心理知识，帮助人们建立健康的亲子关系。随着社会老龄化的加剧，老年人群体越来越庞大，需要全面关注老年人的精神需求和老年人护理人员的精神健康，广泛传播老年人及其亲人或护理人的心理调节知识，帮助人们应对因老病及护理而产生的心理问题。对于社区特定群体，如流动人口较多的社区、有留守老人或儿童的社区，在加强社会管理、提供社会支持的过程中宣传心理健康知识，传授切实可行的心理调节方法。

官方媒体在知识的权威性、公众的信任度方面都有相当的优势。政府可以利用各种传播媒体，尤其是现代网络，多渠道宣传心理健康与心态调整知识，使居民具有基础的心理健康知识，从而增强社会整体的心理健康保健意识。

（二）完善专业性与整合性相结合的人才培养体系

专业人才的培养是开展社会心理服务工作的基础，社会心理服务工作的专业性主要体现在工作人员的专业素养之中，这是社会心理服务工作成效最根本的保证。

社会心理服务的人才培养体系是以学历教育、社会培训为主要形式，充分发挥中国心理学会、中国社会心理学会和中国心理卫生协会等行业协会的专业力量，建立整合教育资源、行业力量、社会力量的全面培养体系。针对现阶段专业人才短缺的现象，可以采取以下措施完善社会心理服务的人才培养体系。

一是针对心理健康服务，在专业学历教育中完善课程设置，增加临床训练与实践的课程时长，加强师资力量，以提高社会心理服务工作人员临床工作的经验与技能。

二是针对宏观层面的社会心理服务工作，在应用心理学科专业学历教育中，加强心理学、社会学、管理学等跨学科人才培养，提供实习机会，促进人们在实践中积极探索社会工作与心理服务工作相结合的有效途径和方法，培养社会层面的心理服务工作的复合型人才。

三是规范心理服务工作的非学历教育。提高心理服务工作的准入门槛，充实培训内容，加强实践训练，强化职业伦理学习，强化行业协会的有效督导，加强培训机构监管。

四是加强包括现有心理服务人员的专业培训的继续教育。组织现有心理服务工作人员定期进行经验交流与学习最新知识，让他们在继续教育中学习心理服务理论与方法的最新成果，不断补充与完善其知识体系，并应用于心理服务的实践工作。

（三）建设规范性的社会心理服务工作的组织管理体系

组织管理体系是社会心理服务工作开展的组织基础。规范社会心理服务机构各个职能单位的职责范围，能够使社会心理服务工作整体协调地运行，保证组织目标的实现。社会心理服务是一个多部门联动的系统工程，各个部门根据在社会心理服务系统中的具体职责，各自完善系统内部的组织管理工作。

近期大力推广的社区心理服务组织，把社会心理服务覆盖到组织外的更大范围的居民，这是心理服务中的新领域，应建立市级（总组织）—街道（心理服务中心）—社区（心理服务站）三级社会心理服务体系。由于现阶段不同地区的社区心理服务组织的基础与发展水平参差不齐，社区心理服务的组织管理需要做好以下方面的工作。一是明确社区心理服务工作指导思想、目标和工作途径。社区心理服务站应明确工作指导思想，从社区客观特点（如人口特点、地理位置等）和社区居民需求出发，结合社会治理的要求，制定社区心理服务的远期与近期目标，研讨有效的工作途径，作为社区心理服务工作的总体指导。二是建立严格的工作管理制度。三是规范社会心理服务工作的职业道德与工作伦理。社会心理服务的专业性决定了其严格的职业道德与工作伦理，如果违背了职业道德与工作伦理，会对心理服务对象造成个体伤害，甚至产生消极的社会影响。四是进行定期的心理服务工作督导和工作评估。社会心理服务工作作为社会治理的新领域，需要定期进行行政督导与专业督导，定期进行工作评估总结经验，减少失误，提高工作成效。

（四）构建共享共治的社会心理服务工作信息管理体系

建立社会心理服务工作的数据库。一是构建社会心理服务人才信息库。收集社会心理服务专家和一般工作者信息，通过网络技术帮助社会心理服务力量薄弱地区提供人力与技术支持，有助于实现不同地区社会心理服务人力资源的互助，有助于组织经验丰富的专家对社会心理服务工作进行督导。二是建立社会心理服务工作的工作信息库。由精神卫生机构、教育与科研心理服务机构、社会心理服务工作组织等提供心理服务相关数据，分析社会心理服务工作的薄弱环节和关键问题，提高社会心理服务问题与最合适资源的拟合度，增强社会心理服务工作的针对性与精准性。需要定期采集的数据包括以下四类。①居民心理健康数据：包括心理疾患的负担以及可治疗比例，一般心理问题发生率等。②群体事件数据：群体事件的发生率等。③社会心态调查的数据：包括居民社会心理服务需求、生活满意度、主观幸福感、社会价值观念等。④基层心理服务工作相关数据：专业人员的数目、资金、工作量、工作成效评价等。三是建立社会心理服务研究信息库，集中社会心理服务工作的研究成果，提高社会心理服务工作的理论水平，以更好地指导社会心理服务实践工作。

社会心理服务信息体系的建立，包括收集信息、分析信息与利用信息促进工作等环节。除了建立上述信息库，定期收集与社会心理服务相关的经济与社会数据，还要进一步对各方面的信息进行筛查与分析，利用大数据技术进行群体与社会心态预警与风险评估，掌握居民社会心理服务需求与心理服务工作的发展动态，合理地分配和利用各方面资源，提高社会心理服务工作的整合性和工作成效。

（五）打造多功能的社会心理服务网络工作平台

充分利用现代科学技术，建设一个社会治理各方力量共享、共建、共治的多功能的社会心理服务网络工作平台。整合各方面的资源，线下服务与线上服务相互配合，可以极大地增强社会心理服务工作的可及性，扩大工作覆盖面。具体包括以下四个方面的工作内容。

一是建立社会心理服务的网络宣传与教育平台。综合传统媒介与网络等多种渠道，线下与线上工作发挥各自优势，宣传社会心理服务知识，提供普通人群的心理教育课程。

二是建立社会心理服务的网络培训体系。根据社会心理工作者的专业学习需求，设置不同层次的课程，提供网络学习的条件。

三是利用网络拓展社会心理服务的供给途径。如进行在线心理健康服务疾病预防和早期干预，调配不同地区的社会心理服务资源，建立群体或个体的心理支持系统，完善突发事件应急预案，组织个体或群体危机管理等。

四是借助网络加强社会心理服务的行政与专业指导。通过网络对心理服务试点或机构进行必要的行政监督与专业督导，促进社会心理服务组织之间的交流与学习。

可以看到，许多社会心理服务工作可以在社会心理服务的网络工作平台进行延伸，能够满足个性化的社会心理服务需求、个体或群体的特定需求，推动社会心理服务工作。

（六）建设社会心理服务的资金保障体系

为了保障社会心理服务工作的全面开展，应以政府投入为主，增加财政投入。将资金投入社会心理服务最需要的环节，评估政府投入绩效，完善社会心理服务的资金保障体系。

完善政府购买社会心理服务制度及相关政策，评估社会心理服务的效力，规范购买服务程序，对承接政府购买服务、享受财政资金资助的社会心理服务机构进行严格评估和考核，建立购买服务的绩效评价体系。

积极推动社会资金对社会心理服务的投入，制定相关政策引导社会资金投向心理服务工作，鼓励个人和团体资助和支持心理服务事业的发展，建立多渠道、多方式的筹资机制。

从更广的角度看，增加对心理学学科建设的投入，增加对与心理科学相关的自然科学与社会科学的投入，增加对心理服务人员培训的投入，对心理服务工作的长远发展大有裨益。

（七）完善社会心理服务的政策法规体系

心理服务工作是以社会需求为导向，以政府推动为主的服务工作，需要政策法规的大力引导与支持，尤其是要把心理健康从业人员、资格认证、执业水准认定、专业机构核准建立的相应规章制度纳入法制化轨道，进行规范化评估与管理，为规范有序开展社会心理服务提供强有力的法制保障。

国家劳动和社会保障部委托中国心理卫生协会，组织心理卫生领域的专家制定了《心理咨询师国家职业标准（试行）》，因为准入门槛低、就业人员良莠不齐、行业缺乏有效监管等多种弊端没有得到有效解决，此项职业资格认证2017年被取消。未来政府应与行业多方商讨，建立更完善的政策法规，提高专业要求，实施有效监管，帮助心理咨询工作实现正规化和职业化。

社会心理服务政策法规在实践中总结、检验、修正，再指导实践。各个地区、部门应在社会心理服务工作中，探索经受实践考验的经验方法，形成地方性法规、政策等固化的形式，对社会心理服务进行制度性约束与引导，逐步健全社会心理服务的政策法规体系。

（八）建设包容且富有创造力的心理文化体系

为了更好地开展社会心理服务工作，要建立兼容并蓄、富有活力和创造力的心理文化体系。

一要充分挖掘传统文化的思想精华，继承与弘扬传统文化中与心理相关的理念。传统文化中对于人们如何控制个人情绪、处理人际关系、保持身心健康、树立正确价值观念都有丰富的理论，这些文化成果对现代人们的生活仍有很强的指导意义。

儒家提倡的"仁义礼智信、温良恭俭让"，对提高个人修养、保持良好的人际关系提供了指导；"己所不欲，勿施于人""己欲立而立人，己欲达而达人"等由己推人的思想，至今仍是现代人际交往中的重要原则；"知者不惑，仁者不忧，勇者不惧"指出了个人品质与情绪间的一定联系；"君子和而不同，小人同而不和"指出君子和小人与他人关系的差别，"不同而和"的思路也可应用于保持群体内和群体间的和谐。道家认为"人法地，地法天，天法道，道法自然"，"天之道，利而不害；圣人之道，为而不争"。道家提出在关怀社会的同时，要尊重客观规律，有所作为而不过于执着，顺应自然，与自然保持和谐，这对于现代人克制个人欲望、克服浮躁心态、保持内心宁静仍有很强的启发意义。《黄帝内经》的"情志致病论"论述了个体情绪与疾病的关系，也提出了修节止欲、发泄疏导、移情易志等情绪调节方式。总的来说，中国传统文化博大精深，对个人修养、人与社会关系、人与自然关系都有探索，应充分挖掘其思想精华，使其在现代社会心理服务中发挥作用。

二要吸收西方文明中心理科学知识，利用现代心理知识促进社会文明发展，提高我国社会治理的科学性和社会治理的效率。现代心理学在个体心理与行为的生理基础、社会心理学等方面都有长足发展，在社会认知、社会情绪、社会行为、群际关系等方面，有丰富的理论成果。应吸收现代心理学的理论成果，结合其他社会科学的研究成果，应用于社会生活实践，服务于现代社会治理。

三要在兼容中外文化成果的基础上，提升心理文化的活力与创造力，推动心理文化事业与产业的发展。社会结构的变化必然引起个体与群体心理结构与体验的变化，无论是传统文化还是西方文化思想，应用于我国现代社会管理中，需要提高其文化适应性与创造性。应在实践中提炼符合现代社会需求的理念，坚持以人为中心，提供标准化、普惠性、公共性的心理文化产品，以政府为引导发展心理文化事业，以市场需求为导向发展心理文化产业。充分发挥政府与市场的功能，增加资金投入，完善相关设施，鼓励心理文化创作，完善与社会心理服务相关的社会文化体系建设，满足人们不断提高的多层次、多标准的心理文化需求。繁荣与社会心理服务相关的文化事业，使心理文化成为新时代文化建设中的重要内容，为社会心理服务工作营造良好的文化氛围。

小　结

　　社会心理服务工作建设是一个适应现代社会需求的新领域。本文初步厘清了社会心理服务的概念与内涵，区分了不同层面社会心理服务工作的内容和目标，分析了现阶段社会心理服务工作的需求与现状，借鉴了国内外社会心理服务的工作经验，对社会心理服务工作体系的建设提出一定的对策建议。社会心理服务工作体系涉及公众意识、管理制度、资金保障、政策支持、文化建设等多方面内容。对人的意识的服务工作，有极强的专业性与复杂性，社会心理服务体系建设中以尊重个体与群体的心理与行为发展规律为基础前提，用理论指导社会心理服务的实践工作，在实践中检验修正和提升理论。通过社会心理服务工作，提高个体心理健康水平，促进群体和谐，提升社会精神风貌，凝聚民心，集结民力，为社会发展积蓄社会心理力量。

社会心态篇

Social Mentality

B.2
北京市居民生态环境满意度调查

田 浩 官春萍 杨靖渊*

摘　要： 本报告对2390名北京市居民进行问卷调查，考察其生态环境满意度的基本特点，以及生态环境满意度与社会焦虑、社区归属感、国家认同感、社会安全感的关系。结果发现，北京市居民的生态环境满意度处于中等水平；北京市居民的生态环境满意度在部分人口学变量（包括年龄、性别、婚姻状况、文化程度、目前工作状态、月收入、家庭住址、户籍所在地、主观社会经济地位、孩子数）上具有显著差异；生态环境满意度与社会安全感、社区归属感、国家认同感呈显著正相关，与社会焦虑呈显著负相关。

* 田浩，北京林业大学人文社会科学学院副教授，硕士生导师，主要研究方向为文化心理学和生态环境心理学；官春萍，北京林业大学人文社会科学学院在读硕士研究生；杨靖渊，北京林业大学人文社会科学学院本科生。

关键词： 北京市 居民 生态环境满意度 社会心态

一 引言

满意度（satisfaction）是指人能从其愿望、期许或需求中获取乐趣的程度，生态环境满意度（environmental satisfaction）则为这一概念的延伸，是指"环境达到人的愿望、期望或满足其需求的程度"[1]，也就是"个体对于自身周围的某种特定环境建设现状满意程度"[2]。也有学者提出，环境状况的满意度主要体现了人们对自己居住环境状况的满意程度。[3] 因此，生态环境满意度就是居民感知到的自然状况与预期的差距水平，这是一个通过主观反映客观环境质量的过程。[4] 大量研究表明，良好的生态环境对人具有积极作用。与自然接触有利于身体健康，如改善血压，降低心率[5]，有利于减少认知疲劳[6]，有利于减少焦虑[7]，有利于增加亲社会行为[8]。总之，与自然接触对生理、认知、情

---

① 汪卓群、梅凤乔：《生态环境满意度与环境负责行为关系研究——以深圳市红树林海滨生态公园为例》，《北京大学学报》（自然科学版）2018年第6期，第170～177页。

② 黄元等：《个体环境态度对城市森林感知和满意度的影响》，《资源科学》2019年第9期，第1747～1757页。

③ 吴钢、许和连：《湖南省公众生态环境价值观的测量及比较分析》，《湖南大学学报》（社会科学版）2014年第4期。

④ 段雯祎：《北京市居民自然生态环境满意度对主观幸福感的影响》，硕士学位论文，北京林业大学，2016。

⑤ Bowler, D. E., Buyung-Ali, L. M., Knight, T. M., & Pullin, A. S., "A Systematic Review of Evidence for the Added Benefits to Health of Exposure to Natural Environments," *BMC Public Health* 10 (2010): 456.

⑥ Berman, M. G., Jonides, J., & Kaplan, S., "The Cognitive Benefits of Interacting with Nature," *Psychological Science* 19 (2008): 1207–1212.

⑦ Mackay, G. J. & Neill, J. T., "The Effect of 'Green Exercise' on State Anxiety and the Role of Exercise Duration, Intensity, and Greenness: A Quasi-experimental Study," *Psychology of Sport and Exercise* 11 (2010): 238–245.

⑧ Zhang, J. W., Piff, P. K., Iyer, R., Koleva, S., & Keltner, D., "An Occasion for Unselfing: Beautiful Nature Leads to Prosociality," *Journal of Environmental Psychology* 37 (2014): 325–330.

绪、人际交往均有复愈作用。[1]

在 2018 年 5 月召开的全国生态环境保护大会上，习近平总书记指出，"良好生态环境是最普惠的民生福祉，坚持生态惠民、生态利民、生态为民，重点解决损害群众健康的突出环境问题，不断满足人民日益增长的优美生态环境需要"[2]。所以，为居民提供宜居的生态环境是政府的职责之一，是全面建成小康社会，实现"两个一百年"奋斗目标的要求，本报告希望提升居民对城市生态环境的关注度与参与度，同时希望为政府理政提供科学依据，最终促进居民生态环境满意度的提升。

生态环境满意度与一些人口学变量存在相关关系，有研究证明，性别会对生态环境满意度产生影响，相对于男性，女性对自然环境的期望更高，所以评价会有所降低。[3] 訾非等人则通过实证研究，发现年龄发挥着重要作用，23 ~ 29 岁群体的生态环境满意度最低；不同职业的人群在此方面也有差异；居住在某一地区的时间越长，对环境的满意度越高；从经济角度看，收入也是重要因素之一，相较于高收入者，低收入者的生态环境满意度普遍呈现较低水平[4]。此外，有研究表明，某一特定环境的正向感知对个体的生态环境满意度有显著影响，个体对生态的偏好性越大，越有利于生态环境满意度的提升。[5]

一些心理因素也可能与生态环境满意度相关。社会焦虑是社会成员普遍存在的一种紧张的心理状态[6]，这种紧张心理会积聚成社会张力，通过社会冲突等方式释放[7]；社区认同表明居民对社区的一种特殊情感，反映了某一范围的人群基于自身需求互相沟通、互帮互助，由此形成了心理上

---

① 龚梦柯、吴建平、南海龙：《森林环境对人体健康影响的实证研究》，《北京林业大学学报》（社会科学版）2017 年第 4 期，第 44 ~ 51 页。

② 《习近平出席全国生态环境保护大会并发表重要讲话》，中国政府网，2018 年 5 月 19 日，http：//www.gov.cn/xinwen/2018 - 05/19/content_ 5292116. htm。

③ 张凤凉、郑方辉：《政府绩效视野下的生态环境满意度实证研究——以 2007 年广东省为例》，《太平洋学报》2009 年第 4 期。

④ 訾非等：《中国 10 城市生态环境满意度和生活满意度调查报告》，《北京林业大学学报》（社会科学版）2012 年第 4 期，第 4 ~ 10 页；黄怡茵：《政府环保绩效与公众生态生态环境满意度：偏离与诠释》，硕士学位论文，华东理工大学，2018。

⑤ 黄元等：《个体环境态度对城市森林感知和满意度的影响》，《资源科学》2019 年第 9 期，第 1747 ~ 1757 页。

⑥ 吴忠民：《应重视社会焦虑问题的研究》，《福建论坛》（经济社会版）1993 年第 2 期，第 60 ~ 61 页。

⑦ 邱敏：《社会焦虑——一个微观层面的社会问题》，《社会》2003 年第 3 期，第 10 ~ 11 页。

的依恋和归属感，也称作"社区归属感"①；社会安全感是个体对社会安全度的一种主观感受，可以有效衡量个体社会安全防范意识的水平②；国家认同感（national identity）主要指人民对自己国家成员身份的知悉和接受，包含认知成分系统和情绪成分系统③。研究发现，上述因素均会对个体的情感倾向产生作用，进而影响生态环境满意度。

因此，本报告以北京市居民为研究对象，考察其生态环境满意度的基本特点，以及在年龄、性别、婚姻状况、文化程度等方面的差异，并探讨北京市居民的生态环境满意度与社会焦虑、社区归属感、国家认同感、社会安全感间的相关关系。

二 研究方法

（一）研究对象

本报告采用多阶段整群随机抽样法，从北京市 16 个区选取 18～70 岁居民为研究对象。采用线下纸笔填答和线上问卷星填答两种形式，共收集问卷2658 份，剔除 268 份作答不认真或不完整的无效问卷，剩余有效问卷 2390 份，有效回收率为 89.92%。具体信息见表 1。

表 1 有效被试基本信息

单位：人，%

人口学变量		人数	百分比	人口学变量		人数	百分比
地区	朝阳区	776	32.47	地区	顺义区	16	0.67
	海淀区	672	28.12		东城区	54	2.26
	丰台区	294	12.30		石景山区	38	1.59
	昌平区	203	8.49		密云区	20	0.84
	大兴区	79	3.31		平谷区	28	1.17
	通州区	48	2.01		怀柔区	26	1.09
	西城区	48	2.01		延庆区	26	1.09
	房山区	35	1.46		门头沟区	27	1.13

① 王潇、焦爱英：《"村改社区"居民主观幸福感、社区认同与社区参与关系的实证研究》，《兰州学刊》2014 年第 11 期，第 71～80 页。

② 荆怀福：《大学生主观社会安全感与避免受害的对策研究》，《教育与职业》2006 年第 14 期，第 143～144 页。

③ 佐斌：《论儿童国家认同感的形成》，《教育研究与实验》2000 年第 2 期，第 33～37 页。

续表

人口学变量		人数	百分比	人口学变量		人数	百分比
性别	男	1378	57.66	文化程度	小学及以下	53	2.22
	女	999	41.80		初中	185	7.74
	缺失	13	0.54		中专或职高	302	12.64
年龄	20岁及以下	449	18.79		高中	317	13.26
	21~30岁	1087	45.48		大专	402	16.82
	31~40岁	525	21.97		本科	849	35.52
	41~50岁	127	5.31		硕士	200	8.37
	51岁及以上	198	8.28		博士	73	3.05
	缺失	4	0.17		缺失	9	0.38
民族	汉族	2153	90.08	工作状态	正式工作	1054	44.10
	少数民族	237	9.92		临时工作	369	15.44
信仰	中国特色社会主义（马列主义）	1494	62.51		无业、失业或下岗	300	12.55
	命运	190	7.95		离退休	184	7.70
	无神论	408	17.07		学生	466	19.50
	基督教	83	3.47		其他	15	0.63
	天主教	30	1.26		缺失	2	0.08
	佛教	78	3.26	家庭住址	城区	1303	54.52
	道教	40	1.67		农村	743	31.09
	伊斯兰教	29	1.21		郊区	332	13.89
	其他	25	1.05		缺失	12	0.50
	缺失	13	0.54	主观社会经济地位	上层	130	5.44
婚姻状况	未婚	1052	44.02		中上层	447	18.70
	已婚	1078	45.10		中层	957	40.04
	同居	163	6.82		中下层	668	27.95
	离婚	63	2.64		下层	187	7.82
	丧偶	18	0.75		缺失	1	0.04
	缺失	16	0.67	目前职业	农民	97	4.06
月收入	2000元及以下	257	10.75		教师	236	9.87
	2001~7855元	791	33.10		军人	72	3.01
	7856~15000元	701	29.33		机关干部或公务员	204	8.54
	15001~20000元	260	10.88		服务业环境人员	209	8.74
	20001元及以上	121	5.06		医务工作者	78	3.26
	无收入	251	10.50		外企职员	80	3.35
	缺失	9	0.38		私企职员	208	8.70

续表

人口学变量		人数	百分比	人口学变量		人数	百分比
目前职业	国企员工	125	5.23	户籍所在地	北京城市	902	37.74
	自由职业者	108	4.52		北京农村	525	21.97
	其他	24	1.00		外地城市	664	27.78
	缺失	949	39.71		外地农村	296	12.38
政治面貌	共产党员	643	26.90		缺失	3	0.13
	共青团员	875	36.61	孩子数	一个孩子	708	29.62
	民主党派	275	11.51		两个孩子	546	22.85
	群众	590	24.69		三个及以上孩子	269	11.26
	缺失	7	0.29		未生育过	861	36.03
					缺失	6	0.25

（二）研究工具

1. 人口统计学信息

我们收集的人口统计学信息主要包括地区、性别、年龄、民族、信仰、婚姻状况、月收入、文化程度、工作状态、目前职业、政治面貌、户籍所在地、家庭住址、孩子数以及主观社会经济地位等。

2. 生态环境满意度问卷

本报告采用的生态环境满意度问卷由 20 个项目组成，包括 3 个维度，绿化与公园 8 个项目、空气与水体 9 个项目、环境噪声 3 个项目。采用 5 点计分，分数越高说明生态环境满意度越高。该量表具有良好的信效度，Cronbach's α 系数为 0.89。[1] 本报告中生态环境满意度问卷的 Cronbach's α 系数为 0.77。

3. 社会焦虑问卷

本报告采用的社会焦虑问卷是以郭燕梅[2]焦虑测量的维度为基础，以以往对社会焦虑表现的研究为依据，以各种有关社会焦虑的调查为参考编制的《社会焦虑问卷》，共 20 个题目，采用 4 点计分，得分越高，表示社会焦虑水

---

① 訾非等：《中国 10 城市生态环境满意度和生活满意度调查报告》，《北京林业大学学报》（社会科学版）2012 年第 4 期，第 4～10 页。

② 郭燕梅：《相对剥夺感预测集群行为倾向：社会焦虑的调节作用》，硕士学位论文，山东师范大学，2013。

平越高。该量表具有良好的信效度。

4. 社区归属感问卷

本报告采用的社区归属感问卷参考 Goudy[1]、McCool 和 Martin[2] 以及单菁菁[3]的研究,共 5 个项目。采用 5 点计分,得分越高,表示社区归属感越高。该问卷具有较高的内在信度,观测变量效度可靠。

5. 国家认同感问卷

本报告采用的国家认同感问卷借鉴了政治学家普遍采用的公众态度调查测量方法,即根据问卷调查被访者对相关问题的回答所构建的态度测量量表,给每一种答案赋以确定的分值,根据得分的高低判断其对国家认同感的强弱。具体测量包括一组 4 道题的提问,采用 7 点计分,4 道题得分加总得到国家认同感得分,得分越高,表示国家认同感越强。

6. 社会安全感问卷

本报告采用的是汪海彬、姚本先编制的城市居民社会安全感问卷,正式问卷题目一共 22 个,采用 5 点计分,得分越高表明社会安全感水平越高。[4]

三 研究结果

(一)北京市居民生态环境满意度基本特点

生态环境满意度及绿化与公园、空气与水体、环境噪声 3 个维度的平均分和标准差见表2。生态环境满意度总分为 63.63 ± 10.22 分,绿化与公园平均得分为 26.76 ± 7.06 分,空气与水体平均得分为 27.60 ± 4.98 分,环境噪声平均得分为 9.28 ± 2.75 分。訾非等 2012 年调查了全国 10 个城市的生态环境满意

① Goudy, W., "Further Consideration of Indicators of Community Attachment," *Social Indicators Research: An International and Interdisciplinary Journal for Quality - of - Life Measurement* 11 (1982): 181 - 192.

② McCool, S. F., & Martin, S. R., "Community Attachment and Attitudes toward Tourism Development," *Journal of Travel Research* 32 (1994): 29 - 34.

③ 单菁菁:《从社区归属感看中国城市社区建设》,《中国社会科学院研究生院学报》2006 年第 6 期,第 127 ~ 133 页。

④ 汪海彬、姚本先:《城市居民安全感问卷的编制》,《人类工效学》2012 年第 4 期。

度，发现平均得分为 56.96 ~ 66.77 分（满分为 100 分），其中北京市居民的平均得分为 64.53 分[1]，本报告再次印证了上述结果，北京市居民生态环境满意度处于中等水平，还有很大的提升空间。

表 2　北京市居民生态环境满意度的平均分和标准差

项目	$M \pm SD$
绿化与公园	26.76 ± 7.06
空气与水体	27.60 ± 4.98
环境噪声	9.28 ± 2.75
生态环境满意度总分	63.63 ± 10.22

（二）生态环境满意度在人口统计学变量上的差异

1. 生态环境满意度在年龄上的差异

为考察北京市居民生态环境满意度在年龄上的差异，以年龄（20 岁及以下、21 ~ 30 岁、31 ~ 40 岁、41 ~ 50 岁、51 岁及以上）为自变量，以生态环境满意度为因变量进行单因素方差分析。结果发现，不同年龄段居民的生态环境满意度存在显著差异（$F = 13.23$, $p < 0.001$）（见表 3、图 1）。事后比较发现，41 ~ 50 岁居民的生态环境满意度显著高于其他年龄段居民的生态环境满意度；31 ~ 40 岁居民的生态环境满意度显著高于 20 岁及以下、21 ~ 30 岁居民的生态环境满意度。

表 3　不同年龄段北京市居民生态环境满意度的平均分和标准差

项目	年龄	$M \pm SD$	F	事后比较
生态环境满意度	①20 岁及以下	62.27 ± 9.64	13.23 ***	③ > ①、②；④ > ①、②、③、⑤
	②21 ~ 30 岁	62.98 ± 9.67		
	③31 ~ 40 岁	64.84 ± 10.78		
	④41 ~ 50 岁	68.77 ± 12.01		
	⑤51 岁及以上	63.84 ± 10.56		

注：* 代表 $p < 0.05$，** 代表 $p < 0.01$，*** 代表 $p < 0.001$，下同。

---

[1]　訾非等：《中国 10 城市生态环境满意度和生活满意度调查报告》，《北京林业大学学报》（社会科学版）2012 年第 4 期，第 4 ~ 10 页。

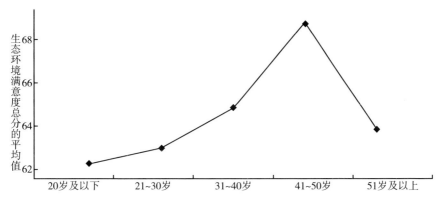

图 1 不同年龄段北京市居民生态环境满意度比较

2. 生态环境满意度在性别上的差异

为考察北京市居民生态环境满意度在性别上的差异，以性别为自变量，以生态环境满意度为因变量进行独立样本 T 检验。结果发现，不同性别居民的生态环境满意度存在显著差异（$t = -5.36$，$p < 0.01$），女性居民的生态环境满意度显著高于男性（见表 4、图 2）。

表 4 不同性别北京市居民生态环境满意度的平均分和标准差

项目	性别	$M \pm SD$	t
生态环境满意度	男	62.63 ± 9.18	-5.36^{**}
	女	64.97 ± 11.37	

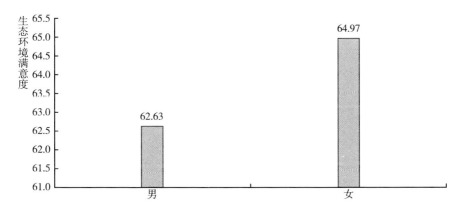

图 2 不同性别北京市居民生态环境满意度比较

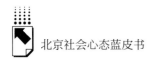

3. 生态环境满意度在婚姻状况上的差异

为考察北京市居民生态环境满意度在婚姻状况上的差异，以婚姻状况为自变量，以生态环境满意度为因变量进行单因素方差分析。结果发现，不同婚姻状况居民的生态环境满意度存在显著差异（$F = 11.72$，$p < 0.001$）（见表5、图3）。事后比较发现，已婚居民的生态环境满意度显著高于未婚、同居居民的生态环境满意度。

表5 不同婚姻状况北京市居民生态环境满意度的平均分和标准差

项目	婚姻状况	$M \pm SD$	F	事后比较
生态环境满意度	①未婚	62.45 ± 9.60	11.72***	②>①、③
	②已婚	65.11 ± 11.07		
	③同居	61.34 ± 6.88		
	④离婚	62.38 ± 7.12		
	⑤丧偶	62.33 ± 12.40		

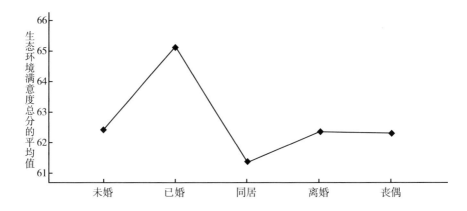

图3 不同婚姻状况北京市居民生态环境满意度比较

4. 生态环境满意度在文化程度上的差异

为考察北京市居民生态环境满意度在文化程度上的差异，以文化程度为自变量，以生态环境满意度为因变量进行单因素方差分析。结果发现，不同文化程度居民的生态环境满意度存在显著差异（$F = 3.02$，$p < 0.001$）（见表6、图4）。事后比较发现，小学及以下和初中学历居民的生态环境满意度显著低于大专和本科学历居民的生态环境满意度。

表6 不同文化程度北京市居民生态环境满意度的平均分和标准差

项目	文化程度	$M \pm SD$	F	事后比较
生态环境满意度	①小学及以下	61.96 ± 10.22	3.02***	①、② < ⑤、⑥
	②初中	61.98 ± 7.82		
	③中专或职高	62.67 ± 8.69		
	④高中	62.67 ± 8.68		
	⑤大专	64.67 ± 10.11		
	⑥本科	64.31 ± 11.54		
	⑦硕士	63.64 ± 10.89		
	⑧博士	62.23 ± 8.35		

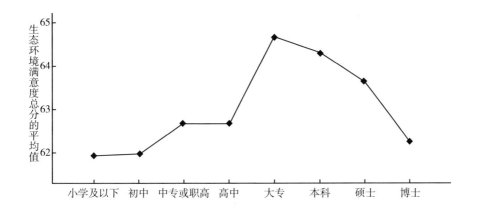

图4 不同文化程度北京市居民生态环境满意度比较

5. 生态环境满意度在工作状态上的差异

为考察北京市居民生态环境满意度在工作状态上的差异，以工作状态为自变量，以生态环境满意度为因变量进行单因素方差分析。结果发现，不同工作状态居民的生态环境满意度存在显著差异（$F = 12.71$，$p < 0.001$）（见表7、图5）。事后比较发现，有正式工作的居民生态环境满意度显著高于其他工作状况居民的生态环境满意度；无业、失业或下岗的居民生态环境满意度显著低于正式工作、离退休、学生的生态环境满意度。

表7 不同工作状态北京市居民生态环境满意度的平均分和标准差

项目	工作状态	$M \pm SD$	F	事后比较
生态环境满意度	①正式工作	65.31 ± 11.43	12.71***	① > ②、③、④、⑤；③ < ①、④、⑤
	②临时工作	62.30 ± 8.01		
	③无业、失业或下岗	60.71 ± 6.07		
	④离退休	62.99 ± 8.82		
	⑤学生	62.96 ± 10.95		

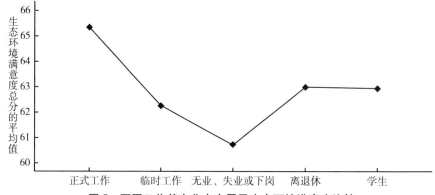

图5 不同工作状态北京市居民生态环境满意度比较

6. 生态环境满意度在月收入上的差异

为考察北京市居民生态环境满意度在月收入上的差异，以月收入为自变量，以生态环境满意度为因变量进行单因素方差分析。结果发现，不同月收入居民的生态环境满意度存在显著差异（$F = 4.21$，$p = 0.001$）。事后比较发现，月收入为2001~7855元居民的生态环境满意度显著高于月收入为2000元及以下、15001~20000元、20001元及以上的居民（见表8、图6）。

表8 不同月收入北京市居民生态环境满意度的平均分和标准差

项目	月收入	$M \pm SD$	F	事后比较
生态环境满意度	①无收入	63.62 ± 11.59	4.21***	③ > ②、⑤、⑥
	②2000元及以下	62.37 ± 10.03		
	③2001~7855元	64.83 ± 10.77		
	④7856~15000元	63.36 ± 9.61		
	⑤15001~20000元	62.59 ± 8.47		
	⑥20001元及以上	62.07 ± 9.87		

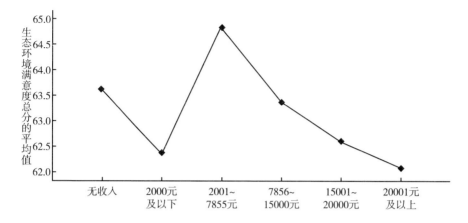

图6　不同月收入北京市居民生态环境满意度比较

7. 生态环境满意度在家庭住址上的差异

为考察北京市居民生态环境满意度在家庭住址上的差异，以家庭住址为自变量，以生态环境满意度为因变量进行单因素方差分析。结果发现，不同家庭住址居民的生态环境满意度存在显著差异（$F = 23.63$，$p < 0.001$）（见表9、图7）。事后比较发现，家庭住址为农村的居民的生态环境满意度显著低于城区和郊区居民的生态环境满意度。

表9　不同家庭住址北京市居民生态环境满意度的平均分和标准差

项目	家庭住址	$M \pm SD$	F	事后比较
生态环境满意度	①农村	61.49 ± 11.41	23.63 ***	① < ②、③
	②郊区	64.59 ± 7.53		
	③城区	64.56 ± 9.83		

8. 生态环境满意度在户籍所在地上的差异

为考察北京市居民生态环境满意度在户籍所在地上的差异，以户籍所在地为自变量，以生态环境满意度为因变量进行单因素方差分析。结果发现，不同户籍所在地居民的生态环境满意度存在显著差异（$F = 4.45$，$p < 0.05$）（见表10、图8）。事后比较发现，北京城市居民的生态环境满意度显著高于北京农村、外地城市居民的生态环境满意度。

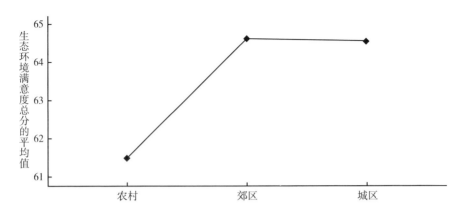

图7　不同家庭住址北京市居民生态环境满意度比较

表 10　不同户籍所在地北京市居民生态环境满意度的平均分和标准差

项目	户籍所在地	$M \pm SD$	F	事后比较
生态环境满意度	①北京城市	64.49 ± 11.35	4.45*	① > ②、③
	②北京农村	62.82 ± 8.92		
	③外地城市	62.91 ± 9.56		
	④外地农村	63.94 ± 10.04		

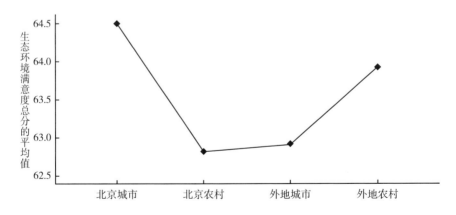

图8　不同户籍所在地北京市居民生态环境满意度比较

9. 生态环境满意度在主观社会经济地位上的差异

为考察北京市居民生态环境满意度在主观社会经济地位上的差异，以主观社会经济地位为自变量，以生态环境满意度为因变量进行单因素方差分析。结果发现，不同主观社会经济地位的居民的生态环境满意度存在显著差异（$F = 12.40$，$p < 0.001$）（见表11、图9）。事后比较发现，上层居民的生态环境满意度显著低于中层、中下层居民的生态环境满意度；中下层居民的生态环境满意度显著高于上层、中上层居民的生态环境满意度。

表11 不同主观社会经济地位北京市居民生态环境满意度的平均分和标准差

项目	主观社会经济地位	$M \pm SD$	F	事后比较
生态环境满意度	①上层	60.26 ± 6.82	12.40 ***	① < ③、④；④ > ①、②
	②中上层	61.62 ± 8.50		
	③中层	64.29 ± 10.56		
	④中下层	64.97 ± 10.97		
	⑤下层	62.63 ± 10.14		

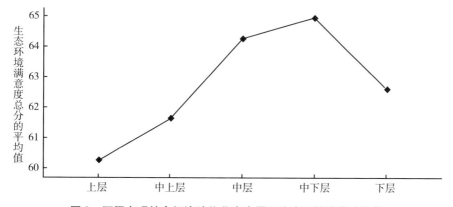

图9 不同主观社会经济地位北京市居民生态环境满意度比较

10. 生态环境满意度在拥有孩子数上的差异

为考察北京市居民生态环境满意度在拥有孩子数上的差异，以孩子数为自变量，以生态环境满意度为因变量进行单因素方差分析。结果发现，拥有不同孩子数居民的生态环境满意度存在显著差异（$F = 23.32$，$p < 0.001$）（见表12、图10）。事后比较发现，除了有两个孩子和未生育过居民的生态环境满意度没有显著差异，其他均差异显著，即有一个孩子的居民生态环境满意度最高，有三个及以上孩子居民的生态环境满意度最低。

表12　不同子女数量北京市居民生态环境满意度的平均分和标准差

项目	孩子数	$M \pm SD$	F	事后比较
生态环境满意度	①未生育过	63.48 ± 10.68	23.32^{***}	②>①、③、④；④<①、②、③
	②一个孩子	65.91 ± 11.68		
	③两个孩子	62.46 ± 8.67		
	④三个及以上孩子	60.48 ± 4.98		

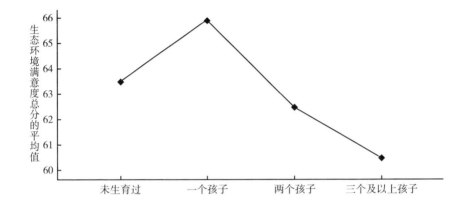

图10　不同子女数量北京市居民生态环境满意度比较

（三）生态环境满意度在人口统计学变量交互项上的差异

1. 生态环境满意度在性别和年龄上的差异

为考察北京市居民生态环境满意度在性别和年龄交互项上的差异，以性别和年龄为自变量，以生态环境满意度为因变量进行方差分析。结果发现，性别与年龄的交互效应显著（$F = 4.23$，$p < 0.05$）。简单效应检验发现，21 ~ 30岁、31 ~ 40岁、41 ~ 50岁、51岁及以上女性居民的生态环境满意度显著高于男性居民的生态环境满意度（见图11）。

2. 生态环境满意度在年龄和婚姻状况上的差异

为考察北京市居民生态环境满意度在年龄和婚姻状况交互项上的差异，以年龄和婚姻状况为自变量，以生态环境满意度为因变量进行方差分析。结果发现，年龄和婚姻状况的交互效应显著（$F = 3.19$，$p < 0.001$）。简单效应检验发现，40岁以上已婚居民的生态环境满意度显著高于未婚居民的生态环境满

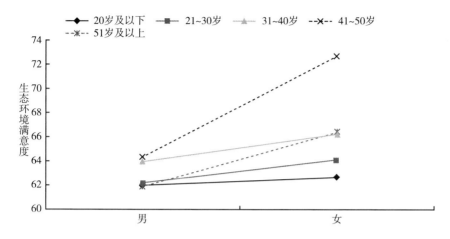

图 11　生态环境满意度在性别和年龄上的差异

意度。40 岁以下已婚居民的生态环境满意度不断提高，而未婚居民生态环境满意度随着年龄的增长而下降（见图 12）。

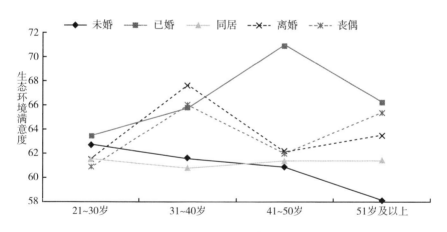

图 12　生态坏境满意度在年龄和婚姻状况上的差异

3. 生态环境满意度在户籍所在地和家庭住址上的差异

为考察北京市居民生态环境满意度在户籍所在地和家庭住址交互项上的差异，以户籍所在地和家庭住址为自变量，以生态环境满意度为因变量进行方差分析。结果发现，户籍所在地与家庭住址的交互效应显著（$F = 6.81$，$p < 0.001$）。简单效应检验发现，目前居住在城区的居民中，外地农村居民的生态

环境满意度显著高于北京农村居民；目前居住在农村的居民中，外地农村居民的生态环境满意度显著高于外地城市居民（见图13）。

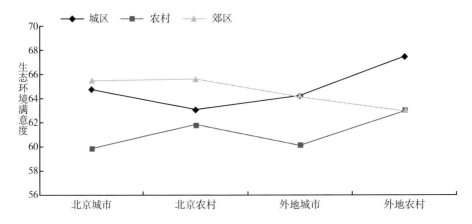

图13　生态环境满意度在户籍所在地和家庭住址上的差异

（四）生态环境满意度的相关影响因素分析

1. 不同社会焦虑居民的生态环境满意度差异

首先，按平均分加减一个标准差的方法，将社会焦虑分为三个等级：低社会焦虑（小于 $M-SD$）、中社会焦虑、高社会焦虑（大于 $M+SD$）。然后运用单因素方差分析检验不同社会焦虑水平居民的生态环境满意度是否存在显著差异。结果显示，不同社会焦虑水平居民的生态环境满意度存在显著差异（$F=29.83$，$p<0.001$）（见表13、图14）。事后比较发现，低社会焦虑居民的生态环境满意度显著高于中社会焦虑、高社会焦虑居民的生态环境满意度。

表13　不同社会焦虑居民的生态环境满意度差异

项目	社会焦虑	$M\pm SD$	F	事后比较
生态环境满意度	①低社会焦虑	67.97±15.17	29.83***	①>②、③
	②中社会焦虑	63.01±9.08		
	③高社会焦虑	62.94±9.77		

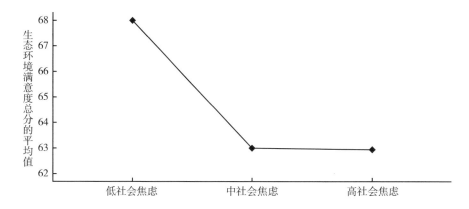

图14 不同社会焦虑居民生态环境满意度比较

2. 不同社区归属感居民的生态环境满意度差异

首先，按平均分加减一个标准差的方法，将社区归属感分为三个等级：低社区归属感、中社区归属感、高社区归属感。然后运用单因素方差分析检验不同社区归属感水平居民的生态环境满意度是否存在显著差异。结果显示，不同社区归属感居民的生态环境满意度差异显著（$F = 235.13$，$p < 0.001$）（见表14、图15）。事后比较发现，高社区归属感组居民的生态环境满意度显著高于中社区归属感组，中社区归属感组居民的生态环境满意度又显著高于低社区归属感组，即高社区归属感组居民的生态环境满意度最高，低社区归属感组居民的生态环境满意度最低。

表14 不同社区归属感居民的生态环境满意度差异

项目	社区归属感	$M \pm SD$	F	事后比较
生态环境满意度	①低社区归属感	58.12 ± 6.61	235.13 ***	① < ② < ③
	②中社区归属感	62.39 ± 8.47		
	③高社区归属感	72.25 ± 13.40		

3. 不同国家认同感居民的生态环境满意度差异

首先，按平均分加减一个标准差的方法，将国家认同感分为高、中、低三组。然后运用单因素方差分析检验不同国家认同感水平居民的生态环境满意度

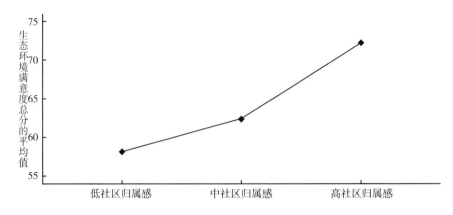

图15 不同社区归属感居民生态环境满意度比较

是否存在显著差异。结果显示，不同国家认同感居民的生态环境满意度差异显著（$F = 277.40$，$p < 0.001$）（见表15、图16）。事后比较发现，高国家认同感组居民的生态环境满意度显著高于低国家认同感组和中国家认同感组，而中国家认同感组居民的生态环境满意度显著高于低国家认同感组，即高国家认同感组居民的生态环境满意度最高，低国家认同感组居民的生态环境满意度最低。

表15 不同国家认同感居民的生态环境满意度差异

项目	年龄	$M \pm SD$	F	事后比较
生态环境满意度	①低国家认同感	58.58 ± 5.65	277.40^{***}	① < ② < ③
	②中国家认同感	62.22 ± 8.37		
	③高国家认同感	72.20 ± 13.25		

4. 不同社会安全感居民的生态环境满意度差异

首先，按平均分加减一个标准差的方法，将社会安全感分为高、中、低三组。然后运用单因素方差分析检验不同社会安全感水平居民的生态环境满意度是否存在显著差异。结果显示，不同社会安全感居民的生态环境满意度差异显著（$F = 143.72$，$p < 0.001$）（见表16、图17）。事后比较发现，高社会安全感组居民的生态环境满意度显著高于低社会安全感组和中社会安全感组，中社

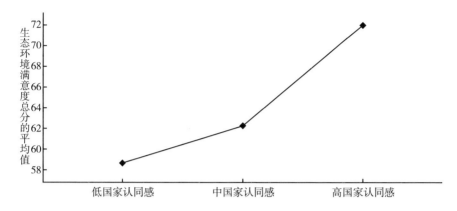

图 16　不同国家认同感北京市居民生态环境满意度比较

会安全感组居民的生态环境满意度显著高于低社会安全感组，高社会安全感组居民的生态环境满意度最高，低社会安全感组居民的生态环境满意度最低。

表 16　不同社会安全感居民的生态环境满意度差异

项目	社会安全感	$M \pm SD$	F	事后比较
生态环境满意度	①低社会安全感	60.38 ± 8.30	143.72 ***	① < ② < ③
	②中社会安全感	63.21 ± 9,46		
	③高社会安全感	75.85 ± 14.05		

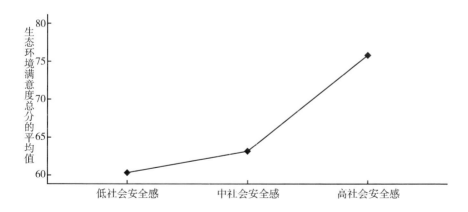

图 17　不同社会安全感居民生态环境满意度比较

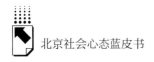

（五）生态环境满意度与社会安全感、社区归属感、国家认同感、社会焦虑的关系

采用相关分析考察北京市居民的生态环境满意度与社会安全感、社区归属感、国家认同感、社会焦虑的关系。结果发现，生态环境满意度与社会安全感、社区归属感、国家认同感呈显著正相关，与社会焦虑呈显著负相关（见表17）。

表 17　生态环境满意度与其他变量的相关分析

	生态环境满意	社会安全感	社会焦虑	社区归属感	国家认同感
生态环境满意	1				
社会安全感	0.34 ***	1			
社会焦虑	− 0.13 ***	− 0.02	1		
社区归属感	0.48 ***	0.21 ***	0.14 ***	1	
国家认同感	0.45 ***	0.21 ***	0.10 ***	0.62 ***	1

四　结论

第一，北京居民生态环境满意度处于中等水平。

第二，北京市居民的生态环境满意度在部分人口学变量（年龄、性别、婚姻状况、文化程度、工作状态、月收入、家庭住址、户籍所在地、主观社会经济地位、孩子数）上具有显著差异。

第三，生态环境满意度在部分人口统计学变量上存在交互作用。其中，年龄与性别存在交互作用、年龄与婚姻状况存在交互作用、家庭住址与户籍所在地存在交互作用。

第四，生态环境满意度与社会焦虑等变量存在相关。其中，生态环境满意度与社会安全感、社区归属感、国家认同感呈显著正相关，与社会焦虑呈显著负相关。

五 对策与建议

（一）建立多层次的生态环境治理体系

从调查结果看，北京市居民的生态环境满意度处于中等水平，还有很大的提升空间。从影响因素来看，年龄、性别等人口学变量都对生态环境满意度有所影响。从相关关系看，生态环境满意度作为一个主观性较强的心理变量，与社会安全感、社区归属感、国家认同感呈显著正相关，与社会焦虑呈显著负相关。因此，提升居民生态环境满意度的途径和要素必定是多元化的，需要从生态环境治理制度、生态环境治理主体、生态环境治理模式等角度，协调发挥政府、社区、社会组织、居民等多主体力量，建立多层次的生态环境治理体系。

（二）提升基层社区生态环境治理能力

社区是城市居民的基本生活单元，也是居民感受生态环境状况和参与生态环境治理的基本途径。居民的生态环境满意度与社区归属感具有正相关。这意味着，社区可以在提升居民生态环境满意度方面发挥重要作用。当前，心理学基本原理在社区治理中还未能得到充分重视和应用，一些社区生态环境治理过程中的政策和做法还显得生硬。因此，社区工作人员应加强心理学等基础知识的培训和学习，并联合相关专业人员，共同提升基层社区生态环境治理能力。

（三）完善居民生态环境治理参与机制

居民既是城市生态环境的享有者，也应是生态环境的治理者，应广泛参与城市和社区生态环境的法规制度设计、执行、监督、评价工作。当前，居民参与生态环境治理的意识还不够强，参与渠道还不够畅通。这需要多管齐下、精准施策加以改善。首先，关于环保意识与环保行为的培养，近年来已有不少心理学等学科的研究成果，把这些研究成果用于居民环境保护教育之中，将有助于科学地培养居民的环保意识和行为。其次，基层社区的业主委员会、物业管理委员会等组织应得到进一步完善，为广大居民参与生态环境治理提供更多优良条件。

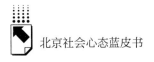
（四）加强居民生态环境心理基础研究

合理的政策制度有赖于科学的研究基础。本报告虽然对生态环境满意度进行了初步探索，但其中仍有不少问题有待澄清。例如，调查发现文化程度会影响生态环境满意度，且二者并非线性关系。那么，这种关系的内在影响机制是什么，对于提升生态环境治理效果有何启示？再如，调查发现生态环境满意度与社会安全感等因素存在相关。然而，这种相关是否存在因果关系，影响的方向和机制如何？这些问题都需要在今后的研究和工作中加以重视。只有具备坚实的研究基础，才能科学有效地提升生态环境治理水平。

参考文献

洪大用：《中国城市居民的环境意识》，《江苏社会科学》2005 年第 1 期。

习近平：《顺应时代前进潮流，促进世界和平发展》，《人民日报》2013 年 3 月 24 日，第 2 版。

郑方辉、卢扬帆、覃雷：《公众幸福指数：为什么幸福感高于满意度?》，《公共管理学报》2015 年第 2 期。

周绍杰、王洪川、苏杨：《中国人如何能有更高水平的幸福感——基于中国民生指数调查》，《管理世界》2015 年第 6 期。

朱建芳、杨晓兰：《中国转型期收入与幸福的实证研究》，《统计研究》2009 年第 4 期。

Ferrer-i-Carbonell, A. & Gowdy, J. M., "Environmental Degradation and Happiness," *Ecological Economics* 60（2007）.

Inglehart, R., *Modernization and Postmodernization: Cultural, Economic, and Political Change in 43 Societies*（Princeton University Press, 1997）.

Land, K. C., & Spilerman, S., *Social Indicator Models*（Russell Sage Foundation, 1975）.

Wood, W., Rhodes, N., & Whelan, M., "Sex Differences in Positive Well-Being: A Consideration of Emotional Style and Marital Status," *Psychological Bulletin* 106（1989）.

B.3
北京市居民国家认同感调查

吴宝沛　胡　水*

摘　要： 本报告采用国家认同感问卷、生态环境满意度问卷、社区归属感问卷对2658名北京市居民进行调查，考察北京市居民的国家认同感现状，探讨居民国家认同感与社区归属感、生态环境满意度、社会焦虑之间的关系。结果发现，北京市居民的国家认同感处于中上水平；已婚、年龄处于41~50岁、有正式工作、学历为本科、无收入或户籍为北京城市的居民的国家认同感水平最高；同居、年龄处于21~30岁、无业失业下岗、学历为小学以下、收入为15001~20000元或户籍为北京农村的居民的国家认同感水平则最低。

关键词： 北京市　居民　国家认同感　社区归属感

一　引言

党的十八大以来，以习近平同志为核心的党中央高度重视意识形态，在多次重要讲话中深刻阐明了新形势下意识形态工作的方向性、根本性、全局性。随着意识形态工作的落实并展，人们对国家的运作模式、理念、发展等有了更进一步的认识，个人和祖国的关系、个人对祖国的认同感等有了更进一步的发展。

国家认同感，是指个人承认并接受自己的民族文化和政治身份，并产生归属感的一种情感。李乐榕和翁楚歆从身份认同、情感认同、文化认同、行为认

---

* 吴宝沛，北京林业大学人文社会科学学院心理学系副教授，硕士生导师，主要研究方向为进化心理学；胡水，北京林业大学人文社会科学学院在读硕士研究生。

同等四方面对国家认同感进行了调查，发现我国丰富的历史文化、红色文化传统、社会主义核心价值观、团结的多民族等因素均可以成为增强人民国家认同感的重要促进因素。[1] 对于个体来说，自身的成长经历对于一个人的态度、价值观有重要影响，文化社会环境对于个人看待世界的方式也起着关键作用。由此可见，国家认同感体现在个人生活的情感行为等诸多方面，也是国家政治、经济、文化、社会、生态等发展建设在个人层面的直接体现。

在中国特色社会主义制度下，社会街道成为人们生活、参与社会治理接触最频繁的单位。在基层群众自治制度下，人们走出家门，积极主动地参与社区治理，渐渐地培养出社区归属感。社区归属感在一定程度上反映了人们对于自己所在社区的认可度、满意度。冯亚北等研究发现，加大对生态环境的治理，有助于提高人们的幸福感和满意度。[2] 社区是市民生活最基本的单元，社区建设代表着国家对民众的关心。

除分析北京市居民的人口学因素对国家认同感的作用外，本报告还关注了生态环境满意度和社区归属感的作用。对居民国家认同感的调查有助于切实了解当下居民的国家认同感现状，可根据有效数据分析的结果调整方针政策，根据影响居民国家认同感的具体因素进一步提高居民的国家认同感。

一般来说，群体研究的平均水平可以代表这个群体的大致情况。因此，本报告通过对北京市居民国家认同感的调查探讨不同年龄、性别、婚姻状态、收入水平、文化程度、工作状态等人口学因素以及社区归属感、生态环境满意度对国家认同感的影响。

二 研究方法

（一）研究对象

本报告采用多阶段整群随机抽样法，对北京市 16 个区的 18～70 岁居民进

---

[1] 李乐榕、翁楚歆：《新时代下高校大学生国家认同感的多维度分析》，《法制博览》2019 年第 16 期，第 58～60 页。

[2] 冯亚北等：《北京市农村生态环境满意度评价及差异影响分析》，《智能城市》2019 年第 20 期，第 36～39 页。

行调研。共发放问卷 2658 份，剔除无效问卷 96 份，问卷有效率为 96.39%。调研对象的具体信息如表 1 所示。

表 1 调研对象基本情况分布

单位：人，%

	项目	人数	百分比		项目	人数	百分比
性别	男	1437	56.1		教师	250	9.8
	女	1115	43.5		军人	77	3.0
地区	朝阳区	800	31.2		机关干部或公务员	210	8.2
	海淀区	706	27.6		服务业工作人员	218	8.5
	丰台区	305	11.9		医务工作者	85	3.3
	昌平区	241	9.4		外企职员	92	3.6
	大兴区	87	3.4		私企职员	246	9.6
	通州区	49	1.9		国企员工	143	5.6
	西城区	66	2.6		自由职业者	118	4.6
	房山区	41	1.6	目前家庭住址	城区	1403	54.8
	顺义区	21	0.8		农村	788	30.8
	东城区	60	2.3		郊区	356	13.9
	石景山区	51	2.0	户籍所在地	北京城市	1000	39.0
	密云区	24	0.9		北京农村	534	20.8
	平谷区	29	1.1		外地城市	691	27.0
	怀柔区	26	1.0		外地农村	328	12.8
	延庆区	26	1.0	孩子数	一个孩子	799	31.2
	门头沟区	30	1.2		两个孩子	566	22.1
民族	汉族	2307	89.7		三个及以上孩子	275	10.7
	少数民族	150	0.1		未生育过	917	35.8
月收入	2000 元及以下	275	10.7	主观社会经济地位	上层	135	5.3
	2001~7855 元	883	34.5		中上层	467	18.2
	7856~150000 元	734	28.6		中层	1020	39.8
	15001~20000 元	264	10.3		中下层	729	28.5
	20001 元及以上	129	5.0		下层	209	8.2
	无收入	271	5.0	工作状态	正式工作	1169	45.6
政治面貌	共产党员	689	26.9		临时工作	385	15.0
	共青团员	921	35.9		退休	306	11.9
	民主党派	276	10.8		学生	195	7.6
	群众	672	26.2		无业、失业或卜岗	488	19.0
职业	农民	102	4.0		其他	16	0.6

注：缺失值未统计在内。

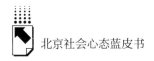
由表1可知，本次调查性别比例基本平衡。调研对象主要分布在朝阳区和海淀区。本次调研问卷发放情况与北京市统计局发布的北京市常住人口总量分布基本一致。

（二）研究工具

1. 国家认同感问卷

本报告采用田园编制的国家认同感问卷，共4个项目，其中涉及个人的国家身份认同和国家荣誉感及责任感等。[1] 问卷采用7点计分，从1表示"完全不同意"到7表示"完全同意"，总分越高代表国家认同感越强。

2. 生态环境满意度问卷

本报告采用訾非等人编制的生态环境满意度问卷，问卷由20个项目组成，包括3个维度：绿化与公园（8个项目）、空气与水体（9个项目）、环境噪声（3个项目）。其中8个项目为反向计分。[2] 问卷采用5点计分，从1表示"非常不符合"到5表示"非常符合"，分数越高说明生态环境满意度越高。该量表具有良好的信效度，Cronbach's α系数为0.89。

3. 社会焦虑问卷

本报告采用郭燕梅的自编问卷，该问卷共有20道题目，分为两个维度，分别为心理感受和行为表现，该问卷具有较好的信效度。[3] 问卷采用4点计分，从1表示"完全没有"到4表示"非常明显"，问卷总分越高表示其社会焦虑水平越高。

4. 社区归属感问卷

本报告采用杜宗斌等编制的社区归属感问卷，该问卷共有5道题目，采用5点计分，问卷具有较高的内在信度。[4]

---

① 田园：《大学生国家认同、自我建构与其社会责任感的关系》，博士学位论文，北京师范大学，2017。
② 訾非等：《中国10城市环境满意度和生活满意度调查报告》，《北京林业大学学报》（社会科学版）2012年第4期，第4~10页。
③ 郭燕梅：《相对剥夺感预测集群行为倾向：社会焦虑的调节作用》，博士学位论文，山东师范大学，2013。
④ 杜宗斌、苏勤：《乡村旅游的社区参与、居民旅游影响感知与社区归属感的关系研究——以浙江安吉乡村旅游地为例》，《旅游学刊》2013年第11期，第65~70页。

（三）数据管理与分析

采用 SPSS 22.0 对数据进行管理与分析。

三　结果分析

（一）北京市居民国家认同感基本特点

总体而言，北京市居民的国家认同感得分均值 $M = 4.44$，$SD = 6.64$，表明北京市居民的国家认同感水平较高。

（二）北京市居民国家认同感的婚姻状况差异

为考察北京市居民国家认同感的婚姻状况差异，以婚姻状况为自变量，以国家认同感为因变量进行方差分析。结果发现，不同婚姻状况居民的国家认同感存在显著差异，F（$df = 4$）$= 13.076$，$p < 0.001$。进一步进行事后比较发现，已婚居民（$M = 19.25$）的国家认同感得分显著高于未婚（$M = 18.29$）、同居（$M = 15.69$）、离婚（$M = 16.76$）的居民，$p < 0.05$；与丧偶（$M = 19.05$）居民的国家认同感无显著差异。未婚（$M = 18.29$）居民的国家认同感显著高于同居（$M = 15.69$）居民的国家认同感，$p < 0.05$；与离婚（$M = 16.76$）和丧偶（$M = 19.05$）居民的国家认同感无显著差异（见表2、图1）。

表2　不同婚姻状况居民国家认同感的平均分与标准差

婚姻状态	$M \pm SD$	F	事后比较
①未婚	18.29 ± 6.76		
②已婚	19.25 ± 6.60		②>①>③
③同居	15.69 ± 5.61	13.076^{***}	⑤>③
④离婚	16.76 ± 5.61		②>④
⑤丧偶	19.05 ± 5.56		

注：*** 代表 $p < 0.001$。

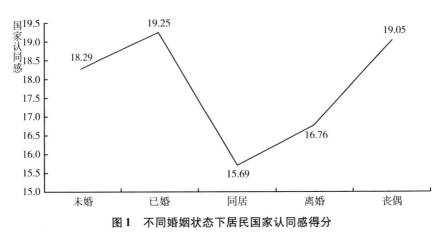

图1 不同婚姻状态下居民国家认同感得分

（三）北京市居民国家认同感的年龄差异

对不同年龄段北京市居民的国家认同感进行单因素方差分析发现，不同年龄段居民的国家认同感水平差异显著，$F(df=4) = 8.523$，$p < 0.001$。进一步进行事后比较发现，20岁及以下居民的国家认同感显著低于41~50岁的居民（$p < 0.05$），与其他年龄段居民无显著差异；21~30岁居民的国家认同感显著低于31~40岁、41~50岁的居民（$p < 0.05$），与51岁及以上居民无显著差异；31~40岁的居民显著高于21~30岁的居民（$p < 0.05$），显著低于41~50岁的居民（$p < 0.05$），与20岁及以下和51岁及以上的居民无显著差异；41~50岁的居民国家认同感得分显著高于其他各年龄段的居民，p值均小于0.05；51岁及以上居民的国家认同感得分显著低于41~50岁以下的居民（$p < 0.05$），与其他年龄段居民均无显著差异（见表3、图2）。

表3 不同年龄阶段居民国家认同感的平均分与标准差

年龄	$M \pm SD$	F	事后比较
①20岁及以下	18.49 ± 6.62		
②21~30岁	18.03 ± 6.65		④ > ①、②、③、⑤
③31~40岁	19.17 ± 6.56	8.523***	③ > ②
④41~50岁	21.02 ± 6.22		
⑤51岁及以上	18.37 ± 6.69		

注：*** 代表 p < 0.001。

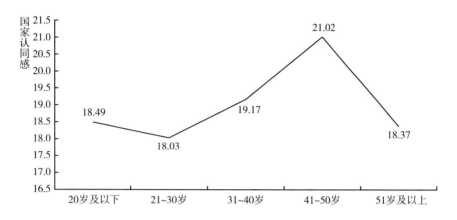

图2 不同年龄段居民国家认同感得分

（四）北京市居民国家认同感的工作状态差异

对不同工作状态下北京市居民的国家认同感进行单因素方差分析发现，不同工作状态下居民的国家认同感水平差异显著，$F (df = 5) = 37.757$，$p < 0.001$。进一步进行事后比较发现，正式工作（$M = 19.59$）状态下居民的国家认同感得分显著高于临时工作（$M = 16.50$），无业、失业或下岗（$M = 15.20$）以及离退休（$M = 17.69$）的居民，p 值均小于 0.05（见表4、图3）。

表4 不同工作状态居民国家认同感的平均分与标准差

工作状态	$M \pm SD$	F	事后比较
①正式工作	19.59 ± 6.77		
②临时工作	16.50 ± 6.31		
③无业、失业或下岗	15.20 ± 5.70	37.757***	③<②<④<①、⑤
④离退休	17.69 ± 6.25		
⑤学生	20.10 ± 6.15		

注：*** 代表 p < 0.001。

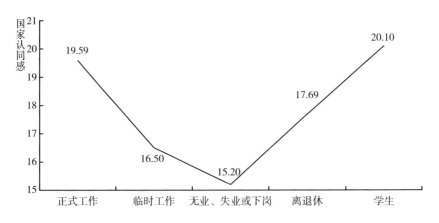

图3　不同工作状态下国家认同感得分

（五）北京市居民国家认同感的文化程度差异

对不同文化程度居民的国家认同感进行单因素方差分析发现，不同文化程度的居民在国家认同感得分上具有显著差异，$F(df = 6) = 23.277$，$p < 0.001$。进一步进行事后比较发现，小学及以下文化程度居民的国家认同感显著低于初中、中专或职高、高中、大专、本科、硕士及以上文化程度的居民（$p < 0.05$）；初中文化程度的居民显著高于小学及以下文化程度的居民（$p < 0.05$），显著低于高中、大专、本科、硕士及以上文化程度的居民（$p < 0.05$），与中专或职高文化程度的居民无显著差异；中专或职高文化程度的居民的国家认同感显著高于小学及以下文化程度的居民（$p < 0.05$），显著低于高中、大专、本科、硕士及以上文化程度的居民（$p < 0.05$），与初中文化程度的居民无显著差异；高中文化程度的居民显著高于小学及以下、初中、中专或职高文化程度的居民（$p < 0.05$），显著低于本科、硕士及以上的居民（$p < 0.05$），与大专文化程度的无显著差异；大专文化程度的居民显著高于小学及以下、初中、中专或职高文化程度的居民（$p < 0.05$），显著低于本科、硕士及以上文化程度的居民（$p < 0.05$），与高中文化程度的居民无显著差异；本科文化程度的居民显著高于小学及以下、初中、中专或职高、高中、大专文化程度的居民（$p < 0.05$），与硕士及以上的居民无显著差异；硕士及以上文化程度的居民显著高于小学及以下、初中、中专或

职高、高中文化程度的居民（$p < 0.05$），与大专和本科文化程度的居民均无显著差异（见表 5、图 4）。

表 5 不同文化程度居民国家认同感的平均分与标准差

文化程度	N	$M \pm SD$	F	事后比较
①小学及以下	56	14.21 ± 7.18		
②初中	201	16.31 ± 6.95		
③中专或职高	320	16.22 ± 6.19		
④高中	334	17.93 ± 6.59	23.277***	①<③、②<④、⑤<⑥、⑦
⑤大专	426	18.82 ± 6.71		
⑥本科	921	19.82 ± 6.34		
⑦硕士及以上	293	19.72 ± 6.22		

注：*** 代表 $p < 0.001$。

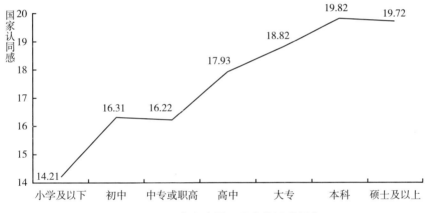

图 4 不同文化程度居民国家认同感得分

（六）北京市居民国家认同感的收入水平差异

对不同收入水平居民的国家认同感进行单因素方差分析发现，不同收入水平的居民在国家认同感得分上具有差异显著，F（$df = 5$）$= 14.971$，$p < 0.001$。进一步进行事后比较发现，无收入居民①的国家认同感显著高于收入为 2000 元及以下、2001 ~ 7855 元、7856 ~ 15000 元、15001 ~ 20000 元、20001 元及以上的

① 无收入居民包括部分学生。

居民（$p < 0.05$）；收入为 2000 元及以下的居民显著高于收入为 15001 ~ 20000 元的居民（$p < 0.05$），显著低于无收入的居民（$p < 0.05$），与其他收入水平者无显著差异；收入为 2001 ~ 7855 元的居民显著高于收入为 7856 ~ 15000 元和 15001 ~ 20000 元的居民（$p < 0.05$），显著低于无收入的居民（$p < 0.05$），与其他收入水平者无显著差异；收入为 7856 ~ 15000 元的居民显著低于收入为 2001 ~ 7855 元的居民和无收入居民（$p < 0.05$），显著高于收入为 15001 ~ 20000 元的居民（$p < 0.05$），与其他收入水平者无显著差异；收入为 15001 ~ 20000 元的居民显著低于收入为 2001 ~ 7855 元的居民和无收入居民（$p < 0.05$），与其他收入水平者无显著差异；收入为 20001 元及以上的居民显著低于收入为 7856 ~ 15000 元的居民和无收入居民（$p < 0.05$），与其他收入水平者无显著差异（见表 6、图 5）。

表 6　不同收入水平居民国家认同感的平均分与标准差

收入水平	$M \pm SD$	F	事后比较
①无收入	20.67 + 6.06		
②2000 元及以下	18.63 + 6.87		
③2001 ~ 7855 元	19.25 + 6.787	14.971***	① > ②、④ > ⑤
④7856 ~ 15000 元	17.83 + 6.44		① > ③ > ④、⑤、⑥
⑤15001 ~ 20000 元	16.61 + 6.25		
⑥20001 元及以上	17.35 + 6.55		

注：*** 代表 $p < 0.001$。

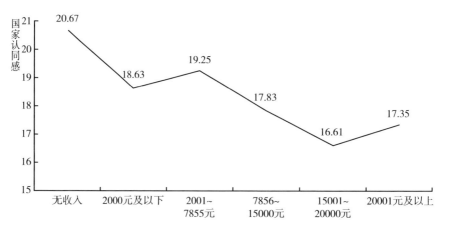

图 5　不同收入水平居民国家认同感得分

（七）北京市居民国家认同感的户籍所在地差异

以国家认同感为因变量，以户籍所在地为自变量进行单因素方差分析，结果显示北京市居民国家认同感在户籍所在地维度上具有显著差异，$F (df=3) = 29.789$，$p < 0.001$。进一步进行事后比较发现，北京城市（$M = 19.62$）居民的国家认同感显著高于北京农村（$M = 16.42$）和外地城市（$M = 18.29$）居民的国家认同感（$p < 0.05$），与外地农村居民无显著差异（见表7、图6）。

表7　不同户籍所在地居民国家认同感的平均分与标准差

户籍所在地	$M \pm SD$	F	事后比较
①北京城市	19.62 ± 6.60		
②北京农村	16.42 ± 6.45	29.789^{***}	①＞③＞②
③外地城市	18.29 ± 6.43		④＞③＞②
④外地农村	19.34 ± 6.67		

注：*** 代表 p < 0.001。

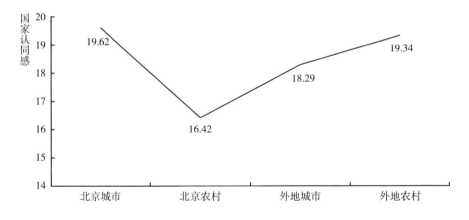

图6　不同户籍所在地居民国家认同感得分

（八）北京市居民国家认同感的收入水平与主观社会经济地位差异

为考察国家认同感在收入水平和主观社会经济地位上的差异，以收入水平和主观社会经济地位为自变量，以国家认同感为因变量进行方差分析。结果发现，主观社会经济地位的主效应显著，$F_{(df=4)} = 15.003$，$p < 0.001$；收入水平的主效应显著，$F_{(df=5)} = 2.805$，$p < 0.05$；两者的交互作用显著，$F_{(df=20)} = 3.406$，$p < 0.001$（见表8）。进一步分析简单效应发现，当居民收入水平为2000元及以下时，认为自己处于上层和中上层居民的国家认同感显著低于认为自己处于中层、中下层和下层居民的国家认同感，$p < 0.05$；当居民收入水平处于2001~7855元时，认为自己处于上层和中上层居民的国家认同感显著低于认为自己处于中层、中下层和下层居民的国家认同感，$p < 0.05$，认为自己处于中层居民的国家认同感显著低于中下层居民的国家认同感，$p < 0.05$；当居民收入水平为7856~15000元时，认为自己处于上层和中上层居民的国家认同感显著低于认为自己处于中下层和下层居民的国家认同感，$p < 0.05$，认为自己处于上层居民的国家认同感显著低于认为自己处于中层的居民，$p < 0.05$；当收入水平为20001元及以上时，居民的国家认同感在主观经济地位上无显著差异（见图7）。

表8　收入水平与主观社会经济地位的方差检验

变异来源	df	F
主观社会经济地位	4	15.003 ***
收入水平	5	2.805 *
主观社会经济地位 * 月收入水平	20	3.406 ***

注：* 代表 $p < 0.05$，*** 代表 $p < 0.001$。

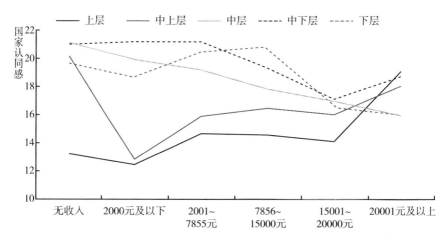

图7　不同主观经济地位居民在不同收入水平上的国家认同感得分

（九）北京市居民国家认同感的社会焦虑水平差异

以国家认同感为因变量，以社会焦虑为自变量进行单因素方差分析，结果显示北京市居民国家认同感在不同的社会焦虑得分分组上具有显著差异，F（$df=3$）$=44.982$，$p<0.001$（见表9）。进一步进行事后比较发现，低社会焦虑（$M=18.71$）居民的国家认同感显著高于中社会焦虑（$M=17.49$）居民（$p<0.05$），显著低于高社会焦虑（$M=21.23$）居民（$p<0.01$）；中社会焦虑（$M=17.49$）居民的国家认同感显著低于高社会焦虑（$M=21.23$）居民（$p<0.01$）。

表9　不同焦虑水平居民国家认同感得分的描述性结果

社会焦虑	$M \pm SD$	F	事后比较
①低社会焦虑	18.71 ± 8.80		
②中社会焦虑	17.49 ± 6.32	44.982 ***	③＞①＞②
③高社会焦虑	21.23 ± 5.86		

注：*** 代表 $p<0.001$。

（十）社区归属感、生态环境满意度与国家认同感相关分析

采用相关分析考察北京市居民的国家认同感与社区归属感、生态环境满意度的关系。结果发现，国家认同感与生态环境满意度、社区归属感呈显著正相关，社区归属感与生态环境满意度呈显著正相关（见表10）。

表10　北京市居民国家认同感与社区归属感、生态环境满意度的相关分析

	社区归属感	环境满意度	国家认同感
社区归属感			
生态环境满意度	0.473 **		
国家认同感	0.646 **	0.451 **	

注：** 代表 p<0.01。

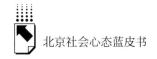

四　结论

第一，总体而言，北京市居民的国家认同感处于较高水平。

第二，已婚状态下的居民国家认同感最高，而处于同居状态的居民国家认同感最低；已婚状态下的居民与离婚、丧偶状态下的居民国家认同感水平并无显著差异；已婚状态下的居民与未婚、同居状态下的居民国家认同感具有显著差异。

第三，不同工作状态的居民国家认同感水平具有一定差异，具有正式工作的居民和学生具有最高的国家认同感，而失业下岗的居民国家认同感最低。

第四，教育水平为本科的居民具有最高的国家认同感，并且教育水平为本科的居民与教育水平为硕士、博士的居民在国家认同感水平上无显著差异，教育水平为小学及以下的居民具有最低的国家认同感。

第五，户籍所在地为北京农村的居民具有最低的国家认同感，为北京城市的居民具有最高的国家认同感。

第六，社区归属感和生态环境满意度与国家认同感具有显著的相关。

五　思考与建议

（一）利用网络媒体正确引导社会舆论

如今网络媒体和数字媒体已经深入民众的日常生活，要有效利用媒体传播好中国声音，讲好中国故事。有研究发现国家认同感与对国家时政新闻的关注程度呈正相关。[①] 同时要严格对各个电视频道、网络节目的播报质量进行把关，及时反映百姓诉求、人民心愿。

本报告发现，即使拥有较高的收入，主观认为自己处于下层的居民的国家

---

① 陶相安：《媒介使用视角下中国网民的国家认同研究——基于 2017 年"网民社会意识调查"数据库》，*1994～2019 China Academic Journal Electronic Publishing House*，2019，第11～12 页。

认同感也不高。相反，实际收入水平不高但是主观经济地位处于较高水平的居民的国家认同感较高。这说明虽然客观的物质生活水平确实会影响居民的国家认同感水平，但是居民的主观认识起到更大的作用，即使收入高但自我不满意、认为自己处于社会下层的居民也不会具有高水平的国家认同感。

（二）完善社会各项制度保障

1. 教育保障

根据调研结果，教育水平与国家认同感密切相关，学历越高国家认同感越高。我国坚持普及九年义务教育，近年来各大高校也在持续扩大招生，进一步确保教育公平，让每个孩子都有享受教育的权利，增加每个孩子继续接受高等教育的机会。学校系统正规的教育有利于学生形成正确的价值观、人生观和世界观，有利于学生形成对国家的高度认同。

2. 就业保障

就业保障是促进社会持续稳健发展的一大重要条件。本调查发现有正式工作的居民和学生国家认同感最高，学生在校期间也是具有明确职责和身份界定的个体，具有明确的社会身份，而且一般有固定的生活费用或者国家补助和奖学金等，与具有正式工作的居民生活状态相似。这表明具有稳定收入和明确身份界定与职责的居民具有较高的国家认同感。政府应该以有效的手段促进就业，使人人各有所职，在社会的大环境中找到自身的位置，实现自身的价值。

B.4
北京市居民社会安全感调查

项锦晶　李韵佳　张濯*

摘　要： 本报告通过对 2380 名北京市居民进行问卷调查，考察北京市居民社会安全感的基本特点，以及其与生态环境满意度、社会焦虑、社区归属感、国家认同感的关系。北京市居民社会安全感处于中等偏上水平；人口学变量（性别、年龄、所在地区、受教育程度、工作状态、月收入、婚姻状况、家庭所在地、户籍所在地、子女数量、主观经济地位）对居民社会安全感的影响均有统计学意义；社会安全感随着生态环境满意度、社区归属感、国家认同感的升高也升高；社会安全感与生态环境满意度、社区归属感、国家认同感正相关关系显著，与社会焦虑相关关系不显著。

关键词： 北京市　居民　社会安全感　社会心态

一　引言

关于安全感的概念界定，国内外现阶段主要有两种取向，心理安全感和社会安全感①。心理安全感作为个人内在的一种精神需求，对于每个个体来说

---

* 项锦晶，北京林业大学人文社会科学学院副教授，硕士生导师，主要研究方向为心理分析与中国文化、表达性治疗、投射测验的应用；李韵佳，北京林业大学人文社会科学学院在读硕士；张濯，北京林业大学人文社会科学学院在读硕士。
① 汪海彬、姚本先、卢家楣：《整合视角下安全概念的探究》，中国心理学会成立 90 周年纪念大会暨第十四届全国心理学学术会议，2011。

都是至关重要的。关于心理安全感的概念，最早见于弗洛伊德的精神分析的理论研究，他认为所有的冲突、危机、焦虑等都是由于个体幼年以及成年的某种欲望的控制或是满足缺乏相应的心理安全感所造成的。人本主义精神分析学家弗洛姆的观点认为现代社会在给予人们极大自由的同时，也使得现代人与社会、他人的联系日益减少，缺乏归属感的现代人经常体验到孤独和不安全感。此后霍妮、沙利文、埃里克森都对个体的心理安全感进行了探讨。最著名的关于心理安全感概念的提出来源于马斯洛的需要层次理论，他指出人们对于心理安全感的需要处于整个需要层级的底层，属于个体最基本的需要。

对个体而言，安全感的形成对其健康成长、发展以及自我实现起到关键的作用，同样的，安全感对于一个社会的稳定状况以及国民幸福指数、生活安定程度也极为重要。安全感作为一个社会学概念，最早出现于美国 20 世纪 60 年代末期，而安全感的研究大多集中在犯罪领域，在西方学术研究中，学者们通常认为安全感的表述更多是 "Fear of Crime"，即犯罪恐惧感，而非 "Feeling of Safety"[①]。我国对于安全感的相关研究相对西方国家而言较晚，对于社会安全感的定义始于 1988 年公安部公共安全研究所主持的 "公共安全感指标研究与评价"，在该研究中将其概念定义为 "社会安全感是公众在一定时期内对社会安全状况的主观感受和评价，是对自身合法权益受到或可能受到侵害、保护程度的一种综合的心态反应"。社会安全感是衡量社会安全程度、稳定性的一项重要指标。它是社会民众对于整个社会秩序性、稳定性的一种感性的认识，是人类对于秩序社会的长期追求[②]。有学者强调社会因素对个体安全造成的威胁，并提出了社会安全感的概念，认为社会安全感是个体在身体或者心理上免遭社会性不利因素的损害或不安焦虑的存在状态[③]。还有学者提出社会安全感是指在一定时期内，一个国家或者地区的居民对社会发展现状、公共服务体系

① 王大为、张潘仕、王俊秀：《中国居民社会安全感调查》，《统计研究》2002 年第 9 期，第 23～29 页。
② 桑红昕：《"社会安全感"刍议》，《河南公安高等专科学校学报》1999 年第 6 期，第 51、61～64 页。
③ 何雨：《城市居民的社区安全感及其多元影响因子：基于南京市玄武区的调查数据》，《上海城市管理职业技术学院学报》2009 年第 3 期，第 23～26 页。

以及未来趋势的相对稳定的感受和预期。本报告在综合前人研究的基础上，结合社会学和心理学两种取向，采用汪海彬和姚本先编制的城市居民安全感问卷中的概念，将居民社会安全感定义为居民在应对或控制客观刺激时所产生的情绪情感，并将其安全需要划分为生理安全、社会生活安全、家庭生活安全和职业生活安全这四个方面①。

已有大量相关研究表明，社会安全感无论是对于个人、社会，还是对于国家都有着非常重要的意义。对于个人而言，社会安全感的缺乏会导致民众的幸福感降低，不利于人民生活的安定以及物质精神水平的提高；社会安全感对于国民幸福感的提高起到非常重要的作用，社会安全感的提高会降低居民的心理防御，以往研究发现通过媒体和人际的传播，公众会表现出更多的亲社会行为和信任。对于社会而言，社会安全感反映居民对整个城市社会环境氛围的安全感知程度，社会安全感的提高对于维持社会秩序的统一有着促进作用，高社会安全感有利于社会主义和谐社会的建立。对于国家而言，公民社会安全感的缺乏会降低政府的公信力，不利于政府部门职能的转变，并且会对国家的稳定造成一定的威胁，而提高社会安全感有助于国家的和谐安定。

社会安全感与众多因素有着相关关系，不同的因素会通过不同的方式影响国民的社会安全感。以往的研究表明，群体性事件、灾害侵害以及刑事犯罪的发生，媒介的误导都会使得民众社会安全感降低。还有研究发现政府职能的缺位所造成的教育问题以及住房困难问题也会影响到公民的社会安全感②，此外，较多的流动人口、网络安全、政府赋予公民权利以及政府提供的福利待遇也会影响到民众的社会安全感③。

本次调查以北京市居民为主要调查对象，旨在为政府和民众描述北京市居民社会安全感的基本现状，关注与社会安全感相关的因素，为提高民众社会安全感提供有效数据和研究支持。

---

① 汪海彬、姚本先：《城市居民安全感问卷的编制》，《人类工效学》2012 年第 4 期，第 38 ~ 41 页。
② 黎红、缪婕玲：《社会安全感现状及其成因分析》，《技术与市场》2011 年第 12 期，第 163 ~ 164 页。
③ 陈青青：《社会安全感现状和原因分析——以周克华事件、虐童事件为例》，《现代物业》（中旬刊）2013 年第 11 期，第 69 ~ 71 页。

二 研究方法

（一）调查对象

本研究共调查 2658 名在北京工作和生活的居民，剔除无效的样本数 278 人，剩余有效的样本数 2380 人，问卷有效率约 89.5%，具体人口学变量分布如下。

本次调查的男女比例基本平衡，男 1373 人，女 995 人，平均年龄 31.56 ± 12.21 岁，调查对象集中在 4 个城区，其中朝阳区最多（773 个样本），海淀区次之（673 个样本），远郊地区的样本量相对较少（见表 1）。本次调查的人口分布与北京市统计局发布的 2018 年北京常住人口总量分布基本一致。在其他如月收入等人口学变量上，本次调查的样本分布与北京市 2018 年度统计的资料所显示的分布比较一致，表明本研究的样本比较具有代表性。

表 1 调查对象的人口学变量分布

单位：人，%

变量		频数	百分比	变量		频数	百分比
性别	男	1373	57.7	职业	农民	96	4.0
	女	995	41.8		教师	232	9.8
	缺失	12	0.5		军人	72	3.0
年龄	20 岁及以下	450	18.9		机关干部或公务员	202	8.5
	21~30 岁	1081	45.4		服务业工作人员	206	8.7
	31~40 岁	523	22.0		医务工作者	77	3.2
	41~50 岁	127	5.3		外企职员	81	3.4
	51 岁及以上	195	8.2		私企职员	208	8.7
	缺失	4	0.2		国企员工	126	5.3
受教育程度	小学及以下	52	2.2		自由职业者	106	4.5
	初中	185	7.8		其他	929	39.0
	中专或高中	617	25.9		缺失	45	1.9
	大专	399	16.8	所在地区	朝阳区	773	32.5
	本科	848	35.6		海淀区	673	28.3
	硕士	199	8.4		丰台区	292	12.3

续表

变量		频数	百分比	变量		频数	百分比
受教育程度	博士	73	3.0		东城区	54	2.3
	缺失	7	0.3		石景山区	39	1.6
月收入	无收入	252	10.6		密云区	20	0.8
	2000元及以下	259	10.9		平谷区	28	1.2
	2001~7855元	783	32.9		怀柔区	25	1.1
	7856~15000元	699	29.4		延庆区	26	1.1
	15001~20000元	260	10.9		门头沟区	26	1.1
	20001元及以上	121	5.0	工作状态	正式工作	1051	44.2
	缺失	6	0.3		临时工作	364	15.3
婚姻状况	未婚	1048	44.0		无业、失业或下岗	299	12.6
	已婚	1078	45.3		离退休	182	7.6
	同居	163	6.9		学生	468	19.7
	离婚	63	2.6		其他	15	0.6
	丧偶	16	0.7		缺失	1	0.0
	缺失	12	0.5	拥有房产数	0套	823	34.6
家庭所在地	城区	1299	54.6		1套	1058	44.5
	农村	742	31.2		2套	325	13.7
	郊区	331	13.9		3套及以上	102	4.2
	缺失	8	0.3		缺失	72	3.0
户籍所在地	北京城市	901	37.9	子女数量	一个孩子	709	29.8
	北京农村	523	22.0		两个孩子	540	22.7
	外地城市	660	27.7		三个及以上孩子	270	11.3
	外地农村	295	12.4		未生育过	859	36.1
	缺失	1	0.0		缺失	2	0.1
所在地区	昌平区	201	8.4	主观经济地位	上层	130	5.5
	大兴区	78	3.3		中上层	447	18.8
	通州区	46	1.9		中层	952	40.0
	西城区	48	2.0		中下层	665	27.9
	房山区	36	1.5		下层	186	7.8
	顺义区	15	0.6				

（二）调查过程及内容

1. 调查过程

首先，查阅文献资料，制作调查问卷，并经过专家组以及课题组成员反复讨论后，确定最终使用的问卷。问卷共有 106 道题目，其中人口学变量一共 20 道；总共涉及 7 个心理与行为变量，包括社会安全感、生态环境满意度、社会焦虑、社区归属感、国家认同感、社会心理服务需求、社会心理服务供给。其次，我们通过线下问卷填答的方式，让符合条件的居民当面填写问卷，作答完毕后交给调查人员。最后，整理收回后的问卷并剔除无效问卷。

2. 调查内容

（1）人口学变量

本报告中人口学变量包括性别、年龄、婚姻状况、所在地区、受教育程度、工作状态、月收入、拥有房产数等方面。

（2）社会安全感

社会安全感问卷采用的是汪海彬和姚本先编制的城市居民安全感问卷，正式问卷题目一共 22 道，采用自评式 5 点量表计分，让被试者根据主观判断对题项的赞同程度选择完全不符合、不符合、不确定、符合和完全符合，分别计分 1 分、2 分、3 分、4 分、5 分，得分越高表明社会安全感越高[1]。

（3）社会焦虑

社会焦虑问卷采用的是郭燕梅编制的社会焦虑问卷，正式问卷题目一共 20 道，采用自评式 4 点量表计分，让被试者根据主观判断对题项的赞同程度选择完全没有、有一些、中等程度、非常明显，分别计分 1 分、2 分、3 分、4 分，得分越高表示社会焦虑水平越高[2]。

（4）生态环境满意度

生态环境满意度问卷采用的是訾非等人编制的绿色环境满意度问卷，正式问卷题目一共 20 道，采用自评式 5 点量表计分，让被试者根据主观判断对题项的赞同程度选择非常不符合、不符合、不确定、符合、非常符合，分别计分 1 分、2 分、3 分、4 分、5 分，其中 8 道题目为反向计分。得分越高表明生态

---

① 汪海彬、姚本先：《城市居民安全感问卷的编制》，《人类工效学》2012 年第 4 期，第 38 ~ 41 页。

② 郭燕梅：《相对剥夺感预测集群行为倾向：社会焦虑的调节作用》，硕士学位论文，山东师范大学，2013。

环境满意度越高①。

（5）社区归属感

社区归属感问卷采用的是单菁菁编制的社区归属感（SC）量表，正式问卷题目一共5道，采用自评式5点量表计分，让被试者根据主观判断对题项的赞同程度选择强烈反对、反对、一般、同意、非常同意，分别计分1分、2分、3分、4分、5分，得分越高表明社区归属感越高②。

（6）国家认同感

国家认同感问卷采用的是田园编制的国家认同感问卷，正式问卷题目一共4道，采用自评式7点量表计分，让被试者根据主观判断对题项的赞同程度选择完全不同意、不同意、有一点不同意、既不同意也不反对、有一点同意、同意、完全同意，分别计分1分、2分、3分、4分、5分、6分、7分，得分越高表明国家认同感越高③。

三　研究结果

1. 北京市居民社会安全感总体情况

北京市居民社会安全感总分平均值为70.13 ± 16.60分，每题平均值为3.19 ± 1.20分，社会安全感量表为5点计分，量表总分范围在22～110分，据此可知北京市居民社会安全感处于中等偏上水平（见图1）。

2. 北京市居民社会安全感的基本特点

（1）北京市居民社会安全感在不同所在地区上的差异

我们对北京市16个区居民的社会安全感进行分析后发现，北京市居民社会安全感在不同所在地区上有显著差异（$F = 3.17$，$p < 0.001$）。进一步分析后发现，社会安全感最低的地区是石景山区（65.31分）、密云区（65.40分）、平谷区（66.43

---

① 訾非、杨智辉、张帆、田浩、王广新、吴建平、刘洋、方刚、项锦晶、方然：《中国10城市环境满意度和生活满意度调查报告》，《北京林业大学学报》（社会科学版）2012年第4期，第1～7页。

② 单菁菁：《从社区归属感看中国城市社区建设》，《中国社会科学院研究生院学报》2006年第6期，第125～131页。

③ 田园：《大学生社会责任感问卷进行改稿和修订》，硕士学位论文，北京师范大学，2017。

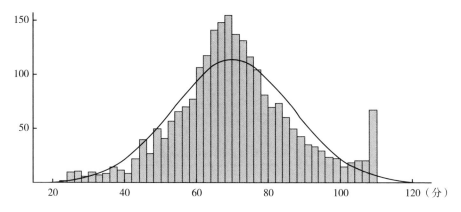

图 1 社会安全感总分频率分布直方图

分），社会安全感最高的地区是朝阳区（73.14 分）、怀柔区（69.84 分）、丰台区
（69.64 分），社会安全感最低的地区值得我们重点关注（见表 2）。

表 2 社会安全感的所在地区差异检验

项目	所在地区	$M \pm SD$	F	事后比较
社会安全感	①朝阳区	73.14 ± 18.02	3.17***	① > ②③④⑤⑥⑦⑧⑩⑪⑫⑬⑯
	②海淀区	69.52 ± 16.07		② < ①
	③丰台区	69.64 ± 15.56		③ < ①
	④昌平区	67.37 ± 14.81		④ < ①
	⑤大兴区	67.64 ± 16.66		⑤ < ①
	⑥通州区	66.85 ± 18.59		⑥ < ①
	⑦西城区	67.83 ± 17.44		⑦ < ①
	⑧房山区	66.56 ± 16.30		⑧ < ①
	⑨顺义区	69.47 ± 11.93		
	⑩东城区	67.70 ± 13.71		⑩ < ①
	⑪石景山区	65.31 ± 14.72		⑪ < ①
	⑫密云区	65.40 ± 16.07		⑫ < ①
	⑬平谷区	66.43 ± 12.27		⑬ < ①
	⑭怀柔区	69.84 ± 13.30		
	⑮延庆区	69.46 ± 13.26		
	⑯门头沟区	66.69 ± 14.73		⑯ < ①

注：*** 代表 $p < 0.001$。下同。

（2）北京市居民社会安全感在不同性别上的差异

我们用 SPSS 数据分析软件进行了性别对社会安全感得分的独立样本 T 检验分析（见表3），结果发现，性别显著影响了社会安全感的总均值（$p <$ 0.01）。男性居民的社会安全感均值是 71.03 分，女性居民的社会安全感均值是 68.98 分，男性居民的社会安全感显著高于女性居民的社会安全感。

表3　社会安全感的性别差异检验

项目	性别	$M \pm SD$	p
社会安全感	男	71.03 ± 16.69	0.003
	女	68.98 ± 16.41	

（3）北京市居民社会安全感在不同年龄上的差异

在年龄方面，年龄对社会安全感影响显著（$F = 5.36$，$p < 0.001$）。进一步分析发现，41～50 岁、51 岁及以上群体的社会安全感显著低于 20 岁及以下、21～30 岁、31～40 岁群体的社会安全感，且整体社会安全感表现为青年人高于中年人、中年人高于老年人的趋势，不过青年人和中年人的差别不大。以上结果表明 40 岁以上中老年人群体的社会安全感普遍较低，值得我们对中老年人群体给予重点关注（见表4与图2）。

表4　社会安全感的年龄差异检验

项目	年龄	$M \pm SD$	F	事后比较
社会安全感	①20 岁及以下	71.42 ± 13.70		① > ④⑤
	②21～30 岁	70.63 ± 17.42		② > ④⑤
	③31～40 岁	70.41 ± 17.50	5.36***	③ > ④⑤
	④41～50 岁	66.06 ± 17.00		①②③ > ④
	⑤51 岁及以上	66.41 ± 14.55		①②③ > ⑤

（4）北京市居民社会安全感在不同婚姻状况上的差异

我们对不同婚姻状况的北京市居民社会安全感进行了差异检验（见表5与图3），结果为婚姻状况对社会安全感影响显著（$F = 2.50$，$p < 0.05$）。进一步分析发现，离婚者、丧偶者的社会安全感显著低于未婚者的社会安全感，

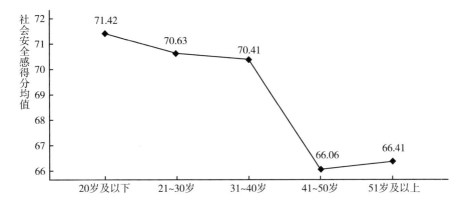

图 2   不同年龄的北京市居民社会安全感得分差异

丧偶者的社会安全感最低（均值为 65.75 分），其次是离婚者（均值为 65.98 分），未婚者的社会安全感最高（均值为 71.05 分）。以上结果说明经历离婚、丧偶的群体社会安全感相对较低。

表 5   社会安全感的婚姻状况差异检验

项目	婚姻状况	$M \pm SD$	F	事后比较
社会安全感	①未婚	71.05 ± 16.00	2.50^*	① > ④
	②已婚	69.84 ± 17.66		
	③同居	68.59 ± 14.27		
	④离婚	65.98 ± 12.72		④ < ①
	⑤丧偶	65.75 ± 14.11		⑤ < ①

注：＊代表 $p < 0.05$。下同。

（5）北京市居民社会安全感在不同受教育程度上的差异

受教育程度对社会安全感影响显著（$F = 6.07$，$p < 0.001$），其中，硕士受教育程度居民的社会安全感最低，小学及以下受教育程度居民的社会安全感最高。硕士受教育程度居民的社会安全感最低，博士受教育程度居民的社会安全感显著低于初中、中专或高中受教育程度居民，结果表明，在很大程度上受教育程度越高，社会安全感越低（见表 6 与图 4）。

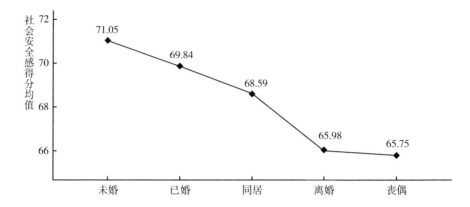

图 3 不同婚姻状况的北京市居民社会安全感得分差异

表 6 社会安全感的受教育程度差异检验

项目	受教育程度	$M \pm SD$	F	事后比较
社会安全感	①小学及以下	72.73 ± 19.91	6.07***	① > ⑥
	②初中	72.68 ± 15.01		② > ④⑤⑥⑦
	③中专或高中	72.52 ± 16.13		③ > ⑤⑥⑦
	④大专	69.48 ± 17.41		⑥ < ④ < ②③
	⑤本科	69.30 ± 16.69		⑥ < ⑤ < ②③
	⑥硕士	66.03 ± 14.58		①②③④⑤ > ⑥
	⑦博士	66.95 ± 14.58		⑦ < ②③

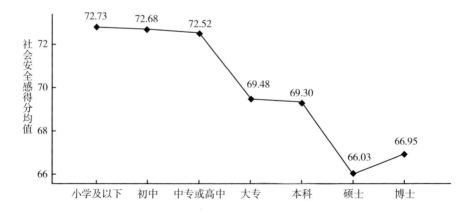

图 4 不同受教育程度的北京市居民社会安全感得分差异

（6）北京市居民社会安全感在不同工作状态上的差异

不同工作状态的北京市居民社会安全感有显著差异（$F = 6.69$，$p < 0.001$）。其中，离退休居民社会安全感最低，有临时工作的居民社会安全感最高。有临时工作居民社会安全感得分显著高于离退休居民、有正式工作的居民以及学生。离退休居民的社会安全感得分显著低于其他工作状态的居民，这类群体的社会安全感较低可能是由于退休前后的落差（见表7与图5）。

表7　社会安全感的工作状态差异检验

项目	工作状态	$M \pm SD$	F	事后比较
社会安全感	①正式工作	70.22 ± 18.56	6.69***	④<①<②
	②临时工作	72.95 ± 15.82		②>①④⑤
	③无业、失业或下岗	71.10 ± 15.57		③>④
	④离退休	65.34 ± 13.03		④<①②③⑤
	⑤学生	69.30 ± 13.87		④<⑤<②

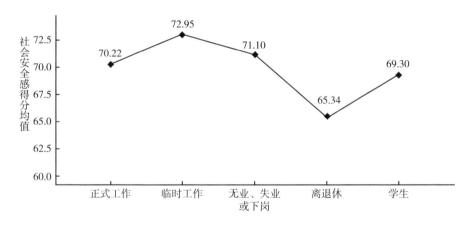

图5　不同工作状态的北京市居民社会安全感得分差异

（7）北京市居民社会安全感在不同月收入上的差异

不同月收入的北京市居民社会安全感由低到高依次是15001～20000元、20001元及以上、无收入、7856～15000元、2001～7855元、2000元及以下。月收入对社会安全感影响显著（$F = 3.90$，$p < 0.01$），在一定程度上社会安

全感随着收入增加呈下降的趋势，结果表明高收入与居民的低社会安全感是存在一定联系的（见表 8 与图 6）。

表 8　社会安全感的月收入差异检验

项目	月收入	$M \pm SD$	F	事后比较
社会安全感	①无收入	68.85 ± 14.22	3.90**	① < ②
	②2000 元及以下	72.62 ± 16.11		①④⑤⑥ < ②
	③2001 ~ 7855 元	71.09 ± 17.11		⑤⑥ < ③
	④7856 ~ 15000 元	70.14 ± 16.70		
	⑤15001 ~ 20000 元	67.41 ± 15.99		⑤ < ②③④
	⑥20001 元及以上	67.79 ± 18.20		⑥ < ②③

注：** 代表 $p < 0.01$。下同。

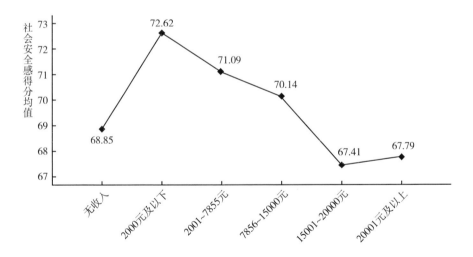

图 6　不同月收入的北京市居民社会安全感得分差异

（8）北京市居民社会安全感在不同家庭所在地上的差异

在家庭所在地方面，我们发现家庭所在地对社会安全感影响显著（$F = 12.34$，$p < 0.001$）。进一步分析发现，家庭所在地在郊区的居民社会安全感显著低于家庭所在地在城区的居民（见表 9 与图 7）。

表9 社会安全感的家庭所在地差异检验

项目	家庭所在地	$M \pm SD$	F	事后比较
社会安全感	①城区	70.40 ± 18.01	12.34***	① > ②
	②郊区	66.17 ± 14.14		② < ①③
	③农村	71.51 ± 14.53		③ > ①②

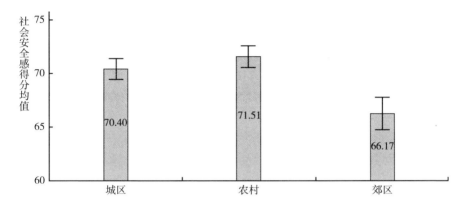

图7 不同家庭所在地的北京市居民社会安全感得分差异

（9）北京市居民社会安全感在不同户籍所在地上的差异

不同户籍所在地的北京市居民社会安全感有显著差异（$F = 7.23$，$p <$ 0.001）。其中，外地农村居民社会安全感最低，北京农村居民社会安全感最高。北京城市居民社会安全感得分显著高于外地城市居民和外地农村居民，北京农村居民社会安全感得分显著高于外地城市居民和外地农村居民，这可能是因为北京经济发展水平较高，外地居民没有北京户籍而承受着更大的生活压力（见表10与图8）。

表10 社会安全感的户籍所在地差异检验

项目	户籍所在地	$M \pm SD$	F	事后比较
社会安全感	①北京城市	70.96 ± 18.57	7.23***	① > ③④
	②北京农村	72.00 ± 15.62		② > ③④
	③外地城市	68.77 ± 14.64		③ < ①②
	④外地农村	67.37 ± 15.43		④ < ①②

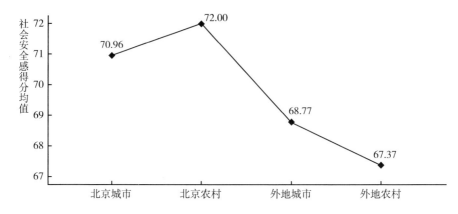

图8 不同户籍所在地的北京市居民社会安全感得分差异

（10）北京市居民社会安全感在不同子女数量上的差异

不同子女数量的北京市居民社会安全感存在显著差异（$F = 3.63$，$p <$ 0.05）。其中，未生育过孩子的居民社会安全感最低，生育两个孩子的居民社会安全感最高。生育两个孩子的居民社会安全感得分显著高于未生育过孩子以及生育一个孩子的居民，这表明二孩政策开放有利于提高居民的社会安全感（见表11与图9）。

表11 社会安全感的子女数量差异检验

项目	子女数量	$M \pm SD$	F	事后比较
社会安全感	①未生育过	69.09 ± 16.40	3.63*	① < ③
	②一个孩子	69.84 ± 17.63		② < ③
	③两个孩子	72.06 ± 16.56		③ > ①②
	④三个及以上孩子	70.26 ± 14.13		①② < ④ < ③

（11）北京市居民社会安全感在不同主观经济地位上的差异

不同主观经济地位的北京市居民社会安全感有显著差异（$F = 27.84$，$p <$ 0.001），认为自己处于中下层的居民社会安全感得分最低，处于上层的居民社会安全感得分最高。认为自己处于上层的居民社会安全感显著高于处于中上层、中层、中下层、下层的居民，认为自己处于中下层的居民社会安全感显著低于处于上层、中上层以及下层的居民（见表12与图10）。

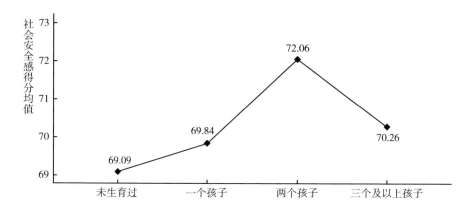

图9 不同子女数量的北京市居民社会安全感得分差异

表12 社会安全感的主观经济地位差异检验

项目	主观经济地位	$M \pm SD$	F	事后比较
社会安全感	①上层	79.25 ± 19.53	27.84***	① > ②③④⑤
	②中上层	75.04 ± 16.32		③④⑤ < ② < ①
	③中层	68.54 ± 16.43		③ < ①②⑤
	④中下层	67.29 ± 14.99		④ < ①②⑤
	⑤下层	70.17 ± 16.78		④ < ⑤ < ①②

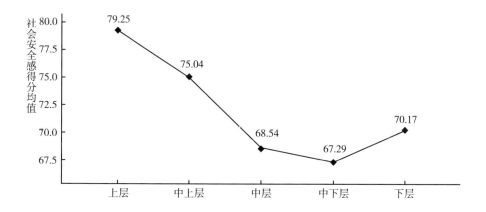

图10 不同主观经济地位的北京市居民社会安全感得分差异

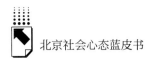

3. 北京市居民社会安全感相关分析

北京市居民社会安全感相关分析具体结果如下（见表13）。社会安全感与生态环境满意度正相关关系显著，即生态环境满意度越高，社会安全感越高；社会安全感与社区归属感正相关关系显著，即社区归属感越高，社会安全感越高；社会安全感与国家认同感正相关关系显著，即国家认同感越高，社会安全感越高；社会安全感与社会焦虑的相关关系不显著。

表13 社会安全感与生态环境满意度、社会焦虑、社区归属感、
国家认同感的相关关系

项目	社会安全感	生态环境满意度	社会焦虑	社区归属感	国家认同感
社会安全感	1				
生态环境满意度	0.34 ***	1			
社会焦虑	− 0.02	− 0.13 ***	1		
社区归属感	0.21 ***	0.48 ***	0.14 ***	1	
国家认同感	0.21 ***	0.45 ***	0.10 ***	0.62 ***	1

4. 生态环境满意度、社区归属感、国家认同感对社会安全感的影响

（1）生态环境满意度对北京市居民社会安全感的影响

将生态环境满意度以平均分加减一个标准差为依据分为三个等级，分别是低生态环境满意度（小于 $M - SD$）、中生态环境满意度、高生态环境满意度（大于 $M + SD$）。然后运用单因素方差分析进行差异比较，结果显示不同生态环境满意度居民的社会安全感差异显著（$F = 143.53$，$p < 0.001$）。进行事后比较，结果显示低生态环境满意度居民的社会安全感显著低于中、高生态环境满意度居民的社会安全感（见表14）。

表14 高中低生态环境满意度居民的社会安全感情况

生态环境满意度	均值	标准差	F	事后比较
①低生态环境满意度	57.59	17.14		①＜②③
②中生态环境满意度	71.29	15.31	143.53 ***	①＜②＜③
③高生态环境满意度	79.03	16.37		③＞①②

（2）社区归属感对北京市居民社会安全感的影响

将社区归属感以平均分加减一个标准差为依据分为三个等级，分别是低社区归属感（小于 $M-SD$）、中社区归属感、高社区归属感（大于 $M+SD$）。然后运用单因素方差分析进行差异比较，结果显示不同社区归属感居民的社会安全感差异显著（$F=45.40$，$p<0.001$）。进行事后比较，结果显示低社区归属感居民的社会安全感显著低于中、高社区归属感居民的社会安全感（见表15）。

表15　高中低社区归属感居民的社会安全感情况

社区归属感	均值	标准差	F	事后比较
①低社区归属感	68.09	24.19		①<②③
②中社区归属感	69.46	13.90	45.40 ***	①<②<③
③高社区归属感	78.71	15.10		③>①②

（3）国家认同感对北京市居民社会安全感的影响

将国家认同感以平均分加减一个标准差为依据分为三个等级，分别是低国家认同感（小于 $M-SD$）、中国家认同感、高国家认同感（大于 $M+SD$）。然后运用单因素方差分析进行差异比较，结果显示不同国家认同感居民的社会安全感差异显著（$F=52.45$，$p<0.001$）。进行事后比较，结果显示低国家认同感居民的社会安全感显著低于中、高国家认同感居民的社会安全感（见表16）。

表16　高中低国家认同感居民的社会安全感情况

国家认同感	均值	标准差	F	事后比较
①低国家认同感	66.50	21.42		①<②③
②中国家认同感	69.66	14.67	52.45 ***	①<②<③
③高国家认同感	77.36	14.62		③>①②

5. 北京市居民社会安全感的回归分析

以北京市居民社会安全感为因变量，以性别、年龄、受教育程度、工作状态、月收入、婚姻状况、家庭所在地、所在地区、户籍所在地、子女数量、主观经济地位等人口学变量为自变量，α 取 0.05，进行多元逐步回归分析。具体分析结果如下（见表17）。

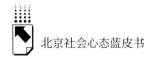
表17　人口学变量和社会安全感的多元逐步回归分析

因变量	自变量	R^2	$\triangle R^2$	Beta	t 值	p 值
社会安全感	主观经济地位	0.144	0.144	0.378	4.216	0.000

　　进入回归方程的自变量是主观经济地位，这个具有显著预测作用的变量对北京市居民社会安全感总分方差的贡献率为14.4%。

　　为了进一步探索各影响因素与社会安全感之间的联系，将生态环境满意度、社会焦虑、社区归属感、国家认同感作为自变量，将社会安全感作为因变量，α 取 0.05，进行多元逐步回归分析。具体分析结果如下（见表18）。

表18　生态环境满意度、社会焦虑、社区归属感、国家认同感和

社会安全感的多元逐步回归分析

因变量	自变量	R^2	$\triangle R^2$	Beta	t 值	p 值
社会安全感	生态环境满意度	0.110	0.110	0.303	13.747	0.000
	国家认同感	0.113	0.003	0.062	2.817	0.005

　　首先进入回归方程的自变量是生态环境满意度，其次是国家认同感，这两个具有显著预测作用的变量对北京市居民社会安全感总分方差的贡献率为11.3%。

四　讨论

　　随着中国经济的高速发展，社会整体表现出蒸蒸日上的状态，社会的稳定和安全保障，并非国人自说自话，而是受到众多在中国生活过的外国友人的一致认可。在国际SOS救援中心和风险控制发布的《2018旅行风险地图》中显示，中国已经被视为全世界最安全的旅游国家之一。2017年全球命案率调查表明，中国是全球命案率最低的国家之一。本报告中北京市居民的社会安全感处于中等偏上水平，可能是由于北京属于经济超发达城市，会吸引大量优秀人才，生活在北京的民众经济收入相对较高，居民整体的文化素质相对较强，并且对于自我安全的知识和信息获取也相对较多。但本次调查并没有将北京市居

民的社会安全感与其他城市做比较，我们推测由于房价高、工作节奏快、生活压力大等因素，相比于其他城市的居民社会安全感，北京市居民的社会安全感可能表现出相对不高的趋势。

本次调查的分析结果表明，人口学变量（性别、年龄、所在地区、受教育程度、工作状态、月收入、婚姻状况、家庭所在地、户籍所在地、子女数量、主观经济地位）对居民社会安全感的影响均有统计学意义。分析发现所在地区对于居民社会安全感的影响存在显著性差异，石景山区居民的社会安全感最低。性别对于居民社会安全感的影响存在显著性差异，女性居民的社会安全感相比于男性更低，这可能是女性自身的因素所影响的。不同年龄居民的社会安全感存在显著性差异，40岁以上的居民社会安全感显著低于其他年龄的居民，这可能是由于中老年居民的认知特点偏向于记住社会不安全事件，易产生消极事件的锚定效应，因而中老年居民的社会安全感整体偏低。此外，离婚、丧偶会抑制居民的社会安全感。分析发现高学历居民的社会安全感较低，这可能是因为学历越高意味着压力越大，对于社会不确定性因素的分析和判断也会考虑更多，从而使得高学历居民的社会安全感过低。研究结果也提示我们，应重点关注女性、丧偶者和离婚者、高学历（硕博）者、离退休居民、高收入居民、生活在郊区者、外地农村户籍者、未生育过子女者、中下层主观经济地位居民的社会安全感。社会安全感与生态环境满意度、社区归属感、国家认同感正相关关系显著，这个结果与我们预期的完全一致。

五　对策与建议

经过调查分析，针对提高居民社会安全感工作中存在的问题，我们提出了以下策略，以进一步指导我们做好居民社会安全感相关的工作。

对于社会安全感的提高可以从以下三个方面着手。首先，对于居民自身而言，面对当前遇到的信息安全事件、食品安全问题、意外交通事故等，居民应当努力提高自身应对不确定性事件和消极事件的适应能力，了解更多社会安全相关的知识，以便更好地应对社会风险和突发紧急的安全事件。在生活中应时时留心身边，警惕社会诈骗、陷阱以及突发事件的产生。居民应当注重提升自身的心理素质水平，遇到安全相关问题或紧急突发情况不要慌张，理性面对和解决，提高

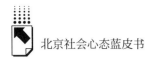

居民自身随机应变的能力。此外，居民对待社会舆论的态度应保持客观理性，切勿盲目听信，以免营造恐慌的社会氛围，提高自己对于事物是非对错的判断能力。

其次，对于社会而言，社会文化应营造出和谐、积极、公平公正的社会环境氛围。居民处在正能量的社会氛围中，有利于其心理健康的发展，更容易获得社会安全感。和谐的社会使得民众能够更好地处理各种人际关系，能够让民众更好更快地融入社会。此外，应加强公民的社会安全教育和宣传力度，通过社区讲座、宣传册发放等方式对居民进行社会安全预防科普，促使居民重视网络信息安全、交通安全等。对于生态环境以及公共场所设施的建设也应加大保护力度，通过宣传语、教育片等形式提高公民的环保和公共设施保护意识，从而提高公民对所处社会环境的信任感和安全感。

最后，对于政府部门而言，应完善我国的各项法律制度，建立可靠的监管机制，完善对于社会安全的各项保障制度。政府应保证国家公民的福利待遇，提高医疗、教育、收入、就业、住房等保障水平，例如对于教育资源不均衡问题，政府应加大优化教育资源力度，建立以政府为主要导向，社会参与的模式。对于民众住房困难的问题，政府要制定土地严格使用的审批制度，加大力度发展保障性住房，从而达到提高民众社会安全感的目标[①]。

---

① 宋宝安、王一：《利益均衡机制与社会安全：基于吉林省城乡居民社会安全感的研究》，《学习与探索》2010 年第 3 期，第 106～112 页。

B.5
北京市居民社会焦虑调查

杨智辉　李韵佳　杨靖渊*

摘　要： 本研究对2396名北京市居民进行了问卷调查，考察其社会焦虑的基本特点，以及其与生态环境满意度、社会安全感、社区归属感、国家认同感的关系。研究表明，北京市居民的社会焦虑状况处于中等偏上水平；人口学特征（性别、年龄、所在地区、婚姻状况、受教育程度、目前工作状态、月收入、信仰、政治面貌、家庭所在地、户籍所在地、主观经济地位、子女数量）对居民社会焦虑的影响均有统计学意义；社会焦虑随着生态环境满意度的提升而减弱，随着社区归属感、国家认同感的增强而增强；社会焦虑与生态环境满意度呈显著的负相关，与社区归属感、国家认同感呈显著正相关，与社会安全感关系不显著。

关键词： 北京市居民　社会焦虑　社会心理

一　引言

随着经济的发展和改革开放的推进，我国民众的生活水平不断提高。但与此同时，生活节奏不断加快，竞争愈发激烈，民众的生活也面临诸多不确定性因素带来的挑战，工作、生活的压力使得社会成员普遍处于一种紧张焦虑的心

---

* 杨智辉，北京林业大学人文社会科学学院教授，博士生导师，主要研究方向为心理咨询与治疗，生态环境与个体发展；李韵佳，北京林业大学人文社会科学学院在读硕士；杨靖渊，北京林业大学人文社会科学学院在读本科。

理状态。2013 年人民论坛问卷调查中心的一组分析数据显示：大约有六成的公众对于自己处于较高的焦虑程度表示认同，有超过八成的公众认为群体中的焦虑情绪会相互"传染"。"全民焦虑"已经成为当前我国社会非常普遍的问题，社会焦虑的流行也成了影响个人生活幸福、和谐社会进步和国家发展的障碍。

社会焦虑也称为"群体焦虑""公共焦虑"，是指社会中的不确定因素和社会成员的不安全感所引发的诸多紧张的心理。① 还有学者在研究中认为社会焦虑的概念应该界定为：社会中的不确定的因素在民众心中产生的压抑、烦躁、不满、非理性冲动等紧张的心理，这一紧张的心理积累到一定程度就会形成社会张力，最终以社会冲突或是其他方式释放。② 针对社会张力的形成，有研究者将社会焦虑的发展分成了两个阶段：第一阶段是部分焦虑阶段，第二阶段是普遍焦虑阶段。这一观点认为部分焦虑在任何社会中都会存在，因为社会总是变动的，总会有一部分人落在时代后面，从而感觉到紧张，部分焦虑有助于增强社会活力和生命力，淘汰落后者，使得社会不断进步发展；而普遍焦虑的状态通常会发生在社会环境的急剧变化当中，大范围人群承受着焦虑带来的精神压力和困扰，形成了社会张力，从而对社会的稳定造成一定的影响。③ 另一些研究者从学科视角、社会属性视角以及表现形式这三个方面对社会焦虑的概念进行了探讨。本研究认为社会焦虑是在社会环境急剧变化期间，社会成员普遍对不确定因素难以把握时所产生的烦躁不安甚至恐惧的心理状态。

对个人而言，社会焦虑会影响到民众的生活满意度、幸福感、安全感。新时代党的各项民生工作的出发点和落脚点就是提高和增强人民群众的生活满意度、幸福感和安全感，但由于社会资源分配不均衡现象的增加、人口流动速度的加快、生活节奏的不断加速以及周围生态环境的污染和破坏等，社会焦虑现象普遍存在。在网络舆情以及现实生活中，社会中出现的形形色色的问题引起了民众越来越多的关注和讨论，这种讨论使得人们忧心忡忡，越来越热烈的讨论并不能使民众的社会焦虑有所缓解，反而使民众的社会焦虑与日

---

① 吴忠民：《应重视社会焦虑问题的研究》，《福建论坛》（经济社会版）1993 年第 2 期。
② 邱敏：《社会焦虑——一个微观层面的社会问题》，《社会》2003 年第 3 期。
③ 王丽萍：《中国转型期社会焦虑问题的研究现状及展望》，《理论学刊》2011 年第 10 期。

俱增、生活满意度和幸福感降低，进而使民众的社会安全感不足。缓解社会焦虑以提高和增强民众的生活满意度、幸福感以及安全感已经成为新时代我国社会发展的客观要求。

对社会而言，社会焦虑可能会激化社会矛盾，引发社会极端事件。我国当前正处在全面社会改革时期，社会矛盾多样，社会心态复杂。社会焦虑所带来的不确定性、不公平感以及不安全感，可能使得民众出现心理失衡，激化社会矛盾，进而引发社会极端事件，而这种社会极端事件的发生不利于和谐社会的进步与发展。此外，社会焦虑也会激发民众对社会的种种不满情绪，过强的社会焦虑可能使民众应对生活常态事件的耐受能力下降，长期处于社会焦虑之中的民众面对消极事件时会手足无措，压抑过久的负性情绪很容易引发家庭、邻里以及陌生人之间的冲突，甚至可能导致流血暴力事件的发生，影响整个社会的安定和谐。

对国家而言，社会焦虑会降低国家认同感，降低国家向心力。当前我国正处于全面深化改革时期，各项制度和体制仍有待完善，因而社会焦虑的现象也普遍发生，而追根溯源，国家的重心应该放在法律制度的健全和民生工作的有效开展上。一方面法律是维护一个国家正义和公平的最有力的武器，依法治国是中国共产党领导人民治理国家的基本方略，法律的有效保障能使民众对国家放心、安心；但在现实生活中仍然存在许多无法可依、有法不依、执法不严、违法不究的现象，这使得民众在一定程度上对法律的权威性产生怀疑，对社会公平正义的保障产生社会焦虑，进而降低国家的向心力。另一方面民生工作的有效开展与否也会影响到民心，没有住房、教育不平等、社会医疗保障制度不完善、财富分配不均衡、就业困难等问题都会使得民众的社会焦虑感增加，人心涣散，进而导致国家认同感下降。

本次调查以北京市居民为主要调查对象，考察北京市居民社会焦虑的基本特点，以及不同群体在社会焦虑上的差异，包括的人口学特征有性别、年龄、民族、所在地区、婚姻状况、受教育程度、目前工作状态、月收入、信仰、政治面貌、家庭所在地、户籍所在地、主观经济地位、子女数量等方面。研究的主要目的是查明不同生态环境满意度、社区归属感、国家认同感的社会焦虑状况，并探讨社会焦虑与这些因素的关系，为完善更具针对性的社会焦虑缓解服务提供有效的数据支持。

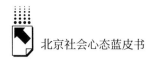

二　研究方法

（一）调查对象

本研究共调查了2658位北京常住居民，剔除未认真填答问卷者，剩余有效的样本数为2396人，问卷有效回收率为90.1%，具体人口学信息见表1。

表1　调查样本的人口学分布

单位：%

项目		频率	百分比	项目	频率	百分比
性别	男	1376	57.4	农民	99	4.1
	女	1007	42.0	教师	235	9.8
	缺失	13	0.6	军人	72	3.0
年龄	20 岁及以下	451	18.8	机关干部或公务员	203	8.5
	21~30 岁	1088	45.4	服务业工作人员	208	8.7
	31~40 岁	527	22.0	医务工作人员	77	3.2
	41~50 岁	127	5.3	外企职员	81	3.4
	51 岁及以上	199	8.3	私企职员	209	8.7
	缺失	4	0.2	国企职员	126	5.3
受教育程度	小学及以下	52	2.2	自由职业者	107	4.5
	初中	187	7.8	其他	929	38.8
	中专或职高	300	12.5	缺失	50	2.0
	高中	318	13.3	朝阳区	774	32.3
	大专	401	16.7	海淀区	674	28.1
	本科	853	35.6	丰台区	295	12.3
	硕士	202	8.4	昌平区	204	8.5
	博士	74	3.1	大兴区	79	3.3
	缺失	9	0.4	通州区	47	2.0
月收入	无收入	254	10.6	西城区	50	2.1
	2000 元及以下	257	10.7	房山区	36	1.5
	2001~7855 元	790	33.0	顺义区	16	0.7
	7856~15000 元	702	29.3	东城区	56	2.3
	15001~20000 元	262	10.9	石景山区	39	1.6
	20001 元及以上	121	5.1	密云区	19	0.8
	缺失	10	0.4	平谷区	28	1.2

注：职业项对应"职业"，所在地区项对应"所在地区"。

续表

项目		频率	百分比	项目		频率	百分比
婚姻状况	未婚	1056	44.1	所在地区	怀柔区	28	1.2
	已婚	1080	45.1		延庆区	26	1.1
	同居	164	6.8		门头沟区	25	1.0
	离婚	63	2.6	目前工作状态	正式工作	1053	43.9
	丧偶	18	0.8		临时工作	371	15.5
	缺失	15	0.6		无业、失业或下岗	301	12.6
信仰	中国特色社会主义（马列主义）	1497	62.5		离退休	185	7.7
	命运	190	7.9		学生	469	19.6
	无神论	411	17.2		其他	17	0.7
	基督教	83	3.5	北京拥有房产数	0	822	34.3
	天主教	30	1.3		1	1058	44.2
	佛教	79	3.3		2	325	13.6
	道教	39	1.6		3 以上	102	4.2
	伊斯兰教	29	1.2		缺失	89	3.7
	其他	25	1	子女数量	一个孩子	713	29.8
	缺失	13	0.5		两个孩子	546	22.8
政治面貌	共产党员	643	26.8		三个及以上孩子	268	11.2
	共青团员	878	36.6		未生育	864	36.0
	民主党派	275	11.5		缺失	5	0.2
	群众	593	24.8	主观经济地位	上层	130	5.4
	缺失	7	0.3		中上层	447	18.6
家庭所在地	城区	1310	54.7		中层	952	39.7
	农村	742	30.9		中下层	665	27.8
	郊区	333	13.9		下层	186	7.8
	缺失	11	0.5		缺失	16	0.7
户籍所在地	北京城市	906	37.8	民族	非少数民族	2158	90.1
	北京农村	525	21.9		少数民族	238	9.9
	外地城市	665	27.8				
	外地农村	297	12.4				
	缺失	3	0.1				

由表 1 可知，本次调查男女比例基本平衡，男性有 1376 人，女性有 1007 人，调查对象的年龄在 18～70 岁，平均为 33.3±10.5 岁。调查对象主要集中

在4个城区，其中朝阳区最多（774），海淀区次之（674），远郊区的样本量相对较少。本次调查地区的人口分布情况与北京市统计局发布的2018年北京常住人口总量分布基本一致。在其他如月收入等人口学变量上，本次调查的样本分布与北京市2018年度北京社会心态分析报告所显示的分布较一致，表明本次研究的样本比较具有代表性。

（二）调查过程及内容

1. 调查过程

首先，查阅文献资料，拟定调查问卷，并在专家以及课题组成员反复讨论后，确定最终使用的问卷。问卷共有106道题目，其中人口学变量一共20题，总共涉及7个心理与行为变量，包括社会安全感、生态环境满意度、社会焦虑、社区安全感、国家认同感、社会心理服务需求、社会心理服务供给。其次，通过线下发问卷填答的方式，让符合条件的居民现场填写问卷，作答完毕后交给调查人员。最后，将收回的问卷整理并筛除未认真填答的问卷。

2. 调查内容

（1）基本人口统计学变量

包括性别、年龄、婚姻状况、所在地区、受教育程度、目前工作状态、月收入、北京拥有房产数、信仰、民族、政治面貌等方面。

（2）社会焦虑

社会焦虑问卷采用的是郭燕梅编制的社会焦虑问卷，正式问卷题目一共20个，采用自评式4点量表计分，让被试者主观判断自己对题项的赞同程度选择"完全没有、有一些、中等程度、非常明显"，分别计分1、2、3、4分，得分越高表示社会焦虑水平越高。[①]

（3）社会安全感

社会安全感问卷采用的是汪海彬编制的城市居民安全感问卷，正式问卷题目一共22个，采用自评式5点量表计分，让被试者主观判断自己对题项的赞同程度选择"完全符合、符合、不确定、不符合、完全不符合"，分别计分1、

---

① 郭燕梅：《相对剥夺感预测集群行为倾向：社会焦虑的调节作用》，山东师范大学硕士学位论文，2013。

2、3、4、5分，得分越高表明安全感水平越高。[1]

（4）生态环境满意度

生态环境满意度问卷采用的是訾非等人编制的绿色环境满意度问卷，正式问卷题目一共20个，包括3个维度，即绿化与公园（8个题目）、空气与水体（9个题目）、环境噪声（3个题目），采用自评式5点量表计分，让被试者主观判断自己对题项的赞同程度选择"非常不符合、不符合、不确定、符合、非常符合"，分别计分1、2、3、4、5分，得分越高表明生态环境满意度越高。[2]

（5）社区归属感

社会归属感问卷采用的是单菁菁编制的社区归属感量表，正式问卷题目一共5个，采用自评式5点量表计分，让被试者主观判断自己对题项的赞同程度选择"强烈反对、反对、一般、同意、非常同意"，分别计分1、2、3、4、5分，得分越高表明社会归属感越强。[3]

（6）国家认同感

国家认同感问卷采用田园编制的国家认同感问卷，正式问卷题目一共4个，采用自评式7点量表计分，让被试者主观判断自己对题项的赞同程度选择"完全不同意、不同意、有一点不同意、既不同意也不反对、有一点同意、同意、完全同意"，分别计分1、2、3、4、5、6、7分，得分越高表明国家认同感越强。[4]

三　结果

1. 北京市居民社会焦虑总体情况

北京市居民社会焦虑平均分为 50.4 ± 12.2 分，每题平均分为 2.5 ± 0.9 分，社会焦虑量表为4点计分，据此可知北京市居民的社会焦虑处于中等偏上水平（见图1）。

---

① 汪海彬、姚本先：《城市居民安全感问卷的编制》，《人类工效学》2012 年第 4 期。

② 訾非、杨智辉、张帆、田浩、王广新、吴建平、刘洋、方刚、项锦晶、方然：《中国 10 城市生态环境满意度和生活满意度调查报告》，《北京林业大学学报》（社会科学版）2012 年第 4 期。

③ 单菁菁：《从社区归属感看中国城市社区建设》，《中国社会科学院研究生院学报》2006 年第 6 期。

④ 田园：《大学生国家认同、自我建构与其社会责任感的关系》，北京师范大学硕士学位论文，2017。

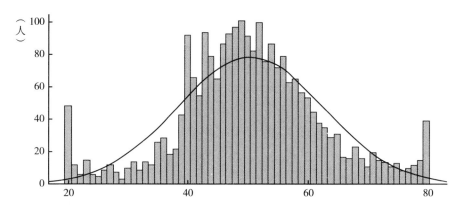

图 1　社会焦虑总分频率分布

2. 北京市居民社会焦虑的基本特点

（1）北京市居民社会焦虑在不同所在地区上的差异

为考察北京市居民社会焦虑在所在地区上的差异，本研究以所在地区为自变量，社会焦虑为因变量进行单因素方差分析。结果发现，北京市居民社会焦虑在不同所在地区上存在显著差异（$F=1.777$，$p<0.05$）。进一步分析发现，社会焦虑水平最低的地区由低到高依次是：怀柔区（46.8 分）、朝阳区（49.3 分）、海淀区（50.2 分）。社会焦虑水平最高的地区由高到低依次是：东城区（54.6 分）、房山区（54.1 分）、西城区（53.4 分），社会焦虑水平最高的地区值得我们重点关注（见表 2、图 2）。

表 2　社会焦虑的所在地区差异检验

项目	所在地区	$M \pm SD$	F	事后比较
社会焦虑	①朝阳区	49.3 ± 13.0	1.777*	① < ④、⑦、⑧、⑩
	②海淀区	50.2 ± 11.5		② < ⑩
	③丰台区	50.9 ± 11.5		
	④昌平区	51.6 ± 11.4		④ > ①
	⑤大兴区	51.1 ± 12.7		
	⑥通州区	51.0 ± 15.4		
	⑦西城区	53.4 ± 13.7		⑦ > ①、⑭
	⑧房山区	54.1 ± 12.9		⑧ > ①、⑭
	⑨顺义区	52.9 ± 8.5		⑨ > ③

续表

项目	所在地区	$M \pm SD$	F	事后比较
社会焦虑	⑩东城区	54.6 ± 9.7	1.777 *	⑩ > ①、②、③、⑭
	⑪石景山区	50.6 ± 11.8		
	⑫密云区	50.7 ± 10.3		
	⑬平谷区	51.4 ± 10.3		
	⑭怀柔区	46.8 ± 12.3		⑭ < ⑦、⑧、⑩
	⑮延庆区	53.0 ± 12.5		
	⑯门头沟区	50.8 ± 11.7		

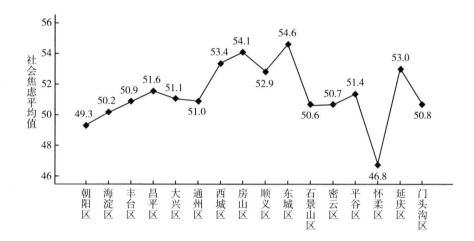

图2 不同所在地的北京居民社会焦虑得分差异

（2）北京市居民社会焦虑在不同性别上的差异

本研究用 SPSS 数据分析软件进行了性别对社会焦虑水平均分的独立样本 t 检验分析（见表3、图3），结果发现：性别不影响社会焦虑水平的平均分，男

表3 社会焦虑的性别差异检验

项目	性别	$M \pm SD$	t
社会焦虑	男	50.5 ± 12.0	0.622
	女	50.4 ± 12.4	
	缺失	46.7 ± 15.2	

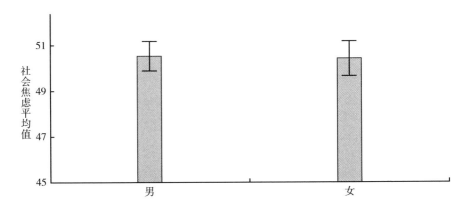

图3 不同性别的北京居民社会焦虑得分差异

性的社会焦虑均值是50.5，女性的社会焦虑均值是50.4，男性和女性在社会焦虑水平上的差异非常小（$p > 0.05$）。

（3）北京市居民社会焦虑在不同年龄上的差异

由表4与图4可知，不同年龄组的社会焦虑水平差异不大（$F = 1.042$，$p > 0.5$），所有年龄段的居民的社会焦虑水平都保持在49～52分，社会焦虑均分最低的是中老年人（41～50岁）群体，社会焦虑水平最高的是年轻人（20岁及以下）群体，不同年龄段居民的社会焦虑水平由低到高依次是41～50岁、51岁及以上、21～30岁、31～40岁、20岁及以下。

表4 社会焦虑的年龄差异检验

项目	年龄	$M \pm SD$	F	p
社会焦虑	①20岁及以下	51.2 ± 10.6	1.042	0.4
	②21～30岁	50.4 ± 12.2		
	③31～40岁	50.5 ± 13.3		
	④41～50岁	49.1 ± 12.8		
	⑤51岁及以上	49.6 ± 11.8		

（4）北京市居民社会焦虑在不同信仰上的差异

本研究对不同信仰的北京市居民社会焦虑水平进行了单因素方差分析（见表5、图5），结果发现不同信仰的居民社会焦虑水平有显著差异（$F = 2.401$，$p < 0.05$），进行多重比较分析后发现：信仰中国特色社会主义（马列

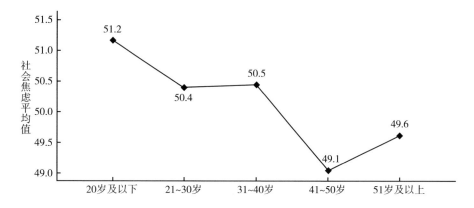

图4 不同年龄组的北京居民社会焦虑得分差异

主义）的群体社会焦虑水平最低，其次是信仰佛教的群体，信仰道教的群体社会焦虑水平最高。由此可见，信仰道教和社会焦虑之间有着密切的关系。

表5 社会焦虑的信仰差异检验

项目	信仰	$M \pm SD$	F	事后比较
社会焦虑	①中国特色社会主义（马列主义）	49.6 ± 12.5	2.401*	①<②、③、⑦
	②命运	51.5 ± 10.8		②>①
	③无神论	52.0 ± 11.8		③>①
	④基督教	52.2 ± 10.5		
	⑤天主教	50.7 ± 9.6		①<⑤
	⑥佛教	50.2 ± 11.5		
	⑦道教	53.8 ± 11.0		⑦>①
	⑧伊斯兰教	52.0 ± 12.0		

（5）北京市居民社会焦虑在不同婚姻状况上的差异

本研究对不同婚姻状况的北京市居民社会焦虑进行了差异检验（见表6、图6），结果发现，不同婚姻状况对个体社会焦虑水平的高低影响显著（$F =$ 6.874，$p < 0.001$）。进一步分析发现，已婚者的社会焦虑水平显著低于未婚者，未婚者的显著低于同居者，同居者的显著低于离婚者，离婚者的显著低于丧偶者，丧偶者的社会焦虑水平最高（均值为59.9），已婚者的社会焦虑水平最低（均值为49.8）。以上结果说明，婚姻状况与社会焦虑的关系密切。

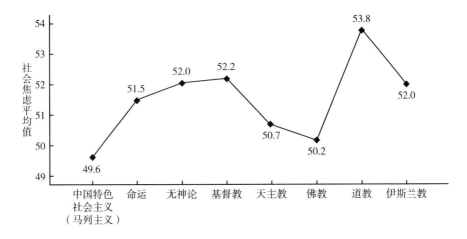

图5 不同信仰的北京居民社会焦虑得分差异

表6 社会焦虑的婚姻状况差异检验

项目	婚姻状况	$M \pm SD$	F	事后比较
社会焦虑	①未婚	50.4 ± 11.5	6.874 ***	
	②已婚	49.8 ± 12.9		②<③、④、⑤
	③同居	52.8 ± 11.1		①、②<③<④、⑤
	④离婚	54.4 ± 10.3		①、②<④
	⑤丧偶	59.9 ± 11.3		①、②、③<⑤

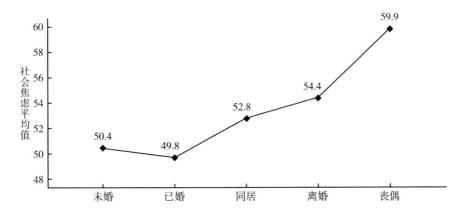

图6 不同婚姻状况的北京居民社会焦虑得分差异

（6）北京市居民社会焦虑在不同受教育程度上的差异

本研究对不同受教育程度的北京市居民的社会焦虑水平进行了分析（见表7、图7），发现不同受教育程度对北京市居民社会焦虑的影响显著（$F = 3.541$，$p < 0.01$），与2017年、2018年居民在受教育程度上的社会焦虑水平有所不同的是2019年居民的受教育程度越高社会焦虑水平越高，具体表现在硕博群体上。进一步分析发现，博士的社会焦虑水平显著高于小学及以下、初中、中专或高中、大专、本科受教育程度群体的社会焦虑水平，硕士群体的社会焦虑水平也明显高于小学及以下、初中、大专群体。由此看来，硕博群体的社会焦虑水平值得我们重点关注，学历越高可能意味着压力越大，对于社会不确定性因素的分析和判断也会考虑得更多，从而使得该群体的社会焦虑水平偏高。

表7　社会焦虑的受教育程度差异检验

项目	受教育程度	$M \pm SD$	F	事后比较
社会焦虑	①小学及以下	46.7 ± 10.7	3.541**	① < ③、⑤、⑥、⑦
	②初中	48.8 ± 12.2		② < ③、⑥、⑦
	③中专或高中	50.7 ± 12.3		①、② < ③ < ⑦
	④大专	49.8 ± 12.2		④ < ⑥、⑦
	⑤本科	50.4 ± 12.1		① < ⑤ < ⑦
	⑥硕士	52.0 ± 11.1		①、②、④ < ⑥
	⑦博士	54.4 ± 12.8		⑦ > ①、②、③、④、⑤

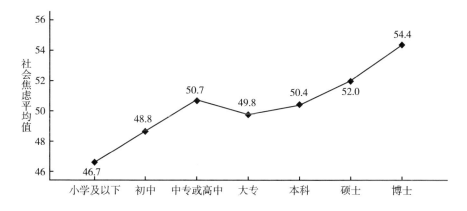

图7　不同受教育程度的北京居民社会焦虑得分差异

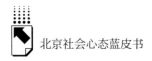
（7）北京市居民社会焦虑在不同工作状态上的差异

由表8与图8可知，不同工作状态的居民的社会焦虑水平有显著差异（ $F = 3.285$ ， $p < 0.01$ ）。其中，离退休居民的社会焦虑水平最高，有正式工作的居民的社会焦虑水平最低。有正式工作的居民的社会焦虑分数显著低于离退休居民和学生，有临时工作的居民的社会焦虑分数显著低于学生，学生的社会焦虑水平显著高于有正式工作、临时工作的居民。

表8　社会焦虑的工作状态差异检验

项目	工作状态	$M \pm SD$	F	事后比较
社会焦虑	①正式工作	49.6 ± 13.3	3.285**	① < ④、⑤
	②临时工作	50.1 ± 11.5		② < ⑤
	③无业、失业或下岗	50.8 ± 11.0		
	④离退休	52.1 ± 11.0		④ > ①
	⑤学生	51.8 ± 11.0		⑤ > ①、②

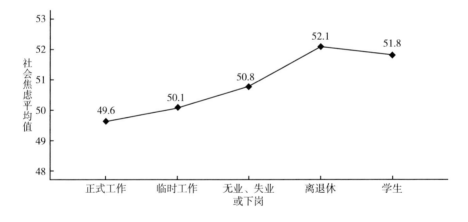

图8　不同工作状态的北京居民社会焦虑得分差异

（8）北京市居民社会焦虑在不同月收入上的差异

由表9与图9可知，不同月收入群体的社会焦虑水平由高到低依次是20001元及以上、15001~20000元、7856~15000元、无收入、2000元及以下、2001~7855元。不同月收入水平对北京市居民社会焦虑的影响显著（ $F = 2.358$ ， $p < 0.05$ ），社会焦虑水平整体上随着收入增加呈上升的趋势。进一步分析发现，月收入水平在20001元及以上的群体社会焦虑水平显著高于无收

入、2000 元及以下、2001～7855 元、7856～15000 元月收入水平的群体。结果表明高收入水平与居民的强社会焦虑存在一定联系。

表9　社会焦虑的月收入差异检验

项目	月收入	$M \pm SD$	F	事后比较
社会焦虑	①无收入	50.5 ± 11.5		① < ⑥
	②2000 元及以下	50.1 ± 12.4		② < ⑥
	③2001～7855 元	49.6 ± 12.3	2.358*	③ < ⑥
	④7856～15000 元	50.8 ± 12.2		④ < ①、⑥
	⑤15001～20000 元	51.1 ± 11.8		
	⑥20001 元及以上	53.4 ± 12.2		⑥ > ①、②、③、④

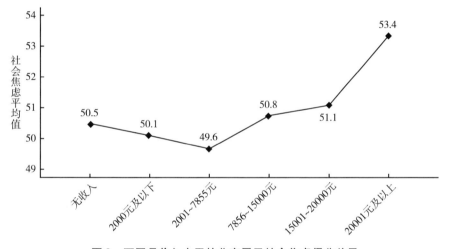

图9　不同月收入水平的北京居民社会焦虑得分差异

（9）北京市居民社会焦虑在不同政治面貌上的差异

由表10与图10可知，以政治面貌分组（4 组：群众、共青团员、共产党员、民主党派）为自变量，社会焦虑问卷的总均分为因变量做单因素方差分析后发现：北京市居民的不同政治面貌对社会焦虑的影响显著（$F = 9.632$，$p < 0.05$），进一步分析发现，民主党派的社会焦虑水平显著高于共产党员、共青团员、群众，共产党员的社会焦虑水平显著低于群众、共青团员、民主党派。在整个群体中，政治面貌是共产党员的社会焦虑水平最低，政治面貌是民主党派的社会焦虑水平最高，这表明共产党员相比于其他群体对于社会动态、

时事政治相关信息了解得更为全面、广泛和深入，因此对社会不确定性事件和环境的变化表现出更强的稳定性。

表 10　社会焦虑的政治面貌差异检验

项目	年龄	$M \pm SD$	F	事后比较
社会焦虑	①群众	50.4 ± 13.0	9.632***	③<①<④
	②共青团员	50.9 ± 11.0		③<②<④
	③共产党员	48.7 ± 13.2		③<①、②、④
	④民主党派	53.2 ± 10.6		①、②、③<④

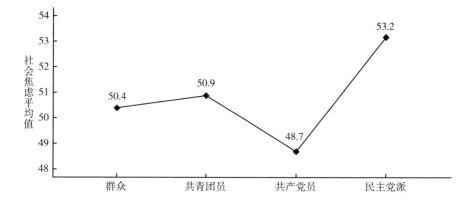

图 10　不同政治面貌的北京居民社会焦虑得分差异

（10）北京市居民社会焦虑在不同家庭所在地上的差异

由表 11 与图 11 可知，不同家庭所在地居民的社会焦虑水平有显著差异（$F = 3.026$，$p < 0.05$）。其中，城区居民的社会焦虑水平最低，郊区居民社会焦虑水平最高。郊区居民的社会焦虑分数显著高于城市居民，这可能是郊区流动人员较少，是不安全事件高发地区导致的。

表 11　社会焦虑的家庭所在地差异检验

项目	家庭所在地	$M \pm SD$	F	事后比较
社会焦虑	①城区	49.9 ± 13.0	3.026*	①<②
	②郊区	51.4 ± 12.2		②>①
	③农村	51.0 ± 10.4		

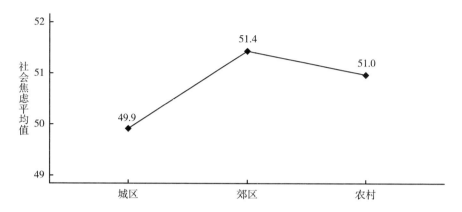

图 11 不同家庭所在地的北京居民社会焦虑得分差异

（11）北京市居民社会焦虑在不同户籍所在地上的差异

由表 12 与图 12 可知，不同户籍所在地居民的社会焦虑水平有显著差异（$F = 3.308$，$p < 0.05$）。其中，北京农村居民的社会焦虑水平最低，外地城市居民的社会焦虑水平最高。北京城市居民的社会焦虑分数显著低于外地城市居民，北京农村居民的社会焦虑分数显著低于外地城市居民，这可能与北京经济发展水平较高，外地居民没有北京户籍而承受着更大的生活压力有关。

表 12 社会焦虑的户籍所在地差异检验

项目	户籍所在地	$M \pm SD$	F	事后比较
社会焦虑	①北京城市	50.2 ± 13.7	3.308 *	① < ③
	②北京农村	49.3 ± 11.3		② < ③
	③外地城市	51.5 ± 10.9		③ > ①、②
	④外地农村	50.9 ± 11.0		

（12）北京市居民社会焦虑在不同子女数量上的差异

由表 13 与图 13 可知，不同子女数量的居民的社会焦虑水平无显著差异（$F = 2.585$，$p > 0.05$）。其中，生育一个孩子的居民社会焦虑水平最低，生育三个及以上孩子的居民社会焦虑水平最高。

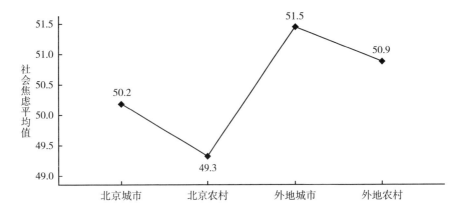

图12 不同户籍地的北京居民社会焦虑得分差异

表13 社会焦虑的子女数量差异检验

项目	子女数量	$M \pm SD$	F	事后比较
社会焦虑	①未生育	50.6 ± 11.9		
	②一个孩子	49.5 ± 13.2		② < ④
	③两个孩子	50.8 ± 11.9	2.585	
	④三个及以上孩子	51.6 ± 10.5		④ > ②

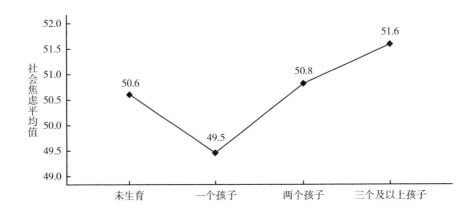

图13 子女数量的北京居民社会焦虑得分差异

（13）北京市居民社会焦虑在不同主观经济地位上的差异

由表14和图14可知，不同主观社会经济地位居民的社会焦虑水平有显著差异（ $F=3.382$ ， $p<0.01$ ），认为自己处于中下层的居民社会焦虑水平最高，认为自己处于上层的居民社会焦虑水平最低。认为自己处于上层的居民社会焦虑水平显著低于认为自己处于中下层、下层的居民，认为自己处于中上层的居民社会焦虑水平显著低于认为自己处于中下层的居民，认为自己处于中下层居民的社会焦虑水平显著高于认为自己处于上层、中上层的居民，认为自己处于下层的居民社会焦虑水平显著高于认为自己处于上层的居民。

表14　社会焦虑的主观经济地位差异检验

项目	主观经济地位	$M \pm SD$	F	事后比较
社会焦虑	①上层	48.2 ± 13.7	3.382**	① < ④、⑤
	②中上层	49.3 ± 12.8		② < ④
	③中层	50.4 ± 11.8		
	④中下层	51.5 ± 11.6		④ > ①、②
	⑤下层	51.2 ± 13.2		⑤ > ①

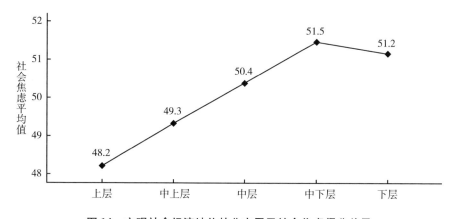

图14　主观社会经济地位的北京居民社会焦虑得分差异

3. 社会焦虑与生态环境满意度、社会安全感、社区归属感及国家认同感的相关分析

采用皮尔逊相关分析考察北京市居民社会焦虑与生态环境满意度、社会安全感、社区归属感和国家认同感的相关关系。研究发现，社会焦虑与社区归属感、国家认同感呈显著正相关，与生态环境满意度呈显著负相关（见表15）。

表 15　社会焦虑和相关影响因素的相关分析

	社会焦虑	环境满意度	社会安全感	社区归属感	国家认同感
社会焦虑	1				
环境满意度	− 0. 13 ***	1			
社会安全感	− 0. 02	0. 34 ***	1		
社区归属感	0. 14 ***	0. 48 ***	0. 21 ***	1	
国家认同感	0. 10 ***	0. 45 ***	0. 21 ***	0. 62 ***	1

4. 社会安全感、生态环境满意度、社区归属感、国家归属感对社会焦虑的影响

（1）社会安全感对北京市居民社会焦虑的影响

将社会安全感度以平均分加减一个标准差为依据分为三个等级，分别是：低社会安全感（小于 M − SD），中社会安全感，高社会安全感（大于 M + SD）。然后运用单因素方差分析进行差异比较，结果显示不同社会安全感居民的社会焦虑差异显著（$F = 6.903$，$p < 0.001$）。事后检验发现，中社会安全感居民的社会焦虑显著高于低社会安全感居民；高社会安全感居民的社会焦虑显著低于中社会安全感居民的社会焦虑（见表 16、图 15）。

表 16　高中低社会安全感居民的社会焦虑情况

社会安全感	均值	标准差
低社会安全感	48. 6	15. 0
中社会安全感	51. 0	9. 9
高社会安全感	49. 5	17. 6

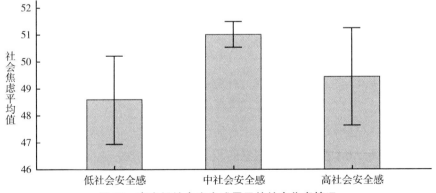

图 15　高中低社会安全感居民的社会焦虑情况

（2）生态环境满意度对北京市居民社会焦虑的影响

将生态环境满意度以平均分加减一个标准差为依据分为三个等级，分别是：低生态环境满意度（小于 $M - SD$），中生态环境满意度，高生态环境满意度（大于 $M + SD$）。然后运用单因素方差分析进行差异比较，结果显示不同生态环境满意度居民的社会焦虑差异显著（ $F = 40.709$ ， $p < 0.001$ ）。进行事后检验，结果表明：低生态环境满意度居民的社会焦虑显著低于中生态环境满意度居民；低生态环境满意度居民的社会焦虑显著高于高生态环境满意度居民；中生态环境满意度居民的社会焦虑显著高于高生态环境满意度居民（见表17、图16）。

表17　高中低生态环境满意度居民的社会焦虑情况

生态环境满意度	均值	标准差
低生态环境满意度	49.6	15.6
中生态环境满意度	51.5	11.1
高生态环境满意度	45.0	13.6

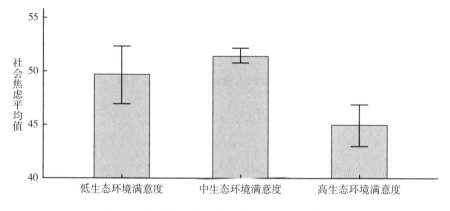

图16　高中低生态环境满意度居民的社会焦虑

（3）社区归属感对北京市居民社会焦虑的影响

将社区归属感以平均分加减一个标准差为依据分为三个等级，分别是：低社区归属感（小于 $M - SD$），中社区归属感，高社区归属感（大于 $M + SD$）。

然后运用单因素方差分析进行差异比较，结果显示不同社区归属感居民的社会焦虑差异显著（$F = 30.995$，$p < 0.001$）。进行事后检验，结果显示：低社区归属感居民的社会焦虑显著低于中社区归属感居民；低社区归属感居民的社会焦虑显著低于高社区归属感居民（见表18、图17）。

表18 高中低社区归属感居民的社会焦虑情况

社区归属感	均值	标准差
低社区归属感	44.6	11.8
中社区归属感	51.3	9.8
高社区归属感	51.2	18.4

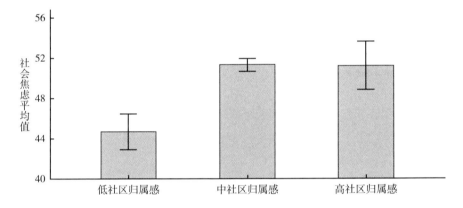

图17 高中低社区归属感居民的社会焦虑

（4）国家认同感对北京市居民社会焦虑的影响

将国家认同感以平均分加减一个标准差为依据分为三个等级，分别是：低国家认同（小于 M – SD），中国家认同感，高国家认同（大于 M + SD）。然后运用单因素方差分析进行差异比较，结果显示不同国家认同感居民的社会安全感差异显著（$F = 34.793$，$p < 0.001$）。进行事后检验，结果显示：低国家认同感居民的社会焦虑显著低于中国家认同感居民；低国家认同感居民的社会焦虑显著低于高国家认同感居民；中国家认同感居民的社会焦虑显著高于高国家认同感居民（见表19、图18）。

表 19　高中低国家认同感居民的社会焦虑情况

国家认同感	均值	标准差
低国家认同感	46.2	10.7
中国家认同感	51.8	10.6
高国家认同感	50.0	16.6

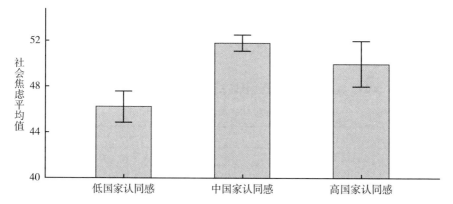

图 18　高中低国家认同感感居民的社会焦虑

5. 北京市居民社会焦虑的回归分析

以北京市居民社会焦虑总分为因变量，以性别、年龄、民族、受教育程度、信仰、政治面貌、当前工作状态、职业、月收入、婚姻状况、家庭所在地、所在地区、户籍所在地、子女数量、主观经济地位 15 个人口学特征因素为预测变量，α 取 0.05，进行多元逐步回归分析。

由表 20 可以看出，第一个进入回归方程的预测变量是户籍所在地，其次是政治面貌、受教育程度、家庭所在地，这 4 个具有显著预测作用的变量对北京市居民社会焦虑总分方差的贡献率为 30.5%。

表 20　人口学特征对社会焦虑的多元逐步回归分析

因变量	预测变量	R^2	$\triangle R^2$	Beta	t	P
社会焦虑	户籍所在地	0.134	0.134	0.260	2.887	0.005
	政治面貌	0.234	0.100	0.267	3.004	0.003
	受教育程度	0.269	0.035	0.228	2.582	0.011
	家庭所在地	0.305	0.036	0.207	2.223	0.029

为了进一步探索生态环境满意度、社区归属感、国家认同感以及社会安全感与社会焦虑之间的联系，将生态环境满意度、社区归属感、国家认同感以及社会安全感作为预测变量，将社会焦虑总分作为因变量，α 取 0.05，进行多元逐步回归分析。

由表 21 可以看出，第一个进入回归方程的预测变量是社区归属感，其次是生态环境满意度以及国家认同感，这 3 个具有显著预测作用的变量对北京市居民社会焦虑总分方差的贡献率为 7%。

**表 21　生态环境满意度、社区归属感、国家认同感以及社会
安全感对社会焦虑的逐步回归分析**

因变量	预测变量	R^2	$\triangle R^2$	Beta	t	P
社会焦虑	社区归属感	0.020	0.020	0.214	7.824	0.000
	生态环境满意度	0.067	0.047	-0.261	-11.156	0.000
	国家认同感	0.070	0.003	0.077	2.845	0.004

四　讨论

全面性的社会焦虑来自许多方面，主要的焦虑源有四个方面。首先是生存性焦虑，生存性焦虑是关于自身以及主要家庭成员生计和健康问题的担忧，例如公民对于食品安全的焦虑、子女教育的焦虑、住房焦虑、工作焦虑、社会伤害事件焦虑等。在本次调查中，调查群体的年龄大部分集中在中年年龄段，这一群体作为社会中的一员就会面临各种各样的生存性难题，收入较低、父母以及自身身体健康问题、住房困难、教育资源分配不平衡等都成为个体关注的焦虑点。其次是发展性焦虑，社会阶层固化使得社会差距越来越大，社会阶层流动性迟滞，民众普遍认为"有钱的人越来越有钱，没钱的人越来越没钱"，这使得社会焦虑日益严重。道德焦虑也是社会焦虑来源的其中一个方面，随着国家经济水平的不断提高，拜金主义、享乐主义、自我中心的思想逐渐影响着社会公民，扶摔倒老人被讹等现象使得民众的社会信任感越来越低，人与人之间少了温情与关爱，冷漠的邻里、人际关系都带给民众越来越强的道德焦虑。最后是环境焦虑，水污染、空气污染、海洋污

染等使得公民对于生存环境产生怀疑，环境的破坏加强了居民的焦虑感。

本次调查结果表明，人口学特征（年龄、民族、所在地区、受教育程度、信仰、政治面貌、当前工作状态、月收入、婚姻状况、家庭所在地、户籍所在地、子女数量）对居民社会焦虑状况的影响均有统计学意义。本研究经分析发现不同所在地对居民社会焦虑状况的影响存在统计学差异，东城区居民的社会焦虑水平最高；性别对于居民社会焦虑的影响没有统计学差异，这可能是随着社会的进步，男女在生活、社会、经济和政治方面越来越平等导致的；不同年龄段居民的社会焦虑状况不存在显著性差异，其中，中老年居民社会焦虑弱于其他年龄段的居民，这可能是由于中老年居民的生活状态基本处于稳定水平，而中青年群体的工作生活状态还没有完全定型，存在很多不确定因素及变动，并且中青年群体面临的心理压力较大；在信仰方面，信仰中国特色社会主义（马列主义）的居民的社会焦虑水平最低，而信仰道教的居民的社会焦虑水平最高；此外，婚姻状况与社会焦虑水平密切相关，婚姻状况为离婚、丧偶的个体社会焦虑水平更高；分析发现，高学历居民的社会焦虑水平更高，这可能是因为学历越高意味着压力越大，对于社会不确定性因素的分析和判断也会考虑得更多，从而使得高学历居民的社会焦虑水平偏高。

社会焦虑与社区归属感、国家认同感呈显著的正相关反映了居民对于国家、社会变化的关注，居民可能更多地参与到社会活动中。社会焦虑与生态环境满意度呈显著负相关，意味着居民的生态环境满意度越高，社会焦虑水平越低，从这个角度切入，本研究认为保证居民生活环境的优美和谐能够有效减轻居民的社会焦虑，可以加大环境治理及保护力度，使"绿水青山就是金山银山"落地生根。

五 对策与建议

经过调查分析，针对缓解社会焦虑工作中存在的问题，本研究提出了以下对策，以进一步指导我们做好相关的工作。

1. 个人层面

从本次调查结果来看，科学的信仰是缓解社会焦虑的路径之一，信仰为个体乃至社会整体的稳定发展提供了无可替代的保障。曾经有学者认为中国人的信仰是与自然、命运抗争，是自强不息的精神，生命不息，奋斗不止。此外，

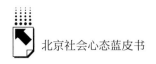

良好的生态环境也会帮助民众缓解社会焦虑情绪，自然的美景与风光让步履匆匆的个体慢下来，从而降低民众的社会焦虑水平。

2. 社会层面

社会焦虑会带给个体消极的影响，因此有效进行社会焦虑的危机干预是必要的。在社会中，我们对个体社会焦虑的成因难以预测也难以控制，一些社会危机事件，如公共卫生事件、社会重大事件变故、大灾难都会对民众的心理造成一定程度的影响。社会焦虑的危机干预可以从三个方面着手：一是积极发挥媒体的优势，媒体对舆论的导向和宣传起着极为重要的作用，积极的舆论导向可以让处于社会焦虑的民众从事件中脱离，从而缓解民众紧张、焦虑的情绪状态；二是利用危机干预热线，这一手段在缓解民众的不良情绪方面具有时间优势，并有覆盖服务面广的优点；三是完善心理咨询和治疗服务体系工作，这对于缓解民众社会焦虑也有显著的帮助。社区可以定期开展以"心理焦虑缓解"为主题的团体辅导，加强大众心理健康知识的宣传和普及工作，从而实现缓解民众社会焦虑的目的。

3. 政府层面

在政府层面，可以从完善公共服务体系，加强国家军事、经济、信息、环境、食品等方面安全应急体制的建设等着手，降低民众的社会焦虑水平；法律制度的健全、实行依法治国也是缓解社会焦虑问题的一大关键因素。政府应当监控社会极端事件的发生，缩小贫富差距，并且关注民生问题，建立合理的制度，从而实现管控社会焦虑的常态化。

B.6
北京市居民社区归属感调查

田 浩 宋隽清*

摘 要: 本研究对 2652 名北京市居民开展问卷调查,考察其社区归属感特点以及社区归属感与社区安全感、生态环境满意度、社会焦虑的关系。结果发现,北京市居民的社区归属感属于中等偏上水平;北京市居民的社区归属感在部分人口学变量(包括性别、年龄、婚姻状况、文化程度、目前工作状态、户籍所在地、主观经济地位、子女数量)上存在显著差异;北京市居民的社区归属感与社会安全感、生态环境满意度、社会焦虑呈现正相关。

关键词: 社区归属感 社会心理 北京市 居民

一 引言

改革开放 40 多年来,我国人民的生活水平有了极大的提高,人民的需要也逐渐由物质需求转化成对美好生活的迫切期待,我国社会主要矛盾已经转化为人民日益增长的美好生活需要和不平衡不充分的发展之间的矛盾,在解决这一矛盾的过程中,满足"归属""尊重"等心理需求将成为建设和谐稳定社会的重要途径。城市社区是城市居民安居乐业的家园,是基层社会治理的基本单元。社区归属感代表着居民对社区的一种情感寄托,它影响着居民对社区的喜爱、认同及依恋,也是社区存在和发展的重要前提。对于居民来说,在社区中

---

* 田浩,北京林业大学人文社会科学学院副教授,硕士生导师,主要研究方向为文化心理学、生态环境心理学;宋隽清,北京林业大学人文社会科学学院应用心理学在读硕士研究生。

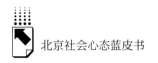

的人际关系、社区环境是日常生活中的重要组成部分，在被接纳的环境中得到肯定和重视是个体自我身份认同的重要支柱。由此看来，社区归属感无论是对于个人的成长发展还是社会的和谐稳定都至关重要。

社区归属感是指社区居民对自己身份归属含有的心理感知，包含认同、依赖、喜爱等多种情感因素。对个体而言，社区归属感的意义不仅在于让个体具有某一个群体身份，更重要的是能够为个体带来更多的社会支持，包括从最基础的物质支持到最高级的精神支持。① 对群体而言，社区归属感又和居民之间的关系紧密相连。社区不只是简简单单的地域上划分出的一个区域，更多的是人与环境、人与人交织形成的情感网络。对于社会而言，社区归属感在一定程度上反映了社区居民的生活幸福指数，对于促进社会的和谐稳定发展有着重要作用。

20世纪七八十年代，我国多为"单位制"社区，社区居民多为同一单位的职工，他们在工作和生活中接触到的都是一批人，彼此非常了解，因此对于生活的社区也有较强的归属感。近年来，"单位制"社区正逐步向"社区制"社区转变，社区居民之间的异质性变强，导致社区居民对自己所属社区的认同感降低。于是，社区归属感引起了社会的关注。

社区归属感与社区内人际关系、社区居民参与度、社区环境建设等密切相关。社区内人与人之间良好的人际关系的形成能够更好地加强社区居民间的亲和力，从而提高社区居民对本社区的归属感。社区公众的参与度也是社区建设的深厚基础，社区居民应该参与社区政治、经济、文化和社会生活的管理，积极参与社区举办的各项增进居民福利的活动并积极响应社区制定的各项政策，这也是提高社区凝聚力、形成社区归属感的根本所在，城市居民的社区归属感体现在社区居民的参与度中。社区活动开展的主要对象是社区居民，因此社区居民对活动的参与度直接决定了社区活动开展的有效性。在社区集体活动中，社区居民的行为表现以及社区集体活动带给居民的主观上的感受，都影响着社区居民对社区的认同感，社区居民是否融入并体会到社区活动带来的快乐，更是直接决定了社区居民的社区满意度，对居民的社区归属感产生重要的影响。随着人民生活水平的不断提高，人们不再只满足于有房住，更多的是希望拥有

---

① 李霞、朱晓颖、李文虎：《归属需要的研究进展》，《心理学探新》2010年第2期。

更加优美的社区环境。例如社区内拥有较多的花草树木会让居民觉得自己生活的环境更有利于身体健康，从而更加认同自己居住的环境，增强社区归属感。社区的公共环境又包括社区的基础建设、安全建设和组织文化建设。基础设施建设包括社区公共设施的建设、住房条件、交通条件等。例如社区为居民提供公共座椅、公共照明设备等良好的住房条件、便利的交通条件均可以提高居民的生活舒适度，从而对社区产生更多的喜爱感情，增强社区归属感。社区的安全建设包括良好的治安条件、社区管理层（物业）的重视程度以及社区对安全知识的普及程度。家应当是人们生活最舒适、最安全的地方，优良的安全建设可以增强居民对社区的依赖度，从而增强社区归属感。社区居委会是常见的社区内的活动组织。社区居委会能够加强党和政府与群众的联系，居委会的建设在于为社区居民排忧解难，实现政府为居民服务的功能。社区居委会也是居民之间的桥梁，通过居委会举办的活动，参与的居民能够有机会和其他居民建立联系，从而增强社区归属感。对于居委会成员，他们积极投身社区事务，在组织活动的同时加强了自己居民身份的认同感，进一步增强了社区归属感。

目前，外来人口大规模流向北京这样的大城市和发达地区，我国正经历着人类历史上规模最大的人口流动。外来人口在流入地落户的比例很低，并且表现出很强的流动性。流动性强不仅会造成外来人口工作的不稳定和生活质量的降低，也给流入地的社区建设和管理带来诸多问题。显然，流动人口作为一个特殊且庞大的群体，是社区建设不可忽视的一部分。流动人口作为社会建设的重要力量，社会应当在其生活上提供适宜的支持，让他们尽快融入大城市的生活。因此，社区建设至关重要，当流动人口具有社区归属感时，生活幸福感就会有所提升，对于建设和谐社区、和谐社会均有重要意义。

随着我国人口老龄化速度加快和家庭养老功能逐渐弱化，社会养老将成为很多老年人的不二之选，从传统的家庭养老形式向社会养老模式过渡是现代化进程中的必然趋势。社区组织建设是社会养老的重要部分，老年人退休以后多处于"无所事事"的悠闲状态，加之由于社会节奏的加快，传统的大家庭渐被核心家庭取代，空巢老人数量逐年增多，老年人的家庭情感的需求得不到回应，应该更多引导老年人的生活重心回归社区，在社区中积极地构建自己的新角色，因此培育老年人的社区归属感就显得尤为重要。

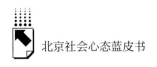

二 研究方法

（一）研究工具

1. 社区归属感

社会归属感量表是由杜宗斌与苏勒在参考 Goudy、McCool 和 Martin 以及单菁菁研究的基础上设计编制的，共有 5 个条目，问卷采用李克特五级量表形式，各项目的原始分相加即总分，总分越高则社会归属感越高。本研究中社区归属感量表的 α 系数为 0.842。

2. 生态环境满意度

本研究采用的生态环境满意度问卷由 20 个项目组成，包括 3 个维度，分别是绿化与公园（8 个项目）、空气与水体（9 个项目）、环境噪声（3 个项目）。采用 5 点计分，分数越高说明个体对生态环境的满意度越高。该量表具有良好的信效度，Cronbach's α 系数为 0.89，本研究中生态环境满意度问卷的 α 系数为 0.77。

3. 社会焦虑

本研究采用的社会焦虑问卷是以郭晓梅编制的社会焦虑问卷的焦虑测量的维度为基础，以以往研究中对社会焦虑表现的研究为依据，以各种有关社会焦虑的调查为参考自编的。问卷共有 20 个题目，采用 4 点计分，得分越高，表示社会焦虑水平越高。该量表具有良好的信效度，α 系数为 0.92。

4. 社会安全感

汪海彬编制的城市居民安全感问卷由 22 个题目组成，具有较好的信度和效度。采用 5 点计分，得分越高表明社会安全感水平越高。

（二）研究对象

本研究在北京 16 个区发放问卷，共发放问卷 2726 份，剔除未认真填答和缺失的 74 份问卷，剩余有效样本数为 2652 份，问卷合格率为 97.29%。其中，男性有 1438 人，占 56.1%，女性有 1115 人，占 43.5%。受访居民详细情况见表 1。

表1 样本基本情况

单位：%

变量	类别	样本数	百分比
性别	男	1438	56.1
	女	1115	43.5
	缺失	9	0.4
所在地区	朝阳区	800	31.2
	海淀区	706	27.6
	丰台区	305	11.9
	昌平区	241	9.4
	大兴区	87	3.4
	通州区	49	1.9
	西城区	65	2.5
	房山区	41	1.6
	顺义区	21	0.8
	东城区	61	2.4
	石景山区	51	2.0
	密云区	24	0.9
	平谷区	29	1.1
	怀柔区	26	1.0
	延庆区	26	1.0
	门头沟区	30	1.2
年龄	20岁及以下	467	18.2
	21~30岁	1144	44.7
	31~40岁	562	21.9
	41~50岁	156	6.1
	51岁及以上	228	8.9
	缺失	5	0.2
民族	非少数民族	2299	89.7
	少数民族	263	10.3
信仰	中国特色社会主义（马列主义）	1545	60.3
	命运	192	7.5
	无神论	508	19.8
	基督教	85	3.3
	天主教	30	1.2
	佛教	86	3.4
	道教	42	1.6

变量	类别	样本数	百分比
信仰	伊斯兰教	30	1.2
	其他	30	1.2
	缺失	14	0.5
婚姻状况	未婚	1102	43.0
	已婚	1187	46.7
	同居	169	6.6
	离婚	66	2.6
	丧偶	19	0.7
	缺失	19	0.7
文化程度	小学及以下	57	2.2
	初中	201	7.8
	中专或职高	320	12.5
	高中	334	13.0
	大专	425	16.6
	本科	920	35.9
	硕士	218	8.5
	博士	75	2.9
	缺失	12	0.5
目前工作状态	正式工作	1167	45.6
	临时工作	387	15.1
	无业、失业或下岗	306	11.9
	离退休	195	7.6
	学生	488	19.0
	其他	16	0.6
	缺失	3	0.1
职业	农民	102	4.0
	教师	250	9.8
	军人	77	3.0
	机关干部或公务员	210	8.2
	服务业工作人员	218	8.5
	医务工作者	85	3.3
	外企职员	92	3.6
	私企职员	246	9.6
	国企职员	142	5.5
	自由职业者	118	4.6

续表

变量	类别	样本数	百分比
职业	其他	30	1.2
	缺失	992	38.7
月收入	2000 元及以下	275	10.7
	2001~7855 元	884	34.5
	7856~15000 元	734	28.6
	15001~20000 元	264	10.3
	20001 元及以上	128	5.0
	无收入	271	10.6
	缺失	6	0.2
政治面貌	共产党员	688	26.9
	共青团员	921	35.9
	民主党派	277	10.8
	群众	671	26.2
	缺失	5	0.2
家庭所在地	城区	1402	54.7
	农村	788	30.8
	郊区	356	13.9
	缺失	16	0.6
户籍所在地	北京城市	1000	39.0
	北京农村	534	20.8
	外地城市	690	26.9
	外地农村	329	12.8
	缺失	9	0.4
养育孩子数	一个孩子	799	31.2
	两个孩子	565	22.1
	三个及以上孩子	275	10.7
	未生育	918	35.8
	缺失	5	0.2
主观经济地位	上层	135	5.3
	中上层	468	18.3
	中层	1019	39.8
	中下层	729	28.5
	下层	209	8.2
	缺失	2	0.1

北京社会心态蓝皮书

由表 1 可知，调查样本的男女比例基本平衡；朝阳区、海淀区、丰台区和昌平区的人数较多，平谷区、延庆区等远郊区的人数较少；调查样本的年龄主要集中在 40 岁以下，40 岁以上的人数较少；调查样本主要是汉族，有部分少数民族；信仰中国特色社会主义（马列主义）者居多；未婚和已婚的各占一半左右；文化程度方面，本科学历的居多；目前有正式工作者的数量接近样本总数的一半；就职于私企的较多；月收入在 2001～7855 元的较多；共青团团员较多；家庭所在地为城区的居多；户籍所在地为北京城市的较多；未生育者居多；认为自己社会经济地位是中层的较多。

三 研究结果

（一）北京市居民社区归属感的基本状况

社区归属感的 5 项分别计算，共 5 个题目，总分为 25 分。北京市居民的社区归属感均分为 16.37 分，接近中值 16。总体来看，大部分北京市居民的社区归属感较强（见表 2、图 1）。

表 2 北京市居民社区归属感的总体状况

项目	N	平均值	标准差
社区归属感	2652	16.37	4.4

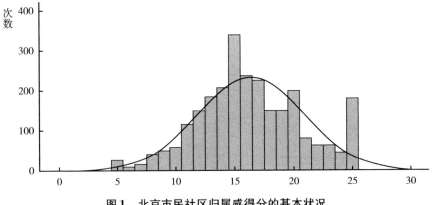

图 1 北京市民社区归属感得分的基本状况

（二）社区归属感在人口统计学变量上的差异

1. 北京市居民社区归属感的地区差异

以所在地区为自变量，社区归属感为因变量，采用单因素方差分析考察不同所在地区居民的社区归属感是否存在差异。结果表明不同所在地区居民的社区归属感无显著差别（见表3）。

表3　北京市居民社区归属感的地区差异

所属区县	幸福感均分	标准差	F
朝阳区	16.26	4.820	
海淀区	16.49	4.312	
丰台区	16.32	4.307	
昌平区	16.63	4.114	
大兴区	16.60	3.993	
通州区	16.49	4.933	
西城区	16.54	3.917	
房山区	15.61	4.620	
顺义区	16.71	4.451	0.556
东城区	16.28	3.357	
石景山区	16.06	4.086	
密云区	15.46	3.945	
平谷区	16.24	3.767	
怀柔区	15.00	3.677	
延庆区	17.00	3.878	
门头沟区	16.80	4.172	

注：*代表$p < 0.01$，**代表$p < 0.05$，***代表$p < 0.001$；下表同。

2. 北京市居民社区归属感的性别差异

以性别为自变量，社区归属感为因变量，采用独立样本 t 检验考察不同性别居民的社区归属感的差异。结果发现，北京市居民的社区归属感在性别上存在显著差异，即女性的社区归属感显著强于男性（$t = -4.254$，$p < 0.01$）（见图2、表4）。

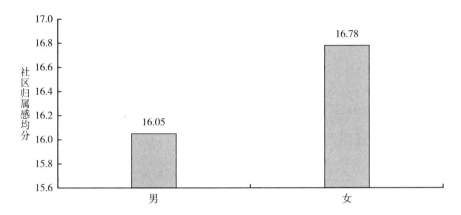

图2　北京市居民社区归属感的性别差异

表4　北京市居民社区归属感的性别差异

性别	社区归属感均分	标准差	t
男	16. 05	4. 548	−4. 254 **
女	16. 78	4. 188	

3. 北京市居民社区归属感的年龄差异

以年龄为自变量，社区归属感为因变量，采用方差分析考察不同年龄段居民的社区归属感的差异。结果发现不同年龄段的居民社区归属感有显著差异。事后检验发现，31～40岁居民的社区归属感强于其他年龄段的居民（见表5）。

表5　北京市居民社区归属感的年龄段差异

年龄	社区归属感均分	标准差	F	事后检验
①20岁及以下	15. 79	4. 126		
②21～30岁	16. 17	4. 531		
③31～40岁	17. 27	4. 538	13. 279 ***	③>①、②、⑤
④41～50岁	16. 81	3. 969		
⑤51岁及以上	16. 15	3. 960		

4. 北京市居民社区归属感的婚姻状况差异

以婚姻状况为自变量，社区归属感为因变量，采用方差分析考察不同婚姻状况居民的社区归属感的差异。结果发现不同婚姻状况居民社区归属感有显著差异。已婚居民的社区归属感最强，显著强于其他居民，而丧偶居民的社区归属感最弱（见表6、图3）。

表6　北京市居民社区归属感的婚姻状况差异

婚姻状况	社区归属感均分	标准差	F	事后检验
①未婚	15.83	4.182		
②已婚	17.05	4.603		②>①、③、④、⑤
③同居	15.54	4.199	14.657***	
④离婚	15.62	3.607		
⑤丧偶	14.05	3.659		

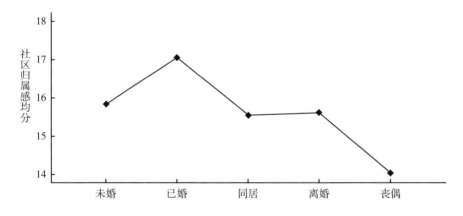

图3　北京市居民社区归属感的婚姻状况差异

5. 北京市居民社区归属感的文化程度差异

以文化程度为自变量，社区归属感为因变量，采用方差分析考察不同文化程度的居民的社区归属感的差异。结果发现，不同文化程度居民的社区安全感有显著差异。从结果来看，小学及以下文化程度的居民社区归属感最弱，显著弱于其他居民，而本科学历的居民社区归属感强于大专、硕士学历以外的其他居民（见表7、图4）。

表7 北京市居民社区归属感的文化程度差异

文化程度	社区归属感均分	标准差	F	事后检验
①小学及以下	13.49	4.633		①<②、③、④、⑤、⑥、⑦、⑧
②初中	15.19	4.471		
③中专或职高	15.68	4.489		
④高中	16.35	4.372	9.437***	
⑤大专	16.64	4.324		
⑥本科	16.93	4.313		⑥>①、②、③、④、⑧
⑦硕士	16.47	4.024		
⑧博士	15.76	4.962		

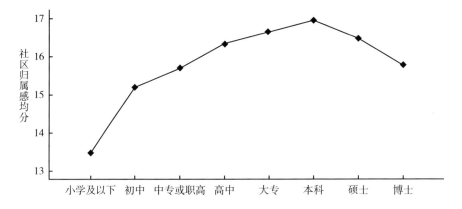

图4 北京市居民社区归属感的文化程度差异

6. 北京市居民社区归属感的当前工作状态差异

以当前工作状态为自变量，社区归属感为因变量，采用方差分析考察不同当前工作状态居民的社区归属感是否存在差异。结果发现，不同当前工作状态居民社区归属感有显著差异。有正式工作的居民社区归属感显著强于有临时工作、无业、离退休、学生的社区归属感。社区归属感最弱的是无业、失业或者下岗的居民（见表8）。

表8　北京市居民社区归属感的当前工作状态差异

当前工作状态	社区归属感均分	标准差	F	事后检验
①正式工作	17.09	4.779		①>②、③、④、⑤
②临时工作	15.68	4.084		⑤>②>③
③无业、失业或下岗	14.88	3.957	16.262 ***	③<④
④离退休	15.89	4.019		
⑤学生	16.34	3.827		
⑥其他	15.38	2.778		

7. 北京市居民社区归属感的收入水平差异

以收入水平为自变量，社区归属感为因变量，采用方差分析考察不同收入水平居民的社区归属感是否存在差异。结果发现不同收入水平的居民社区归属感无显著差异（见表9、图5）。

表9　北京市居民社区归属感的收入水平差异

收入情况	社区归属感均分	F	标准差
①2000 元及以下	15.94		4.002
②2001~7855 元	16.61		4.510
③7856~15000 元	16.35	1.371	4.500
④15001~20000 元	16.15		4.667
⑤20001 元及以上	16.59		4.553
⑥无收入	16.17		3.878

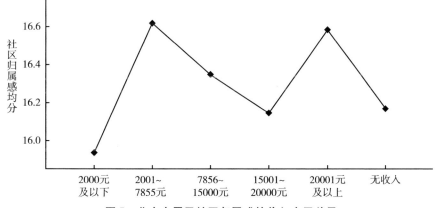

图5　北京市居民社区归属感的收入水平差异

8. 北京市居民社区归属感的户籍所在地差异

以户籍所在地为自变量，社区归属感为因变量，采用单因素方差分析考察不同户籍所在地居民的社区归属感是否存在差异。结果发现不同户籍所在地居民的社区归属感差异显著，北京城市居民的社区归属感显著强于其他居民（见表10、图6）。

表10　北京市居民社区归属感的户籍差异

户籍所在地	社区归属感均分	标准差	F	事后检验
①北京城市	17.01	4.676		①＞②、③、④
②北京农村	15.87	4.468	11.949***	
③外地城市	15.94	4.070		
④外地农村	16.15	3.965		

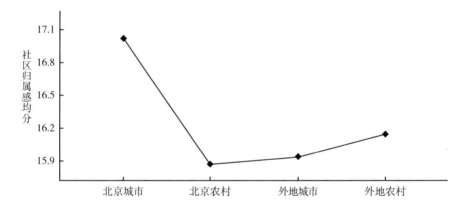

图6　不同户籍所在地的居民社区归属感差异

9. 北京市居民社区归属感的主观经济地位差异

以主观经济地位为自变量，社区归属感为因变量，采用单因素方差分析考察不同主观经济地位居民的社区归属感是否存在差异。结果发现，主观经济地位为中下层的居民的社区归属感强于主观经济地位为中层的居民，二者均强于主观经济地位为下层的居民（见表11）。

表11　北京市居民社区归属感的主观经济地位差异

主观经济地位	社区归属感均分	标准差	F	事后检验
①上层	15.19	5.130		①、②<③、④
②中上层	15.61	4.918		
③中层	16.68	4.443	9.605 ***	③>④>⑤
④中下层	16.79	3.894		
⑤下层	15.86	3.859		

10. 北京市居民社区归属感的养育孩子数的差异

以养育孩子数为自变量，社区归属感为因变量，采用单因素方差分析考察不同养育孩子数居民的社区归属感是否存在差异。结果发现不同养育孩子数的居民社区归属感有显著差异。拥有一个孩子的居民社区归属感最强，显著强于其他居民，拥有三个孩子及以上的居民社区归属感最弱（见表12）。

表12　北京市居民社区归属感的养育孩子数差异

养育孩子数	社区归属感均分	标准差	F	事后检验
①未生育	17.38	4.507		①>②、③、④
②一个孩子	15.84	4.697	25.671 ***	③<①、②、④
③两个孩子	15.07	3.829		
④三个及以上孩子	16.20	4.131		

（三）社区归属感与社会安全感、生态环境满意度、社会焦虑的关系

分别将社会安全感、生态环境满意度、社会焦虑得分按照平均数加减一个标准差的方式分成高、中、低分三组，检验不同社会安全感、生态环境满意度、社会焦虑的居民社区归属感是否存在差异。

1. 不同社会安全感居民的社会归属感差异

不同社会安全感居民的社区安全感存在显著差异（ $F = 73.023$ ， $p < 0.001$ ）。社会安全感高分组居民的社区归属感显著强于其他社会安全感分组居民，中分组社会安全感的居民社区归属感略弱于低分组社会安全感的居民（见表13）。

表 13　不同社会安全感市民社区归属感

社会安全感分组	社区归属感均分	标准差	F	事后检验
①低分组	16. 10	6. 006		①>②
②中分组	16. 03	3. 971	73. 023 ***	②<①、③
③高分组	20. 58	4. 510		

2. 不同生态环境满意度居民的社区归属感差异

不同生态环境满意度居民社区归属感差异显著（$F = 218.326$，$p < 0.001$）。高环境满意度居民的社区归属感最强，显著强于其他居民。总体来看，环境满意度越高，居民的社区归属感也可能越强（见表 14、图 7）。

表 14　不同生态环境满意度居民的社区归属感差异

生态环境满意度分组	社区归属感均分	标准差	F	事后检验
①低分组	14. 02	4. 860		①<②、③
②中分组	14. 89	3. 691	218. 326 ***	②<③
③高分组	18. 33	4. 406		

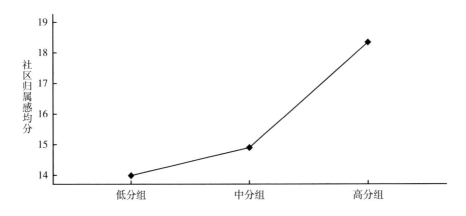

图 7　不同生态环境满意度居民社区归属感

3. 不同社会焦虑居民的社区归属感

不同社会焦虑居民社区归属感有显著差异（$F = 62.365$，$p < 0.001$）。中

分组社会焦虑的居民社区归属感显著弱于高、低分组社会焦虑居民，高分组社会焦虑居民的社区归属感最强，显著强于其他分组的居民（见表15、图8）。

表15　不同社会焦虑市民社区归属感

社会焦虑分组	社区归属感均分	标准差	F	事后检验
①低分组	16.81	6.860		②<①、③
②中分组	15.78	3.838	62.365***	①>③
③高分组	18.70	4.541		

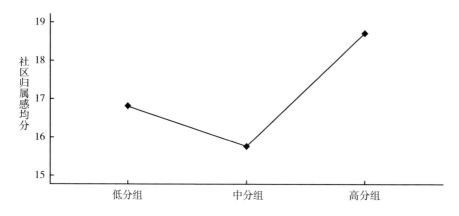

图8　不同社会焦虑居民社区归属感

四　讨论

在北京市受访的居民中，女性的社区归属感显著强于男性。在家庭中女性会更关注于家庭事务以及居住社区内的活动，大多数的女性偏向于感性思考，她们对于情感以及社交的需求较男性更高。

在受访北京居民中，不同年龄段的居民社区归属感差异显著。原因在于不同年龄段的居民社区活动的参与度不同以及对于社区的需求不同。对于工作繁忙的年轻人来说，社区更多的只是提供休息的地方，对于社区中的活动他们没有空余时间参加。对于中老年人，家庭和社区活动是生活的大部分。很多子女在外求学工作的父母会更多参与社区活动，对外建立社交圈充实生活，社区内人际互动的增加也会产生更强的社区归属感。

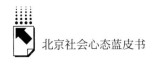

在受访北京市居民中,不同婚姻状况的居民社区归属感有显著差异。已婚人群的家庭归属感非常强,同时将会把归属感带入社区生活中,完整且良好的家庭关系有助于增强社区归属感。

在受访北京市居民中,不同文化程度的居民社区归属感有显著差异。从总体上来看,文化程度越高,社区归属感越强。一般来说,文化程度越高,人均收入相对更高,居住地也会相对更稳定。另外,文化程度越高,对于社会的认可度越高,更容易对居住地产生信赖。

在受访北京市居民中,不同当前工作状态的居民社区归属感有显著差异。拥有正式工作的居民生活相对更稳定,在一个社区生活的时间相对较长,更容易产生归属感。

在受访北京市居民中,不同户籍所在地居民的社区归属感差异显著。北京城市户口的居民居住地比较固定,在居住地待的时间越久,对该社区的归属感就会越强。

五 建议

1. 完善社区基础设施,加强社区文化活动建设

北京作为中国的一线城市之一,政治经济发展位居全国之首,作为政治经济等各领域的领军城市,就业机会多,发展前景广阔。越来越多的人追随梦的步伐来到北京,而越来越频繁的人口流动,致使北京的居民生活呈现快节奏、多元交融和更不稳定的特点。因此,为居民营造安全、有归属感的环境就成为当务之急。社区作为基层,提高居民社区归属感则变得尤为重要。从上述研究结果中我们看到,低生态环境满意度和低社区安全感的人群对社区的归属感也非常弱,因此政府应从完善社区基础设施入手,重视社区环境、安保的建设,始终本着"环境就是民生,青山就是美丽,蓝天也是幸福"的理念,把社区建设成美丽和谐、安全的家园,同时加强社区文化建设。如今的社区文化活动内容较为单一,基本上以广场舞,合唱团为主体,且参与者大多为已退休的居民,所适用的人群较少,不能有效引导广大人民群众积极参与,致使社区文化建设发展停滞,甚至仅有的几种社区活动成了干扰居民正常生活的噪声,发展多样化的社区文化活动势在必行。社区要建

设具有趣味性、针对性、广泛性的文化活动，要让各类的居民都有机会参与其中，例如针对研究中发现的社区归属感较弱的 20 岁左右的年轻人、丧偶群体、文化程度低的群体、外来人口等组织主题文化活动，使大家切身感受到归属于同一家园的温馨和快乐，增强对居住社区的认同感，从而提高其社区责任感，共建和谐美好家园。

2. 建立健全社区服务参与机制，增强社区居民主人翁意识

健全社区的发展不能只靠自上而下的方式，结合社区居民自下而上的参与、建设才是当今社区建设的要领所在。在北京这种高流动人口城市中，除了大量的就业机会的涌现外，更加需要注意的是失业、下岗、退休、临时工作人群数量的增长。据上述研究发现，无业、失业或下岗的居民社区归属感显著弱于其他人群，而为此类边缘化群体提供下岗再就业的机会可能就是增强他们社区归属感的有效方式。

社区工作内容包含管理职能、服务职能、教育职能等，体系看似简单却任务繁杂，对于工作者数量的需求量较大，一些空缺的岗位可以开展面向社区居民的招聘工作，以应聘者的业务能力合理安排工作岗位，使居民共同参与社区管理与服务工作，这不仅使一些无业、失业、离退休职工获得自我价值的提升，更可以增强居民对于社区工作的认同感与归属感。通过提高居民对社区管理、服务工作的参与度，引导居民树立"社区是我家，治理靠大家"的主人翁意识，在良性居民组织互动中，形成"利益共享，责任共担"的社区共同体。

参考文献

包佳莉：《分类治理视角下城市居民社区归属感的影响因素研究》，上海师范大学硕士学位论文，2020。

侯小富：《城市市民社区归属感的心理结构维度研究》，西南民族大学硕士学位论文，2017。

杨洁：《浅析影响城市居民社区归属感的因素》，《现代交际：学术版》2017 年第 14 期。

刘于琪、刘晔、李志刚：《市民归属感、邻里交往和社区参与的机制分析——以广

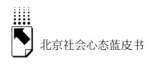

州市城中村改造为例》,《城市规划》2017 年第 9 期。

李言、黄晓晔:《老年人社区归属感培育探析》,《江苏第二师范学院学报》2018 年第 2 期。

汪海彬、姚本先:《城市居民安全感问卷的编制》,《人类工效学》2012 年第 4 期。

安娟:《社区归属感与和谐城市社区的构建研究》,四川大学硕士学位论文,2007。

B.7
北京市居民社会疏离感调查

项锦晶　朱晓珊　李璐涵*

摘　要:　通过对2851名北京市16个区常住居民的调查发现，北京市市民的社会疏离感程度处于中等偏下水平。在性别和年龄层面上，男性社会疏离感高于女性，成年早期和中期群体的社会疏离感最高。在工作状态层面上，无业、失业或下岗群体社会疏离感最高。从地区角度而言，家庭住地为农村的群体社会疏离感最高。从经济和社会地位角度而言，个体社会疏离感同时受客观经济条件和主观社会地位影响，经济条件优越但是主观社会地位评价低的个体社会疏离感反而高。个体的主观幸福感和生活满意度会影响其社会疏离感，个体主观幸福感或生活满意度越高，社会疏离感越低。针对以上结果，报告强调了社区心理健康服务体系建设的重要性，提出了针对具体人群展开心理宣教和指导的建议，以降低个体社会疏离感，提高心理健康水平。

关键词:　社会疏离感　北京市　居民

一　引言

当今我国正处于全面快速的现代化发展阶段，在党和人民的共同努力下，

---

* 项锦晶，北京林业大学人文社会科学学院副教授，硕士生导师，主要研究方向为心理分析与中国文化、表达性治疗、投射测验的应用；朱晓珊，北京林业大学人文社会科学学院在读硕士；李璐涵，北京林业大学人文社会科学学院在读硕士。

现已步入全面小康社会。伴随着快速城镇化、工业化和信息化，社会结构与文化等各方面也正在发生变化。某一时期的社会心理表征与所处时期的社会特征紧密联系。我国社会转型期具有快速、全面和彻底的特点，人们的社会心态相应地也会出现一些特殊的表征。在社会转型期，社会机制、社会结构等转换的不同步性，容易对社会运行产生负面影响，其中，社会疏离感作为社会个体心理层次中最突出的问题之一，是需要加以重点关注的。

社会疏离感这一概念最早由美国护理学家 Biordi 提出，之后有许多研究者对社会疏离感的界定展开了相关探讨。漆彦忠认为社会疏离感是属于疏离感中的一个维度，疏离感是指个体在周围的社会和自然环境中以及构成这些环境的要素的网络关系之间，发生了疏远，甚至被支配和控制，导致个体产生的社会孤立感、无意义感、不可控制感、自我疏离感等负面情绪，而社会疏离感主要发生在精神文化层次关系方面，比如社会观念、价值、文化、目标等。[①] 张林在梳理了前人的一系列研究后，认为社会疏离感是在社会互动中，个体或群体遭到消极对待，不能与外界实现良好互动，因此产生了孤独和无助等负面情绪。[②] 总而言之，从以上概念可以发现，社会疏离感极易导致个体产生孤独和无助等负面情绪，出现冷漠和拒绝等行为，难以与外界环境建立有效联结，渐渐脱离社会主流。除了在个体层面上，社会疏离感也给社会带来负面影响，会增加社会的不和谐因素，破坏社会团结，提高社会的整合难度。因此在社会转型加速期，应该对这一社会心理现象给予必要的重视。

社会疏离感不仅与消极心理状况有密切联系，同时还可以预测心理和健康相关的结果和行为，如主观幸福感、生活满意度等。[③] 主观幸福感是指个体以自定的标准为参考，对其生活质量做出的整体评估，反映了其在一定时间内的心理状态与生活满意度，是重要的综合性心理指标。生活满意度是社会个体依照选择的标准，对自己的大部分生活状况的总体认知与评估，是个体生活质量好坏的一个重要参数。生活满意度的研究不仅对生活质量的改善、身心健康的

① 漆彦忠：《论社会疏离》，《重庆工商大学学报》（社会科学版）2010 年第 1 期。
② 张林、张园：《关于弱势群体社会疏离问题的研究述评》，《长春理工大学学报》（社会科学版）2015 年第 6 期。
③ 屈阳阳、杨轶冰、张晓燕：《学校归属感的团体辅导对中职生疏离感的干预研究》，淮北师范大学，硕士学位论文，2019。

发展、幸福感的提高具有重要作用，还对社会疏离感的改善有促进作用。①

国内众多关于疏离感的研究集中于青少年群体，针对其他更广泛的群体的研究相对较少。另外大多数研究对疏离感的维度的划分不是特别清晰，经常以笼统的疏离感开展研究，较少有针对疏离感的单一维度（如社会疏离感）。故本次研究将通过大量调查反映和评估北京市居民的社会疏离感现状，以及其在性别、年龄、民族、职业等方面的差异，并分析社会疏离感与主观幸福感、生活满意度之间的关系。本调查一方面可以为社会疏离感的基础性研究提供实证素材，另一方面有助于测查和预测北京市居民的社会心态发展，进而有助于制定相关政策，为新时期社会心理服务体系建设出力。

二　研究方法

（一）调查对象

本研究采用多阶段随机抽样，在北京市 16 个区内共对 2851 名居民进行问卷调查。具体信息见表 1。

表 1　调查样本的人口学分布

单位：%

项目		人次	百分比	项目	人次	百分比
年龄	20 岁及以下	511	17.9	2000 元及以下	274	9.6
	21～30 岁	1271	44.6	2001～7855 元	1033	36.2
	31～40 岁	703	24.7	7856～15000 元	727	25.5
	41～50 岁	207	7.3	15001～20000 元	285	10.0
	51 岁及以上	159	5.6	20001 元及以上	149	5.2
	合计	2851	100.1	月收入		
信仰	中国特色社会主义（马列主义）	1806	63.3	无收入	376	13.2
				缺失	7	0.2
	命运	163	5.7	合计	2851	99.9

---

① 李金荣、孙境蔚：《新时代高校辅导员情绪劳动与主观幸福感关系研究》，《南京理工大学学报》（社会科学版）2019 年第 6 期。

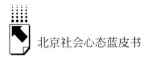

续表

项目		人次	百分比	项目		人次	百分比
信仰	无信仰	589	20.7	婚姻状况	未婚	1289	45.2
	基督教	50	1.8		已婚	1376	48.3
	天主教	30	1.1		同居	119	4.2
	佛教	95	3.3		离婚	39	1.4
	道教	24	0.8		丧偶	9	0.3
	伊斯兰教	29	1.0		缺失	19	0.6
	其他	42	1.5		合计	2851	100.0
	缺失	23	0.8	地区	朝阳区	891	31.3
	合计	2851	99.9		海淀区	813	28.5
政治面貌	共产党员	773	27.1		丰台区	268	9.4
	共青团员	1059	37.1		昌平区	238	8.3
	民主党派	207	7.3		大兴区	81	2.8
	群众	809	28.4		通州区	101	3.5
	缺失	3	0.1		西城区	76	2.7
	合计	2851	100.0		房山区	36	1.3
工作状态	正式工作	1500	52.6		顺义区	41	1.4
	临时工作	334	11.7		东城区	59	2.1
	无业、失业或下岗	226	7.9		石景山区	90	3.2
	离退休	119	4.2		密云区	21	0.7
	学生	628	22.0		平谷区	14	0.5
	其他	41	1.4		怀柔区	62	2.2
	缺失	3	0.1		延庆区	19	0.7
	合计	2851	99.9		门头沟区	40	1.4
职业	农民	68	2.4		缺失	1	0.0
	教师	270	9.5		合计	2851	100.0
	军人	56	2.0	家庭住地	城区	1855	65.1
	机关干部或公务员	246	8.6		郊区	369	12.9
	服务业工作人员	272	9.5		农村	616	21.6
	医务工作者	138	4.8		缺失	11	0.4
	外企职员	95	3.3		合计	2851	100.0
	私企职员	350	12.3	户籍所在地	北京城市	1293	45.4
	国企员工	187	6.6		北京农村	494	17.3
	自由职业者	131	4.6		外地城市	711	24.9
	其他	62	2.2		外地农村	342	12.0
	缺失	976	34.2		缺失	11	0.4
	合计	2851	100.0		合计	2851	100.0

续表

	项目	人次	百分比		项目	人次	百分比
生育子女数	未曾生育	1209	42.4	性别	男	1460	51.2
	一个孩子	977	34.3		女	1375	48.2
	两个孩子	481	16.9		缺失	16	0.6
	三个及以上孩子	175	6.1		合计	2851	100.0
	缺失	9	0.3	文化程度	小学及以下	50	1.8
	合计	2851	100.0		初中	148	5.2
主观社会经济地位	上层	123	4.3		中专或职高	300	10.5
	中上层	473	16.6		高中	300	10.5
	中层	1072	37.6		大专	474	16.6
	中下层	935	32.8		本科	1184	41.5
	下层	242	8.5		硕士	305	10.7
	缺失	6	0.2		博士	84	2.9
					缺失	6	0.2
	合计	2851	100.0		合计	2851	99.9

（二）调查过程及内容

1. 调查过程

首先，查找文献资料，经专家组和课题组成员反复讨论后，确定最终调研问卷。问卷包含人口统计学信息、生活满意度、积极/消极情绪、工作满意度、社会疏离感、社会责任感以及亲社会行为等问卷。其次，参与调研的北京市居民通过网络平台"问卷星"填写问卷，面对面填写纸质版问卷或面对面扫码填写问卷。最后，回收问卷。

2. 调查内容

（1）基本人口统计学变量

包括性别、年龄、婚姻状况、文化程度、工作状态、职业、月收入、家庭住地、户籍所在地、生育子女数等。

（2）社会疏离感量表

该量表选自杨东等人编制的疏离感量表中的社会疏离感分量表①，共24个项目，包含无意义感、社会孤立感、压迫拘束感、自我疏离感四个维度，采

---

① 杨东、张进辅、黄希庭：《青少年学生疏离感的理论构建及量表编制》，《心理学报》2002年第4期。

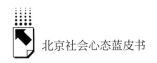
用7点计分法,从"完全不符合"到"完全符合"分别计1~7分,其中有4个项目需反向计分。各项目的原始分相加即为总分,总分越高则个体社会疏离感水平越高。该量表α系数为0.87,分半信度为0.87,有较高的信度。

(3)积极/消极情绪体验量表

积极情绪和消极情绪体验量表由邱林等进行修订,量表共由18个积极情绪和消极情绪词汇构成。① 采用5点计分法,从"非常轻微或根本没有"到"非常强烈"分别计1~5分。各相关项目的原始分相加即为总分,总分越高则个体的积极情绪或消极情绪越强烈。积极情感分量表的α系数为0.85,消极情感分量表α系数为0.84,具有良好的信度。

(4)工作满意度量表

该量表由蔡秋月修订明尼苏达满意度量表(MSQ)短式量表而来,包括20个问题,包含内在满意度、外在满意度和一般满意度3个子量表。② 采用5点计分法,受访者根据自己的实际情况选择作答。总分为20~100分,总分越高说明工作满意度越高。该量表α系数为0.94,具有良好的信度。

(5)生活满意度量表

该量表由Diener等人编制③,至今已在包括中国在内的150多个国家广泛使用,网络测验和纸币测验的α系数分别为0.84和0.75,具有良好的信度。该量表共包含5个项目,采用7点计分法,从"强烈反对"到"极力赞成"分别计1~7分。各项目的原始分相加即为总分,总分为5~35分,总分越高则个体生活满意度越高。

三 结果

1.总体描述

北京市普通居民的社会疏离感平均分为90.27分,标准差为25.46分,题

---

① 邱林、郑雪、王雁飞:《积极情感消极情感量表(PANAS)的修订》,《应用心理学》2008年第3期。

② 蔡秋月:《护理人员组织承诺,工作满足与组织公民行为之研究——以台湾南部医疗机构为例》,台湾中山大学博士学位论文,2001。

③ Diener, E. D., Emmons, R. A., Larsen, R. J., Griffin, S., "The satisfaction with life scale," *Journal of Personality Assessment*, (1985): 71–75.

均分为 3.75，低于中间值 4 分。这表明北京市居民的社会疏离感处于中等偏下水平（见图 1）。吕娜、尚云对三所中高职院校 1028 位学生进行疏离感调查，其中社会疏离感均分为 81.46 分，标准差为 25.73，题均分为 3.39 分。① 与上述调查中的学生群体相比，北京市居民的社会疏离感相对高一点，但仍处在正常水平。

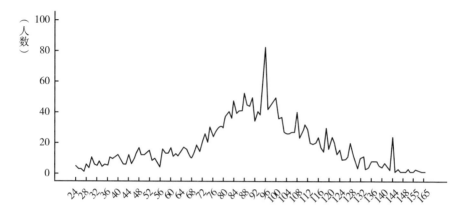

图1　北京市居民社会疏离感整体情况

2. 社会疏离感在人口统计学变量上的差异基本特点

（1）社会疏离感在性别上的差异

不同性别的北京市居民社会疏离感得分分布如图 2 所示。采用独立样本 t 检验考察北京市居民社会疏离感的性别差异。结果发现，男性与女性居民的社会疏离感存在显著差异（$t = 4.91$，$p < 0.001$），男性居民的社会疏离感显著高于女性居民。这与王玮等调查大学生社会疏离感的结果一致，即男大学生的社会疏离感显著高于女大学生。② 从社会角色和期待来看，男性所承担的期望和压力较女性而言更高和更大，当个体实际表现达不到社会期望时，男性容易对自我与所处现实产生否定与无意义感，进而导致更高的社会疏离感。这启示我们，将来应多关注男性的社会疏离感并对其进行干预。

① 吕娜、尚云:《中职生亲子依恋、疏离感与病理性互联网使用的关系研究》，云南师范大学，硕士学位论文，2019。
② 王玮、陈金玲、马灵丹、黄蓊:《大学生"微阅读"习惯与社会疏离感的现状分析》，《当代教育实践与教学研究》2016 年第 9 期。

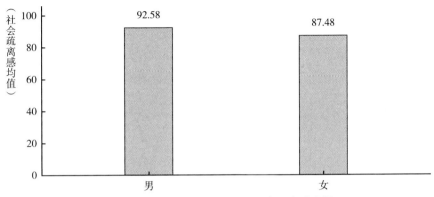

图2　不同性别的北京市居民社会疏离感比较

（2）社会疏离感在年龄上的差异

不同年龄段北京市居民的社会疏离感分布如图3所示。为考察北京市居民社会疏离感的年龄段差异，以年龄段为自变量，以社会疏离感为因变量进行方差分析。结果发现，在不同年龄阶段，个体的社会疏离感有显著差异（$F = 5.90$，$p < 0.01$）。事后比较发现，18岁以下和51岁及以上个体的社会疏离感都显著低于18~50岁个体的社会疏离感。张进辅、杨东认为大学阶段的个体容易产生疏离感[1]，Sandhu也发现18~20岁的个体最容易产生疏离感[2]，这些现象在本次调研结果中均有体现。成年初期（18~25岁）是个体开始社会化的时期和形成社会态度的重要时期，故在这一时期容易出现社会疏离感的诱因，是社会疏离感最高的阶段。而成年中期（25~50岁）相较而言较低，但个体处于"上有老，下有小"的"夹缝"中，还容易面临中年危机，压力是最大的，所以此阶段个体社会疏离感也是偏高的。另外，国外研究者发现，年龄增长带来的健康问题可能会影响老年个体的生活自理能力，且老年个体随年龄增长易逐渐丧失社会经济地位，这些都可能导致社会疏离感风险。[3] 所以，虽然51岁及以上个体的社会疏离感相对较低，但老年人的社会疏离感也值得关注。

---

[1]　张进辅、杨东：《青少年学生疏离感及其发展的研究》，《心理科学》2003年第3期。

[2]　Sandhu, D., & Tung, S., "Contribution of family environment and identity formation towards adolescents' alienation," *Biophysical Journal 12* (2004), pp. 1 – 14.

[3]　Iredell, H., Grenade, L., Nedwetzky, A., Collins, J., and Howat, P., "Reducing social isolation amongst older people – implications for health professionals," *Geriaction* 1 (2004), pp. 13 – 20.

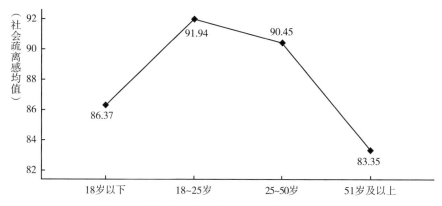

图3 不同年龄组的北京市居民社会疏离感比较

（3）社会疏离感在文化程度上的差异

不同文化程度个体的社会疏离感分布见图4所示。经方差分析得，不同文化程度居民的社会疏离感差异显著（$F = 4.42$，$p < 0.001$）。经事后比较可知，中专或职高文化程度的个体社会疏离感显著高于除高中文化程度以外个体的社会疏离感。相较于其他教育，我国职业教育处于起步阶段，学校心理健康教育仍不完善，学生的心理问题尚不能完全有效和及时解决，导致学校归属感降低，容易增加学生的疏离感。[1]

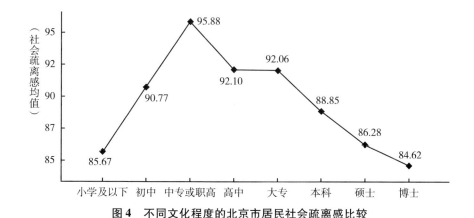

图4 不同文化程度的北京市居民社会疏离感比较

---

[1] 屈阳阳、杨轶冰、张晓燕：《学校归属感的团体辅导对中职生疏离感的干预研究》，淮北师范大学，硕士学位论文，2019。

（4）社会疏离感在工作状态上的差异

北京市不同工作状态的居民的社会疏离感分布如图5所示。经方差分析发现，不同工作状态的个体社会疏离感有显著差异（$F = 5.47$，$p < 0.001$）。经事后检验发现，无业、失业或下岗个体的社会疏离感显著高于其他类别个体。

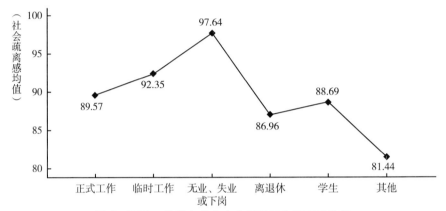

图5 不同工作状态的北京市居民社会疏离感比较

（5）社会疏离感在家庭住地和户籍所在地上的差异

经统计分析，不同家庭住地的个体社会疏离感有显著差异（$F = 10.00$，$p < 0.001$）。事后比较发现，农村个体的社会疏离感显著高于城区和郊区个体的社会疏离感（见图6）。不同户籍所在地个体的社会疏离感也有显著差异（$F = 5.29$，$p < 0.05$）。事后比较发现，北京农村户籍个体的社会疏离感显著高于北京城市和外地城市户籍个体的社会疏离感（见图7）。无论户籍所在地是否为外地、是否为城村，住在农村的群体的社会疏离感明是是最高的，应重点关注这类地区人群的心理状况。有研究者认为，不同人格的个体对社会事物的态度有极大的不同，其中传统人格、保守型人格的个体易出现社会疏离感的倾向。① 该研究为农村居民的相对较高社会疏离感提供了一种社会层面的解释。而丛玉飞等认为，户籍和居住证等制度因素不是影响社会疏离感的重要因素，基于户籍制度的公平待遇和政策满意度则对社会疏离感影响重大。②

---

① 漆彦忠：《论社会疏离》，《重庆工商大学学报》（社会科学版）2010年第1期。
② 丛玉飞、任春红：《城市外来务工人员社会疏离感影响因素分析——以长三角和珠三角为例》，《中共福建省委党校学报》2016年第8期。

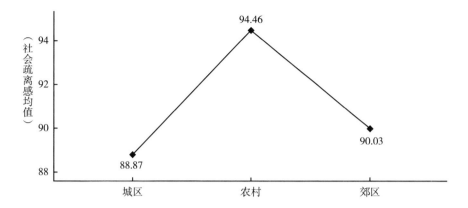

图6　不同家庭住地的北京市居民社会疏离感比较

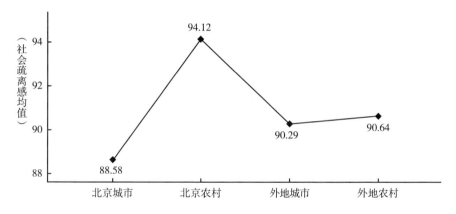

图7　不同户籍所在地的北京市居民社会疏离感比较

（6）社会疏离感在主观社会地位与月收入两因素上的方差分析

为考察北京市居民的社会疏离感在主观社会地位与月收入交互项上的差异，以主观社会地位和月收入为自变量，以社会疏离感为因变量进行方差分析。结果发现，以主观社会地位和月收入交互作用显著（$F = 1.79$，$p < 0.5$）。经简单效应分析后发现，在无收入人群中，自我评价处于社会中层的个体的社会疏离感显著低于自认为处于社会中下层的个体的社会疏离感（见图8）。可见，虽处于同样的收入水平，但居民的社会疏离感主要受个体主观认知的社会条件影响，个体认为自己所处阶层高则社会疏离感低，反之则高。这种现象在无收入群体中最为显著。这可能与其主观上认为自己属于哪个社会阶层有密切

联系。这一群体可能没有时间和好的方式去调节自身与社会价值文化、自我和人生等精神层面的关系，从而产生无意义感和压抑束缚感，有发展成高社会疏离感群体的风险。

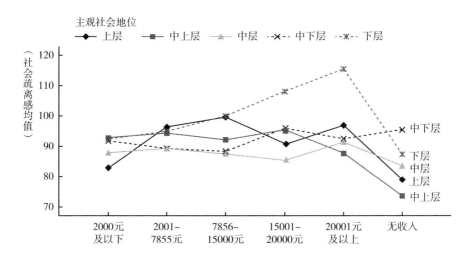

图8　不同月收入的北京市居民社会疏离感比较

（7）社会疏离感在主观社会地位与在京拥有汽车数两因素上的方差分析

为考察北京市居民的社会疏离感在主观社会地位与在京拥有汽车数交互项上的差异，以主观社会地位和在京拥有汽车数为自变量，以社会疏离感为因变量进行方差分析。结果发现，主观社会地位和在京拥有汽车数交互作用显著（$F = 2.53$，$p < 0.01$）。经简单效应分析后发现，在无收入人群中，自我评价处于社会中层的个体的社会疏离感显著低于自认为处于社会中下层的个体的社会疏离感（见图9）。另外，该结果还显示，当个体主观社会地位一样时，实际拥有更多车辆的个体的社会疏离感反而高于车辆所有数量少的个体。

综合以上结果，我们可以发现，个体的客观经济条件对社会疏离感的影响不是单一的，并不是物质上越富有，社会疏离感就越低，这一影响受到个体主观社会地位的制约。而且，主观社会地位和客观经济条件并不是对应的，有些个体虽然物质极大丰富，但是仍可能认为自己是处在社会下层。这种主客观的矛盾，也容易引发高社会疏离感。这启发我们，降低社会疏离感不仅要关注提高经济能力，同时要注重人们的自我认知和评估。

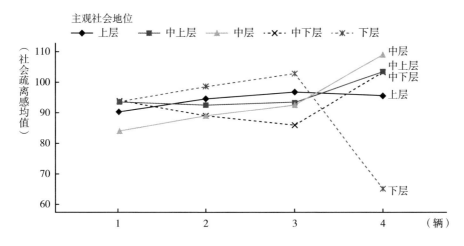

图9　在京拥有汽车数不同的北京市居民社会疏离感比较

3. 社会疏离感与主观幸福感的关系

主观幸福感调研结果显示，大多数北京市居民的主观幸福感处于中等水平（8～35分）。相关分析结果显示，北京市居民主观幸福感与社会疏离感呈显著负相关（$r = -0.42$，$p < 0.01$），即主观幸福感越高的个体的社会疏离感越低。进一步将主观幸福感分成高、中、低三个水平，以主观幸福感水平为自变量，以社会疏离感为因变量，进行方差分析得：主观幸福感水平不同，个体的社会疏离感有显著差异（$F = 277.08$，$p < 0.001$）。经事后比较发现，高、中、低水平主观幸福感两两之间的差异均达显著水平，即主观幸福感越高的个体，其社会疏离感越低（见图10）。

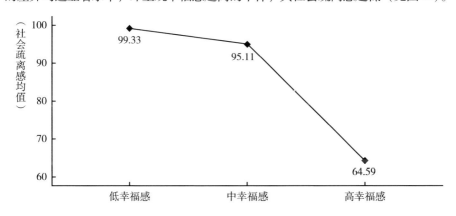

图10　不同主观幸福感的北京市居民社会疏离感比较

4. 社会疏离感与生活满意度的关系

生活满意度调研结果显示，大多数北京市居民的生活满意度处于中等水平（10~22分）。相关分析结果显示，北京市居民生活满意度与社会疏离感呈显著负相关（$r = -0.09$，$p < 0.01$），即生活满意度越高的个体的社会疏离感越低。进一步将生活满意度分成高、中、低三个水平，以生活满意度水平为自变量，以社会疏离感为因变量，进行方差分析得：生活满意度水平不同，个体的社会疏离感有显著差异（$F = 7.48$，$p < 0.001$）。经事后比较发现，低水平生活满意度的个体的社会疏离感明显低于高水平和中水平生活满意度的个体（见图11）。

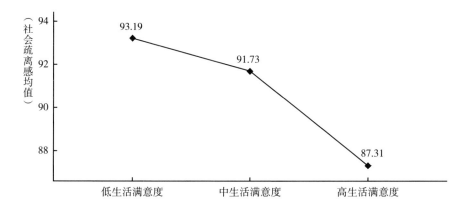

图11　不同生活满意度的北京市居民社会疏离感比较

四　对策与建议

此次调研结果表明，北京市居民的社会疏离感总体上处于中等偏下的水平，是比较正常的水平。但经过进一步的统计学分析，我们发现其中某些特征群体的社会疏离感还是不容忽视的，需要社会心理工作者及时进行干预。

从人口学信息层面而言，男性群体的社会疏离感比女性稍高；成年早期和成年中期群体的社会疏离感显著高于其他年龄段群体；无业、失业或下岗群体的社会疏离感最高；目前住在农村的群体的社会疏离感高于住在城市的群体；

经济条件相对更好的群体的社会疏离感比经济条件相对较差的群体更高。从个人主观感受和体验层面观察，主观幸福感越高、对自己的生活越满意的群体的社会疏离感越低。

基于以上调研结果，我们建议加速推进社会心理健康服务体系的建设和落实，形成心理评估、心理健康辅导、危机干预等配套的一系列心理健康服务模式。在社会疏离感的干预方面，针对本调研结果，我们认为应对以下人群重点开展心理服务。

首先，关注居住在农村地区的群体。由于城乡发展过程中的文化和观念差异、主观体验与客观现实的冲突，该群体容易产生高社会疏离感，所以政府和社区心理工作者应对该群体加以重点关注。心理健康教育可采取心理广场、心理周、讲座等群众易接触和接受的形式，注重开发和挖掘农村居民的资源优势。另外，还需结合新农村社区建设，通过改善农村社区氛围，提高当地居民的归属感，寻找和发现生活在此的意义，降低社会疏离感。

其次，无业、失业人员也需加以关注。涂尔干认为，维系生活的主要内容是个体所选择的职业，职业伦理如职业责任感及价值观等可以给职业人带来一种身份感和归属感，起到把"个人联结为群体"的作用。所以，除了必要的心理疏导外，还可以引导其自愿参加社区的志愿者活动，使其逐渐体验工作的充实感和收获感，提高自我效能感；同时还可联合社区资源、其他相关部门，为其提供合适的工作机会，形成新的职业群体归属感，与社会建构良好的联系。

最后，需要针对不同年龄段人群的不同心理特点和需求，展开相应的心理健康援助服务。其中成年早期的个体，他们更多面临的是自我探索和职业生涯规划等问题。有经验的心理服务工作者可以适时给他们提供建议和指导，引导他们树立正确的职业观、价值观，培育自尊自信、积极向上的良好社会心态。而成年中期的个体，他们的问题可能更多来源于婚姻和家庭等，此时社会心理工作者的工作重点则应放在倾听和共情方面，作为他们的陪伴。

另外，在调研中，不少居民反映，他们在有需要的时候不知向何处、何人寻求心理帮助，因为其所在的社区缺少相应的心理健康宣传，缺少能提供社会心理服务的场地。所以在进行以上这些心理服务工作时，也应加大宣传力度，比如线下的社区宣传板、横幅，线上的公众号、微博等渠道，

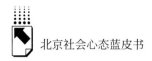

形成能够更好地惠及社区居民的完整的心理健康服务网络。这不仅可以让居民了解心理健康相关常识，也能让他们知道以何种途径可以寻求有效的心理援助。

除了以上心理层面的建设，政府和社会也应努力从各方面提高居民的幸福感和生活满意度，切实从基础和源头改善物质条件，更好地保障居民需求，重视精神文化建设，增加人们的积极体验，减少社会疏离感的产生。

B.8
北京市居民社会责任感调查

雷秀雅　胡　水　刘　嘉*

摘　要： 本研究采用社会责任感问卷、生活满意度问卷、幸福感问卷等测查工具，对2851名北京市居民进行调查，旨在查明北京市常住居民的社会责任感现状，探讨北京市居民社会责任感的群体差异，并考察北京市居民的社会责任感与幸福感、生活满意度、工作满意度之间的关系。研究结果表明：1. 北京市常住居民的社会责任感整体处于中等偏上水平。2. 不同群体居民的社会责任感存在差异。男性的社会责任感低于女性；受教育程度较高且具有正式工作的居民社会责任感更高。

关键词： 社会责任感　生活满意度　北京市　居民

一　引言

社会责任感是一种心理品质，一般表现为积极承担责任或是帮助他人。[①]培养具有高度社会责任感养的公民是国家的期望和社会的需求。[②]《国家中长

---

* 雷秀雅，北京林业大学人文社会科学学院教授，硕士生导师，主要研究方向为发展与教育心理学研究领域中的青少年心理、自闭症儿童心理等；胡水，北京林业大学人文社会科学学院在读硕士生；刘嘉，北京林业大学人文社会科学学院在读博士，主要研究方向为社会心理学和社会环境心理学。

① 黄四林、韩明跃、孙铃、尚若星：《大学生公正感对其社会责任感的影响——社会流动信念的中介作用》，《北京师范大学学报》（社会科学版）2016年第1期。
② 易梅、田园、明桦、黄四林、辛自强：《公正世界信念与大学生社会责任感的关系：人际信任的解释作用及其性别差异》，《心理发展与教育》2019年第3期。

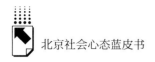

期教育改革和发展规划纲要（2010—2020）》强调，要着力提高学生服务国家人民的责任感，党的十八届三中全会也要求增强学生社会责任感。

有研究表明，具有高度责任感的居民更多地表现出亲社会行为，比如服务社会、关心他人等具有奉献精神的活动。[1] 这些亲社会行为在很大程度上来自后天的教育培养和客观环境的塑造。有研究表明，父母的教养方式和自我调控会对个体社会责任感产生巨大影响。根据班杜拉的自我调节理论，个体在儿童期的道德标准的建立主要来自社会示范，随着自我的逐渐成熟，个体会慢慢将这些标准内化，从而形成自我的内在判断标准。[2] 培养和提升个体的社会责任感也是国家重视的一项内容。

基于此，本研究拟调查北京市居民现阶段的社会责任感水平。研究设置了一系列人口学变量，如月收入水平、户籍所在地、婚姻状况、教育水平、信仰等进行测量，在客观了解居民社会责任感的同时，探讨个体的自身环境状况如何影响其社会责任感。同时还测量了居民的幸福感、亲社会行为、生活满意度和工作满意度，探究社会责任感与这几个变量之间是否存在相关或预测关系，为在生活中积极引导居民形成较高社会责任感做理论准备，并在此基础上对引导居民提升社会责任感的政策方针提出建议与对策。

二　研究方法

（一）研究对象

本次研究以多阶段随机抽样的调研方式，在北京市 16 个区县进行调研，共计发放 2851 份问卷，剔除 16 份无效问卷，得到有效问卷 2835 份，问卷有效率为 99.4%。调研被试者的分布状况如表 1 所示。

---

① 李洁芳：《青年社会责任感调查报告》，《青年探索》2003 年第 2 期。
② 罗蕾、明桦、田园、夏小庆、黄四林：《父母教养方式与大学生社会责任感的关系：自我控制的中介作用及其性别差异》，《心理发展与教育》2018 年第 2 期。〔美〕班杜拉：《社会学习理论》，郭占基等译，吉林教育出版社，1988，第 132 页。

表1 2019年北京市居民社会责任感调查人口学信息

单位：%

	项目	人次	百分比		项目	人次	百分比
性别	男	1460	51.5	婚姻状态	未婚	1289	45.5
	女	1375	48.5		已婚	1376	48.6
地区	朝阳区	891	31.3		同居	119	4.2
	海淀区	813	28.5		离婚	39	1.4
	丰台区	268	9.4		丧偶	10	0.4
	昌平区	238	8.4	文化程度	小学及以下	50	1.8
	大兴区	81	2.8		初中	148	5.2
	西城区	76	2.7		中专或职高	300	10.5
	东城区	59	2.1		高中	300	10.5
	通州区	101	3.5		大专	474	16.7
	石景山区	90	3.2		本科	1184	41.6
	房山区	36	1.3		硕士	305	10.7
	顺义区	41	1.4		博士	84	3.0
	密云区	21	0.7	职业	农民	68	3.6
	平谷区	14	0.5		教师	270	14.4
	怀柔区	62	2.2		军人	56	3.0
	延庆区	19	0.7		机关或公务员	246	13.1
	门头沟区	40	1.4		服务业工作人员	272	14.5
民族	汉族	2639	92.6		医务工作者	138	7.4
	少数民族	212	7.4		外企职员	95	5.1
工作状态	正式工作	1500	52.6		私企职员	350	18.7
	临时工作	334	11.7		国企员工	187	10.0
	退休	119	4.2		自由职业者	131	7.0
	学生	628	22.0		其他	62	3.3
	无业、失业或下岗	226	7.9	家庭住地	城区	1855	65.3
	其他	41	1.4		农村	616	21.7
月收入	无收入	376	13.2		郊区	369	13.0
	2000元及以下	274	9.6	生育子女数	一个孩子	977	34.4
	2001~7855元	1033	36.2		两个孩子	481	16.9
	7856~15000元	727	25.5		三个及以上孩子	175	6.2
	15001~20000元	285	10.0		未生育过	1209	42.5
	20001元及以上	149	5.2	主观社会经济地位	上层	123	4.3
户籍所在地	北京城市	1293	45.4		中上层	473	16.6
	北京农村	494	17.4		中层	1072	37.7
	外地城市	711	25.0		中下层	935	32.9
	外地农村	342	12.0		下层	242	8.5

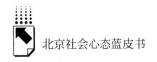

（二）研究工具

1. 社会责任感的测量

本研究采用田园编制的大学生社会责任感问卷[①]，共28个题目，分为家庭责任感、集体责任感和国家责任感三个维度。如"作为家庭成员，我有责任维护家庭的稳定"。采用5点计分法，从1分表示"完全不符合"到5分表示"完全符合"，总分越高代表社会责任感越强。在本研究中，总量表的 α 系数为0.902。

2. 亲社会行为的测量

本研究采用丛文君修订的《亲社会倾向测量问卷》来测量亲社会行为水平。[②] 此问卷共23个题目，分为公开性、匿名性、利他性、依从性、情绪性、紧急性六个维度。该问卷采用5点计分法，从1分表示"完全不符合"到5分表示"完全符合"，问卷总分或平均分越高代表其亲社会倾向越高。经检测，其信度和效度均良好。

3. 生活满意度的测量

生活满意度量表（Satisfaction with Life Scale，SWLS）由 Diener 等于1985年编制[③]，量表共有5个项目，采用7点计分法，从1分表示"非常不同意"到7分表示"非常同意"。该量表迄今已在包括中国在内的150多个国家应用过，被广泛地证明具有良好的信度和效度，网络测验和纸笔测验的信度分别为 $\alpha = 0.84$ 和 $\alpha = 0.75$。

4. 工作满意度的测量

本研究采用明尼苏达满意度量表（MSQ）。该量表由 Weiss、Dawis、England & Lofquist 等人于1967年编制而成，其具有较好的信度和效度，国内外众多学者都用它来测量员工的工作满意度。[④] 量表包括20个题目，分为内在满意度、外在满意度和一般满意度三个分量表。采用5点计分法，从1分表示"非

---

① 田园：《大学生国家认同、自我建构与其社会责任感的关系》，北京师范大学，硕士学位论文，2017。

② 丛文君：《大学生亲社会行为类型现状及特征研究》，《安徽科技学院学报》2012年第2期。

③ Diener, E. D., Emmons, R. A., Larsen, R. J., & Griffin, S., "The Satisfaction with Life Scale," *Journal of Personality Assessment* 49 (1985), pp. 71 – 75.

④ Weiss, D., Dawis, R., & England, G., "Manual for the Minnesota Satisfaction Questionnaire," *Minneapolis*：*The University of Minnesota Press* (1967).

常不满意"到5分表示"非常满意"。内在满意度主要是指与工作本身有密切关系的方面，包括能力使用、成就、活动、权威、价值观、创造性、独立性、安全感、社会服务机会、社会地位、责任、工作多样性；外在满意度是指与工作本身无关的方面，包括个人发展晋升、公司政策、回报、同事关系、赏识、上司—人际关系、上司—领导水平、工作条件；一般满意度是指个人对内在满意层面、外在满意度层面以及对于工作环境等方面感觉满意的程度。短式量表中题目 1～4、7～11、15～16 和 20，构成内部满意度分量表；5～6、12～14 和 19，构成外部满意度分量表；而 1～20，构成一般满意度分量表。

5. 幸福感的测量

本研究采用正性负性情绪量表（PANAS）。PANAS 量表包括积极情感和消极情感体验描述词各 9 个，要求被试者在回答上一周在多大程度上体验到这些词所描述的情感。[1] 量表采用 5 点计分法，从 1 分表示"非常轻微或根本没有"到 5 分表示"非常强烈"。其中，幸福感 = 积极情感 + 生活满意度 − 消极情感。

6. 社会疏离感的测量

本研究采用由杨东、张进辅、黄希庭编制的社会疏离感量表。[2] 该量表共 24 个项目，采用 7 点计分法，从 1 分表示"完全不符合"到 7 分表示"完全符合"。各项目的原始分相加即为总分，总分越高则个体疏离感越强。

（三）调查过程

本次调查采用现场调研及网络在线调查两种方式进行。现场调研通过纸笔测试的形式进行，当场施测并回收问卷。网络在线调查采用问卷星收集数据，居民可通过手机、电脑、ipad 等设备登陆调查页面，填写基本信息并完成题目，提交后由调查人员对数据进行审核。

为保证数据的真实性与可靠性，本研究严格把关调查过程，并剔除了部分无效问卷与数据。对现场调研的数据，通过被试者的作答状态、完成时间及题目的作答连续性等指标，剔除不满足要求的数据。对在线完成的网络调查，通

---

[1] Clark, L. A., & Watson, D., "Temperament, Personality, and the Mood and Anxiety Disorders," *Journal of Abnormal Psychology* (1994).

[2] 杨东、张进辅、黄希庭：《青少年学生疏离感的理论构建及量表编制》，《心理学报》2002 年第 4 期。

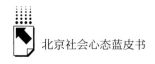

过问卷星记录的答题时间、作答速度、连续作答数量及个人信息筛查等方式，剔除无效数据。最后将数据汇总并再次检查，保证数据的有效性。

（四）抽样方法与数据处理

首先，进行共同方法偏差检验，根据相关研究的建议①进行 Harman 单因素检验，检查是否存在共同方法偏差，并且第一个因子解释率为33.56%，小于40%的临界标准，表明共同方法偏差效应不突出。

其次，采用 SPSS 22.0 进行描述性统计分析、相关分析、差异检验及中介检验等。

三 结果分析

（一）社会责任感的性别差异

以性别为自变量，以社会责任感得分为因变量进行独立样本 t 检验，结果显示：性别差异显著，女性的社会责任感显著高于男性，$t = 2.240$，$P < 0.001$（见表2）。

表2 性别的社会责任感差异检验

性别	N	M	df	t
男	1302	112.34	2389	2.240 ***
女	1089	114.29		

注：*** 代表 $p < 0.001$。

（二）社会责任感的年龄差异

以年龄组为自变量，以社会责任感得分为因变量进行单因素方差分析，结果显示：社会责任感在不同年龄组上有显著差异，$F_{(df=4)} = 7.417$，$p < 0.001$（见表3）。进一步做事后比较发现：20岁以下居民的社会责任感显著低于21~30岁和31~40岁居民，与其他年龄组均无显著差异；21~30岁居民社会责任感显著高于

---

① 周浩、龙立荣：《共同方法偏差的统计检验与控制方法》，《心理科学进展》2004年第6期。

20 岁以下居民社会责任感，显著低于 31 ~ 40 岁居民社会责任感，与其他年龄组无显著差异；31 ~ 40 岁居民社会责任感显著高于其他年龄组居民社会责任感；41 ~ 50 岁居民社会责任感显著低于 31 ~ 40 岁的居民，与其他年龄组无显著差异；51 岁及以上居民社会责任感显著低于 21 ~ 30 岁和 31 ~ 40 岁的居民，与其他年龄组无显著差异。

表 3　不同年龄的社会责任感差异检验

年龄	N	$M \pm SD$	F	事后比较
①20 岁以下	470	3.94 ± 0.72	7.417***	③>②>①
②21 ~ 30 岁	1177	4.06 ± 0.81		③>④⑤
③31 ~ 40 岁	591	4.14 ± 0.74		
④41 ~ 50 岁	172	3.93 ± 0.72		
⑤51 岁及以上	241	3.86 ± 0.69		

注：*** 代表 $p < 0.001$。

（三）社会责任感的婚姻状态差异

以婚姻状态为自变量，以社会责任感得分为因变量进行单因素方差分析，结果显示：社会责任感在不同婚姻状态下具有显著差异，F（$df = 4$）= 10.544，$p < 0.001$（见表 4）。进一步做事后比较发现：未婚居民的社会责任感显著低于已婚以及丧偶的居民，与同居、离婚居民无显著差异；已婚居民的社会责任感显著高于未婚和同居的居民，与离婚和丧偶的居民无显著差异；同居居民的社会责任感显著低于已婚以及丧偶的居民，与未婚、离婚居民无显著差异；离婚居民的社会责任感显著高于同居居民，与未婚、已婚、丧偶居民的社会责任感均无显著差异；丧偶居民的社会责任感显著高于同居居民，与未婚、已婚以及离婚的居民均无显著差异。

表 4　不同婚姻状态居民的社会责任感差异检

婚姻状态	N	$M \pm SD$	F	事后比较
①未婚	1059	3.948 ± 0.764	10.544***	②>①③
②已婚	1174	4.145 ± 0.769		
③同居	114	3.878 ± 0.830		
④离婚	33	4.027 ± 0.614		
⑤丧偶	8	4.125 ± 0.394		

注：*** 代表 $p < 0.001$。

（四）社会责任感的文化差异

对不同文化程度居民的社会责任感进行单因素方差分析发现：不同文化程度的居民在社会责任感得分上具有显著差异，$F (df = 7) = 14.129$，$p < 0.001$（见表5）。进一步做事后比较发现：小学及以下文化程度居民的社会责任感显著低于初中、中专或职高、高中、大专、本科、硕士以及博士居民；初中文化程度居民社会责任感显著高于小学及以下的居民，显著低于中专或职高、高中、大专、本科以及硕士，与博士无显著差异；中专或职高的居民显著高于小学及以下、初中居民，与高中、大专、本科以及硕士、博士居民无显著差异；高中的居民显著高于小学及以下和初中的居民，与中专或职高、大专、本科、硕士以及博士无显著差异；大专文化程度居民的社会责任感显著高于小学及以下、初中、硕士和博士的居民，与中专或职高、高中和本科的居民无显著差异；本科的居民显著高于小学及以下、初中、硕士和博士的居民，与中专或职高、高中、大专均无显著差异；硕士的居民显著高于小学及以下、初中的居民，显著低于中专或职高、大专和本科的居民，与高中和博士居民均无显著差异；博士的居民显著高于小学及以下的居民，显著低于大专和本科的居民，与初中、中专或职高、硕士均无显著差异。

表5　不同文化程度群体社会责任感得分描述性结果

文化程度	N	$M \pm SD$	F	事后比较
①小学及以下	48	3.23 ± 1.021		①＜②③④⑤⑥⑦⑧
②初中	135	3.73 ± 0.819		⑦＜⑥
③中专或职高	286	4.07 ± 0.947		
④高中	273	4.03 ± 0.793	14.129 ***	
⑤大专	412	4.11 ± 0.733		
⑥本科	949	4.12 ± 0.666		
⑦硕士	231	3.94 ± 0.706		
⑧博士	65	3.89 ± 0.905		

注：*** 代表 $p < 0.001$。

（五）社会责任感的户籍所在地差异

对不同户籍所在地居民的社会责任感得分进行单因素方差分析发现：不同户籍所在地的居民在社会责任感得分上具有显著差异，F（$df = 3$）$= 7.360$，$p < 0.001$（见表6）。进一步做事后比较发现：户籍所在地为北京城市居民的社会责任感显著高于户籍所在地为北京农村、外地城市和外地农村的居民。

表6　不同户籍所在地居民社会责任感的差异检验

户籍所在地	N	$M \pm SD$	F	事后比较
①北京城市	1072	4.12 ± 0.78		
②北京农村	480	4.00 ± 0.86	7.360 ***	① > ②③④
③外地城市	579	3.97 ± 0.73		
④外地农村	267	3.95 ± 0.65		

注：*** 代表 $p < 0.001$。

（六）社会责任感的生育子女数差异

对不同生育子女数居民的社会责任感得分进行单因素方差分析发现：不同生育子女数的居民在社会责任感得分上具有显著差异，F（$df = 3$）$= 10.216$，$p < 0.001$（见表7）。进一步做事后比较发现：有一个孩子的北京市居民在社会责任感得分显著高于有两个孩子、三个及以上孩子和未生育过的居民；有一个孩子、两个孩子和未生育过的北京市居民在社会责任感得分上显著高于有三个及以上孩子的居民（见图1）。

表7　不同生育子女数居民社会责任感的差异检验

生育子女数	N	$M \pm SD$	F	事后比较
①一个孩子	842	4.13 ± 0.76		
②两个孩子	444	4.00 ± 0.91	10.216 ***	①>②④>③
③三个及以上孩子	167	3.79 ± 0.76		
④未生育过	947	4.03 ± 0.70		

注：*** 代表 $p < 0.001$。

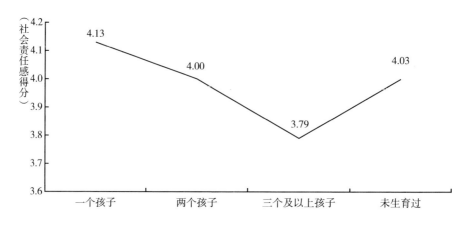

图1　不同子女数居民的社会责任感得分

（七）社会责任感的主观经济地位差异

对不同主观经济地位居民的社会责任感得分进行单因素方差分析发现：不同主观经济地位的居民在社会责任感得分上具有显著差异，F（$df=4$）$=3.415$，$p<0.01$（见表8）。进一步做事后比较发现：认为自己处在中层经济地位的北京市居民在社会责任感得分上显著高于认为自己处于中上层和下层的居民；认为自己处于中下层经济地位居民的社会责任感显著高于认为自己处于下层的居民。

表8　不同主观经济地位社会责任感的差异检验

主观经济地位	N	$M \pm SD$	F	事后比较
①上层	118	4.01 ± 1.20		③＞②⑤
②中上层	451	3.98 ± 0.93		④＞⑤
③中层	916	4.09 ± 0.73	3.415^{**}	
④中下层	725	4.06 ± 0.60		
⑤下层	190	3.89 ± 0.79		

注：** 代表 $p<0.01$。

（八）社会责任感的性别与文化程度差异

以性别和文化程度为自变量，以社会责任感为因变量进行两因素方差分析，结果显示：性别和文化程度的交互作用显著，F（$df=7$）$=3.782$，$p<0.001$

（见表9）。进行简单效应分析发现：当文化程度为中专或职高、高中时，男性的社会责任感显著低于女性；当文化程度为其他时，在社会责任感得分上均无性别差异（见图2）。

表9　不同文化程度群体社会责任感得分描述性结果

性别	文化程度	N	M ± SD
男	①小学及以下	34	3.23 ± 0.97
	②初中	76	3.63 ± 0.76
	③中专或职高	185	4.00 ± 1.02
	④高中	162	3.91 ± 0.83
	⑤大专	234	4.16 ± 0.72
	⑥本科	467	4.13 ± 0.74
	⑦硕士	99	4.01 ± 0.85
	⑧博士	45	3.91 ± 0.96
女	①小学及以下	13	3.17 ± 1.21
	②初中	58	3.87 ± 0.89
	③中专或职高	101	4.30 ± 0.74
	④高中	111	4.21 ± 0.70
	⑤大专	176	4.07 ± 0.74
	⑥本科	479	4.11 ± 0.59
	⑦硕士	129	3.91 ± 0.57
	⑧博士	19	3.90 ± 0.77

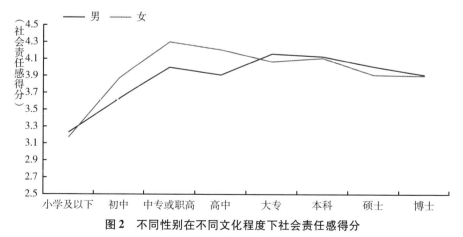

图2　不同性别在不同文化程度下社会责任感得分

（九）社会责任感的收入水平与婚姻状态差异

以收入水平和婚姻状态为自变量，社会责任感为因变量进行两因素方差分析。结果显示：收入水平和婚姻状态的交互作用显著，F（$df = 16$）＝1.897，$p < 0.001$（见表10）。进行简单效应分析发现：已婚状态下的月收入为2000元及以下居民、同居状态下的无收入居民的社会责任感显著低于其他月收入的居民；其他婚姻状态下居民的社会责任感在不同月收入水平上无显著差异（见图3）。

表10　不同收入水平群体国家认同感得分描述性结果

婚姻状态	收入水平	N	$M \pm SD$
未婚	①无收入	288	4.03 ± 0.60
	②2000元及以下	186	3.96 ± 0.77
	③2001~7855元	309	3.90 ± 0.78
	④7856~15000元	171	3.95 ± 0.89
	⑤15001~20000元	71	3.82 ± 0.92
	⑥20001元及以上	33	3.92 ± 0.76
已婚	①无收入	14	4.03 ± 0.47
	②2000元及以下	46	3.71 ± 0.93
	③2001~7855元	518	4.19 ± 0.73
	④7856~15000元	396	4.11 ± 0.77
	⑤15001~20000元	144	4.22 ± 0.82
	⑥20001元及以上	56	4.20 ± 0.86
同居	①无收入	3	3.64 ± 0.81
	②2000元及以下	7	4.21 ± 1.18
	③2001~7855元	31	3.76 ± 0.67
	④7856~15000元	35	3.73 ± 0.87
	⑤15001~20000元	23	3.85 ± 0.83
	⑥20001元及以上	15	4.41 ± 0.72
离婚	③2001~7855元	13	4.09 ± 0.64
	④7856~15000元	6	4.02 ± 0.71
	⑤15001~20000元	9	3.91 ± 0.71
	⑥20001元及以上	4	4.07 ± 0.67
丧偶	②2000元及以下	2	3.98 ± 0.58
	③2001~7855元	5	4.11 ± 0.38

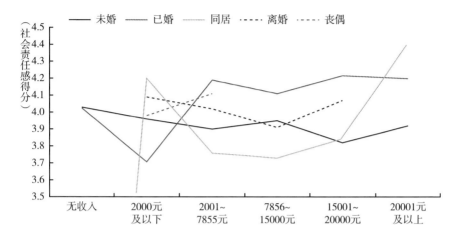

图3　不同婚姻状态居民在不同收入水平下社会责任感得分

（十）社会责任感与亲社会行为、工作满意度、生活满意度和幸福感的相关分析

由表11可知，社会责任感、亲社会行为、工作满意度、生活满意度与幸福感之间存在显著正相关。

表11　社会责任感、亲社会行为等相关分析

	社会责任感	亲社会行为	工作满意度	生活满意度	幸福感
社会责任感	1				
亲社会行为	0.699 **	1			
工作满意度	0.596 **	0.604 **	1		
生活满意度	0.270 **	0.334 **	0.559 **	1	
幸福感	0.411 **	0.429 **	0.616 **	0.754 **	1

注：** 代表 $p < 0.01$。

四　结论与建议

本次调查研究结果显示，居民的社会责任感在性别上存在显著差异，而这

并不是由先天的因素决定的，后天塑造因素在个体的社会责任感形成过程中起着至关重要的角色。其中女性的社会责任感明显高于男性，并且这种差异存在于文化程度中等偏低的群体（文化程度为中专、职高或高中）中。有研究表明，女性的情绪更丰富，且女性的自我控制显著高于男性[①]，这可能和女性自我调节、自我控制能力强有关。罗蕾等人的研究中提到，女性的自我调节与自我控制能力远强于男性，并且女性更具有同情心，对生活、时间归因时更容易将自身带入情境[②]，同时女性更容易受到社会评价的影响，所以女性更多地表现出亲社会行为，从而产生更高的社会责任感[③]。女性偏感性思维，男性偏理性思维[④]，所以父母关爱对女大学生社会责任感的形成具有更大的影响[⑤]。由此可见，男性和女性社会责任感形成的机制是不同的。所以，在培养的过程中也应注意针对不同性别采取不同的方式方法。对于女性来说，更合适的方式是榜样示范、情绪激发、价值感培养等感性教育；而对于男性来说，需要一些更为实际的鼓励和有利于自身发展的边际效益来带动其社会责任感的提升。

社会责任感是由认知发展到行为的过程，居民的社会责任认知是指人们对自己所应承担的社会责任的认识，它在很大程度上影响人们的社会责任感。20岁以下年龄较小的人大多还处于学生阶段，对自身需要承担的社会责任认识不够充分；31~40岁的居民社会责任感最高，他们是社会的中坚力量并且清楚地了解自己需要承担的社会责任。主观社会经济地位同时也会影响居民的社会责任感，具体表现为主观社会经济地位低的人社会责任感低。这可能和生存压力有关，主观社会经济地位低的人一般能意识到自己有较低的文化水平或较低的收入水平。通过对已婚人群的社会责任感调查发现，月收入低于2000元的

① Kochanska, G. , & Aksan, N. , "Mother - child Mutually Positive Affect, the Quality of Child Compliance to Requests and Prohibitions, and Maternal Control as Correlates of Early Internalization," *Child Development* 66 (1995).

② 罗蕾、明桦、田园、夏小庆、黄四林：《父母教养方式与大学生社会责任感的关系：自我控制的中介作用及其性别差异》，《心理发展与教育》2018年第2期。

③ Rose, A. J. , & Rudolph, K. D. , "A Review of Sex Differences in Peer Relationship Processes: Potential Rrade-offs for the Emotional and Behavioral Development of Girls and Boys," *Psychological Bulletin* 32 (2006), pp. 98 – 131.

④ 陈武英、卢家楣、刘连启、林文毅：《共情的性别差异》，《心理科学进展》2014年第9期。

⑤ 罗蕾、明桦、田园、夏小庆、黄四林：《父母教养方式与大学生社会责任感的关系：自我控制的中介作用及其性别差异》，《心理发展与教育》2018年第2期。

人相对而言社会责任感最低。

社会责任感与亲社会行为、工作满意度、生活满意度和幸福感之间均存在显著正相关。之前的研究也发现社会责任感与亲社会行为显著正相关,社会责任感可显著预测学生的亲社会行为。由此可见,个体的亲社会行为与社会责任感之间关系密切,两者可相互促进,相辅相成。因此,通过宣传教育等方法提高人们的社会责任感可促使人们产生更多的亲社会行为,有利于人们积极向上社会心态的培育。同时改善员工的工作环境、工作人际关系,降低员工的工作倦怠,可进一步提升员工的工作满意度,对促进员工幸福感及提升员工社会责任感有较大的帮助。

B.9
北京市居民亲社会行为调查

吴宝沛　秦　阳*

摘　要：　本研究调查了北京市16个区的居民，北京市居民的亲社会行
为处于中等水平，亲社会行为的六个维度从低到高分别为利
他性、情绪性、公开性、匿名性、依从性和紧急性；亲社会
行为在人口统计学上，存在年龄、受教育程度、月收入、主
观社会经济地位等差异；亲社会行为和生活满意度、幸福感、
工作满意度及社会责任感之间呈两两正相关。

关键词：　北京市　居民　亲社会行为

一　引言

自2006年10月党的十六届六中全会审议通过《中共中央关于构建社会主
义和谐社会若干重大问题的决定》，提出了2020年构建社会主义和谐社会的美
好目标以来，全国人民都在为这个目标而不懈努力。近年来，随着我国的经
济、教育、科技等方面的快速发展，亲社会行为也成为社会和谐这一美好愿
望的重要表现内容。研究表明，亲社会行为可提升个体的自尊水平，实现他
们的自我满足。[①]　此外，亲社会行为是整体社会公益和社会责任的一种象征，

---

*　吴宝沛，北京林业大学人文社会科学学院心理学系副教授、硕士生导师，主要研究方向为
进化心理学；秦阳，北京林业大学人文社会科学学院在读硕士。

①　Yates, M. &Youniss, J., "Community Service and Political-Moral Identity in Adolescents," *Journal of Research on Adolescence*, 6（1996）：271 - 284. Laible, D., Carlo, G., Murphy, T., Augustine, M. &Roesch, S., "Predicting Children's Prosocial and Co-operative Behavior from Their Temper Amental Profiles: A Person-centered Approach," *Social Development*, 23（2004），734 - 752.

它在构建和谐社会中起着基础作用。① 因此，不论是对个体还是对社会而言，亲社会行为在构建社会主义和谐社会这个宏伟目标中扮演着重要角色。

虽然学界关于亲社会行为的概念众说纷纭，但所有有利于他人和社会的积极倾向都可被称为亲社会行为②，如助人、利他、分享、安慰、合作、捐助、关心等。从 20 世纪 70 年代起，亲社会行为就得到了心理学家的关注。90 年代前后，亲社会行为的发展出现了一些新趋势。研究者开始考虑多种因素，结合认知、情感、人格以及情境等变量，对亲社会行为进行综合研究。

在亲社会行为与生活满意度的关系上，诸多研究表明亲社会行为可以提升个体的生活满意度。有研究者采用路径分析方法，探讨了亲社会行为对情绪调节自我效能感和人际自我效能感协同作用的影响，进而确定亲社会行为对生活满意度的影响。他们发现，亲社会行为直接影响着生活满意度，对年龄最大群体的影响要大于其他群体。③ 在将亲社会行为作为青少年意义幸福倾向与生活满意度的中介变量的研究中，研究者也发现了这一变量的影响：亲社会行为不仅能让青少年体现出其自我价值，还能提升他们的生活满意度。④

在亲社会行为与幸福感的关系上，表现出更多亲社会行为的个体，其在积极情绪⑤、生活满意度⑥方面表现良好。因为亲社会行为会让个体增加积极情绪、减少消极情绪，这会促进其人际关系向好发展。当亲社会行为

① Penner, Louis A., Dovidio, John F., Piliavin, Jane A. & Schroeder, David A., "Prosocial Behavior: Multilevel Merspectives," *Annual Review of Psychology*, 56 (2005): 365 – 392.

② Eisenberg, N., Fabes, Richard A. & Spinrad, Tracy L., *Prosocial Development*, Handbook of Child Psychology, American Cancer Society, 2007. 寇彧、付艳、马艳：《初中生认同的亲社会行为的初步研究》，《心理发展与教育》2004 年第 4 期。

③ Caprara, C. V. & Steca, P., "Self-efficacy Beliefs as Determinants of Prosocial Behavior Conducive to Life Satisfaction across Ages," *Journal of Social and Clinical Psychology*, 24 (2005): 191 –217.

④ 张和云、赵欢欢、许燕、王芳：《青少年意义幸福倾向与生活满意度：善良人性感知与亲社会行为的作用》，《中国特殊教育》2018 年第 4 期。

⑤ Gilman, R., "The Relationship between Life Satisfaction, Social Interest, and Frequency of Extracurricular Activities among Adolescent Students," *Journal of Youth & Adolescence*, 30 (2001): 749 –767.

⑥ Sun, Rachel C. F. & Shek, Daniel T. L., "Life Satisfaction, Positive Youth Development, and Problem Behaviour among Chinese Adolescents in HongKong," 95 (2010): 455 –474.

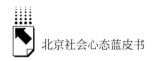

让个体感到快乐之后①，其抑郁症状会减轻②，从而提升其幸福感，帮助他们更好地应对生活中的压力。③ 而且利他的亲社会行为，能让个体与他人建立更紧密的联系，获得超越自身的生命意义，因此可以说利他行为是个体获得生命意义的一种途径。如感恩这样的亲社会行为能增进彼此间的亲密关系，在研究对象为小学生群体的研究中，发现感恩这种亲社会行为的增加会促使其幸福感也增加。④ 此外，通过亲社会自主动机能显著正向预测青少年的幸福感和亲社会行为。⑤ 总之，亲社会行为与幸福感之间存在正向关系。

在亲社会行为与工作满意度的关系上，亲社会动机能满足员工的能力感需要。亲社会动机能提高个体的效能感和胜任力感知，并促进其社会技能的发展。⑥ 因此，具有亲社会动机的员工往往工作满意度较高。⑦ 他人亲社会行为对自己工作满意度的影响，常常作为亲社会行为与工作效绩之间的中介变量发生作用，如领导者的亲社会违规行为则可能带来员工工作满意度下降及员工工作绩效下降等负面效应。⑧ 员工对企业社会责任的感知正向影响员工的亲社会动机、组织公民行为和工作满意度，亲社会动机正向影响组织公民行为和工作满意度，亲社会动机在员工对企业社会责任的感知与组织公民行为和工作满意

---

① 杨莹、寇彧：《亲社会互动中的幸福感：自主性的作用》，《心理科学进展》2015 年第 7 期。

② Kim, J., Pai, M. et al., "Volunteering and Trajectories of Depression," *Journal of Aging & Health*, 22 (2010): 84 – 105.

③ Li, Y. & Ferraro, K. F., "Volunteering and Depression in Later Life: Social Benefit or Selection Processes?" *J. Health Soc. Behave*, 46 (2005): 68 – 84.

④ Tian, L., Du, M. & Huebner, E. S., "The Effect of Gratitude on Elementary School Students' Subjective Well-being in Schools: The Mediating Role of Prosocial Behavior," *Social Indicators Research*, 122 (2015): 887 – 904.

⑤ 杨莹、寇彧：《亲社会自主动机对青少年幸福感及亲社会行为的影响：基本心理需要满足的中介作用》，《心理发展与教育》2017 年第 2 期。

⑥ Caprara, G. V. & Steca, P., "Self-efficacy Beliefs as Determinants of Prosocial Behavior Conducive to Life Satisfaction across Ages," *Journal of Social and Clinical Psychology*, 24 (2005): 191 – 217.

⑦ Kim, Y. S., "Prosocial Motivation Andphysicians' Work Attitudes. Effects of a Triple Synergy on Prosocial Orientation in a Healthcare Organization," *World Hosp Health Serv.*, 51 (2015): 12 – 21.

⑧ 张鹏雁：《领导者亲社会违规行为对员工工作绩效的影响研究》，广东财经大学硕士学位论文，2018。

度的关系中起到部分中介作用。①

在亲社会行为与社会责任感的关系上，国内外有关亲社会行为的研究成果丰硕，但是对于责任与亲社会行为的关系研究却比较少。20世纪50年代以来，研究者发现社会责任感与亲社会行为关系密切。② 现在社会责任感研究主要针对大学生，所以在探索社会责任感与亲社会行为关系时，主要研究对象是大学生群体。许多研究表明，通过大学生的社会责任感能够预测其亲社会行为。大学生共情、社会责任感与亲社会行为呈显著正相关，且通过共情与社会责任感可以显著预测亲社会行为③；同时表明，在大学生社会责任感的责任认知、责任认同、责任倾向三个维度上，责任行动对亲社会行为的预测作用最大。④

二 研究方法

（一）研究对象

本研究调查了北京市16个区的居民，共发放问卷2851份，回收有效问卷2404份，回收率为84.32%。被试者具体信息见表1。从表1可以看出，本次调查中，男女比例基本平衡，调查样本主要集中在朝阳区（820个样本）和海淀区（712个样本），年龄大多在21~30岁（45.0%），汉族最多（92.4%），目前受教育程度多为本科文化水平（39.5%），信仰中国特色社会主义（马列主义）的人最多（67.0%），大多已婚（49.2%），有正式工作的达51.1%。

---

① 楼馨：《员工企业社会责任感知对组织公民行为和工作满意度的影响机制研究》，浙江工商大学硕士学位论文，2019。
② Witt, L. A. & Silver, N. C., "The Effects of Social Responsibility and Satisfaction on Extrarole Behaviors," *Basic & Applied Social Psychology*, 15 (1994): 329 – 338.
③ 李琴义、王丽沙、田悦：《大学生共情、社会责任感与亲社会行为的相关研究》，《现代交际》2018年第13期。
④ 张金丽：《大学生社会责任感与亲社会行为倾向的关系研究——以张家口市部分高校为例》，《唐山职业技术学院学报》2016年第3期。

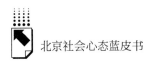

表1 调查样本构成情况

单位：人，%

类别	特征	频数	百分比
性别	男	1299	54.0
	女	1094	45.5
	缺失	11	0.5
年龄	20 岁及以下	448	18.6
	21 ~ 30 岁	1081	45.0
	31 ~ 40 岁	592	24.6
	41 ~ 50 岁	152	6.3
	51 岁及以上	131	5.4
民族	少数民族	182	7.6
	汉族	2222	92.4
受教育程度	小学及以下	49	2.0
	初中	135	5.6
	中专或职高	285	11.9
	高中	278	11.6
	大专	412	17.1
	本科	949	39.5
	硕士	228	9.5
	博士	65	2.7
	缺失	3	0.1
信仰	中国特色社会主义（马列主义）	1610	67.0
	命运	139	5.8
	无神论	419	17.4
	基督教	44	1.8
	天主教	29	1.2
	佛教	79	3.3
	道教	21	0.9
	伊斯兰教	26	1.1
	其他	24	1.0
	缺失	13	0.5
政治面貌	共产党员	661	27.5
	共青团员	920	38.3
	民主党派	202	8.4
	群众	620	25.8
	缺失	1	0.0
工作状态	正式工作	1229	51.1
	临时工作	314	13.1
	无业、失业或下岗	211	8.8
	离退休	104	4.3
	学生	521	21.7
	缺失	25	1.0

类别	特征	频数	百分比
目前职业	农民	65	2.7
	教师	256	10.6
	军人	54	2.2
	机关干部或公务员	227	9.4
	服务业工作人员	246	10.2
	医务工作者	103	4.3
	外企职员	79	3.3
	私企职员	246	10.2
	国企员工	150	6.2
	自由职业者	108	4.5
	缺失	870	36.2
月收入	2000 元及以下	242	10.1
	2001~7855 元	883	36.7
	7856~15000 元	612	25.5
	15001~20000 元	247	10.3
	20001 元及以上	111	4.6
	无收入	306	12.7
	缺失	3	0.1
婚姻状况	未婚	1052	43.8
	已婚	1183	49.2
	同居	114	4.7
	离婚	33	1.4
	丧偶	7	0.3
	缺失	15	0.6
所在地区	朝阳区	820	34.1
	海淀区	712	29.6
	丰台区	225	9.4
	昌平区	204	8.5
	大兴区	56	2.3
	通州区	88	3.7
	西城区	39	1.6
	房山区	27	1.1
	顺义区	29	1.2
	东城区	33	1.4
	石景山区	59	2.5
	密云区	17	0.7
	平谷区	13	0.5

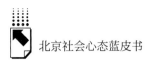

续表

类别	特征	频数	百分比
所在地区	怀柔区	32	1.3
	延庆区	18	0.7
	门头沟区	32	1.3
居住地	城区	1510	62.8
	农村	563	23.4
	郊区	321	13.4
	缺失	10	0.4
户籍所在地	北京城市	1071	44.6
	北京农村	480	20.0
	外地城市	582	24.2
	外地农村	264	11.0
	缺失	7	0.3
孩子数量	一个孩子	848	35.3
	两个孩子	445	18.5
	三个及以上孩子	168	7.0
	未生育过	941	39.1
	缺失	2	0.1
主观社会经济地位	上层	117	4.9
	中上层	453	18.8
	中层	916	38.1
	中下层	731	30.4
	下层	186	7.7
	缺失	1	0.0

（二）研究工具

1. 基本人口信息问卷

包括性别、年龄、民族、信仰、政治面貌、婚姻状况、受教育程度、工作状态、目前职业、月收入、孩子数量、主观社会经济地位等。

2. 亲社会行为问卷

本研究采用丛文君修订的亲社会行为测量问卷来测量亲社会行为水平。[1]此问卷总共有 23 个题项，由六个维度组成，分别为公开性、匿名性、利他性、

---

[1] 丛文君：《大学生亲社会行为类型的研究》，南京师范大学硕士学位论文，2008。

依从性、情绪性和紧急性。该问卷采用李克特五点量表计分，从"完全不符合"到"完全符合"，分别计 1~5 分。该问卷在本研究中的克伦巴赫阿尔法系数为 0.92。

3. 生活满意度量表

生活满意度量表（Satisfaction with Life Scale，SWLS）由 Diener 等于 1985 年编制[1]，迄今已在包括中国在内的全球 150 多个国家应用过，已被广泛地证明具有良好的信度和效度。网络测验和纸笔测验的信度分别为 α = 0.84 和 α = 0.75。该量表共有 5 个项目，问卷采用李克特七点量表计分，以表明被试者对项目的同意程度，"1"表示非常不同意，"7"表示非常同意。整个量表分数的分布范围为 5~35 分。

4. PANAS 量表

该量表采用"幸福感 = 积极情感 + 生活满意度 - 消极情感"的公式计算幸福感水平。[2] 量表包括积极情感和消极情感体验描述词各 9 个，要求被试者在李克特五点量表（1 = 非常轻微或根本没有，5 = 非常强烈）上回答上一周在多大程度上体验到这些词所描述的情感。

5. 工作满意度量表

本研究采用明尼苏达满意度量表（MSQ），该量表由 Weiss、Davis 和 England 等人于 1967 年编制而成，具有良好的信度与效度。[3] 量表包括 20 个问题，分为内在满意度、外在满意度和一般满意度三个分量表。本研究采用李克特五点量表计分，受访者根据自己的实际情况选择作答。

6. 社会责任感的测量

本研究采用田园编制的大学生社会责任感问卷，共 28 个题目，分为家庭责任感、集体责任感和国家责任感三个维度。[4] 采用李克特五点量表计分，

① Diener, E. D., Emmons, R. A., Larsen, R. J. & Griffin, S., "The Satisfaction with Life Scale," *Journal of Personality Assessment*, 49 (1985): 71 – 75.

② Weinstein, N., De Haan, C. R. & Ryan, R. M., "Attributing Autonomous Versus Introjected Motivation to Helpers and the Recipient Experience: Effects on Gratitude, Attitudes, and Well-being," *Motivation and Emotion*, 34 (2010): 418 – 431.

③ Weiss, D., Davis, R. & England, G., *Manual for the Minnesota Satisfaction Questionnaire*, Minneapolis: the University of Minnesota Press, 1967.

④ 田园：《大学生国家认同、自我建构与其社会责任感的关系》，北京师范大学硕士学位论文，2017。

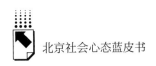

从 1 表示"完全不符合"到 5 表示"完全符合",总分均值越高代表社会责任感越强。在本研究中,总量表和三个维度的克伦巴赫阿尔法系数分别为 0.72、0.77、0.81 和 0.68。

（三）研究程序

本研究采用多阶段随机抽样的方法,对北京 16 个区的 2851 名居民进行问卷调查。我们对问卷内容及居民的个人信息严格保密,仅作研究之用。问卷调查通过网络平台和线下实地发放两种形式进行,前者问卷通过"问卷星"收集,后者问卷由心理学专业本科生和研究生担任主试,在正式施测前,对主试进行了严格培训。

（四）统计分析方法

采用 SPSS 22.0 进行描述统计分析、方差分析和相关分析等。

三　研究结果

（一）北京市居民亲社会行为的总体特点

从表 2 可知,北京市居民的亲社会行为总分均值为 3.48,接近中值 3,这说明北京市居民的亲社会行为总体处于中等水平。六个维度的均分从低到高分别为利他性、情绪性、公开性、匿名性、依从性和紧急性,其中,北京市居民在紧急性维度上的得分最高。

表 2　北京市居民亲社会行为的均分和标准差

项目	$M \pm SD$
公开性	3.43 ± 0.84
匿名性	3.52 ± 0.76
利他性	3.35 ± 0.77
依从性	3.62 ± 0.92
情绪性	3.39 ± 0.81
紧急性	3.74 ± 0.82
亲社会行为总分均值	3.48 ± 0.67

（二）北京市居民亲社会行为的人口统计学分析

1. 北京市居民亲社会行为的性别差异

以性别为自变量，以亲社会行为为因变量，进行独立样本 t 检验，考察北京市居民的亲社会行为是否存在性别差异。结果发现（见表3），亲社会行为不存在显著性别差异（$t = 0.19$，$p > 0.05$），说明北京市男性和女性的亲社会行为差异不大。

表3　亲社会行为的性别差异

项目	性别	$M \pm SD$	t
亲社会行为	男	80.18 ± 16.57	0.19
	女	80.05 ± 14.22	

注：* 代表 $p < 0.05$，** 代表 $p < 0.01$，*** 代表 $p < 0.001$，双侧检验，下同。

2. 北京市居民亲社会行为的年龄差异

本研究采用方差分析的方法，比较亲社会行为的年龄差异，结果见表4和图1。从总体的 F 值检验来看，不同年龄段的人在亲社会行为上存在显著差异（$F = 15.52$，$p < 0.001$）。事后 LSD 检验结果表明，31~40 岁的人亲社会行为总分均值最高，51 岁及以上的人亲社会行为总分均值最低；21~30 岁和 31~40 岁的人的亲社会行为总分均值显著高于 20 岁及以下、41~50 岁和 51 岁及以上的人，如表4所示。

从图1可以明显看出，20 岁及以下、21~30 岁和 31~40 岁的人，亲社会行为总分均值呈上升趋势，之后随着年龄的增长，亲社会行为总分均值呈下降趋势。

表4　亲社会行为的年龄差异

项目	年龄	$M \pm SD$	F	事后比较
亲社会行为	20 岁及以下	76.43 ± 13.04	15.52***	②③ > ①④⑤
	21~30 岁	81.30 ± 16.42		
	31~40 岁	82.43 ± 15.46		
	41~50 岁	77.30 ± 14.09		
	51 岁及以上	75.66 ± 13.97		

注：①为"20 岁及以下"，②为"21~30 岁"，③为"31~40 岁"，④为"41~50 岁"，⑤为"51 岁及以上"。

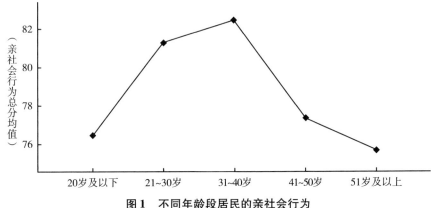

图1　不同年龄段居民的亲社会行为

3. 北京市居民亲社会行为的受教育程度差异

本研究采用方差分析的方法，比较亲社会行为的受教育程度差异，结果见表5和图2。从总体的 F 值检验来看，不同受教育程度的人在亲社会行为上存在显著差异（$F = 9.92$，$p < 0.001$）。事后 LSD 检验结果表明，大专文化程度的人亲社会行为总分均值最高，其次是中专或职高文化程度的人，而小学及以下文化程度的人亲社会行为总分均值最低；中专或职高、高中、大专、本科、硕士和博士文化程度的人亲社会行为总分均值显著高于小学及以下和初中文化程度的人，而初中文化程度的人的亲社会行为总分均值又显著高于小学及以下文化程度的人，如表5所示。

从图2可以明显看出，随着受教育程度的提高，亲社会行为的总分均值整体呈上升趋势。

表5　亲社会行为的受教育程度差异

项目	文化程度	$M \pm SD$	F	事后比较
亲社会行为	小学及以下	67.49 ± 18.14	9.92***	①<②<③④⑤⑥⑦⑧
	初中	74.21 ± 16.29		
	中专或职高	81.94 ± 17.85		
	高中	79.47 ± 16.09		
	大专	82.05 ± 15.14		
	本科	80.82 ± 14.45		
	硕士	78.34 ± 13.03		
	博士	80.23 ± 16.67		

注：①为"小学及以下"，②为"初中"，③为"中专或职高"，④为"高中"，⑤为"大专"，⑥为"本科"，⑦为"硕士"，⑧为"博士"。

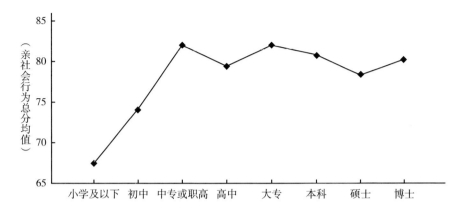

图2　不同受教育程度居民的亲社会行为

4. 北京市居民亲社会行为的工作状态差异

本研究采用方差分析的方法，比较亲社会行为的工作状态差异，结果见表6和图3。从总体的 F 值检验来看，不同工作状态的人在亲社会行为上存在显著差异（ $F = 14.61$ ， $p < 0.001$ ）。事后 LSD 检验结果表明，有正式工作的人亲社会行为总分均值最高，学生的亲社会行为总分均值最低；有正式工作的人亲社会行为总分均值显著高于有临时工作，无业、失业或下岗，离退休的人和学生，如表6所示。

表6　亲社会行为的工作状态差异

项目	目前工作状态	$M \pm SD$	F	事后比较
亲社会 行为	正式工作	82.48 ± 15.96	14.61***	①＞②③④⑤
	临时工作	77.94 ± 16.36		
	无业、失业或下岗	77.51 ± 17.14		
	离退休	78.48 ± 14.10		
	学生	77.46 ± 12.29		

注：①为"正式工作"，②为"临时工作"，③为"无业、失业或下岗"，④为"离退休"，⑤为"学生"。

5. 北京市居民亲社会行为的月收入差异

本研究采用方差分析的方法，比较亲社会行为的月收入差异，结果见表7和图4。从总体的 F 值检验来看，不同月收入的人在亲社会行为上存在显著差

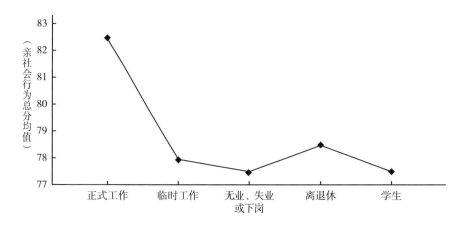

图3 不同工作状态居民的亲社会行为

异（$F = 9.37$，$p < 0.001$）。事后 LSD 检验结果表明，月收入 20001 元及以上的人亲社会行为总分均值最高，2000 元及以下的人亲社会行为总分均值最低；无收入和月收入在 2000 元及以下的人亲社会行为总分均值显著低于月收入在 2001 ~ 7855 元、7856 ~ 15000 元、15001 ~ 20000 元和 20001 元及以上的人，如表 7 所示。

从图 4 可以明显看出，月收入状况在亲社会行为中整体呈上升趋势，即随着月收入的增加，人们的亲社会行为增加。

表7 亲社会行为的月收入差异

项目	月收入	$M \pm SD$	F	事后比较
亲社会行为	无收入	76.76 ± 12.15	9.37 ***	①②＜③④⑤⑥
	2000 元及以下	75.54 ± 15.20		
	2001 ~ 7855 元	81.36 ± 15.10		
	7856 ~ 15000 元	80.99 ± 16.61		
	15001 ~ 20000 元	81.23 ± 15.95		
	20001 元及以上	82.12 ± 17.58		

注：①为"无收入"，②为"2000 元及以下"，③为"2001 ~ 7855 元"，④为"7856 ~ 15000 元"，⑤为"15001 ~ 20000 元"，⑥为"20001 元及以上"。

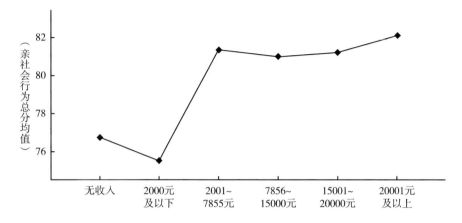

图4 不同月收入居民的亲社会行为

6. 北京市居民亲社会行为的居住地差异

本研究采用方差分析的方法，比较亲社会行为的居住地差异，结果见表8和图5。从总体的 F 值检验来看，不同居住地的人在亲社会行为上存在显著差异（$F = 10.10$，$p < 0.001$）。事后 LSD 检验结果表明，居住地在城区的人亲社会行为总分均值最高，在农村的人亲社会行为总分均值最低；居住在城区的人亲社会行为总分均值显著高于居住在农村和郊区的人，如表8所示。

表8 亲社会行为的居住地差异

项目	居住地	$M \pm SD$	F	事后比较
亲社会行为	农村	77.98 ± 15.74	10.10***	③ > ①②
	郊区	78.90 ± 14.26		
	城区	81.20 ± 15.62		

注：①为"农村"，②为"郊区"，③为"城区"。

7. 北京市居民亲社会行为的户籍所在地差异

本研究采用方差分析的方法，比较亲社会行为的户籍所在地差异，结果见表9和图6。从总体的 F 值检验来看，不同户籍所在地的人在亲社会行为上存在显著差异（$F = 10.44$，$p < 0.001$）。事后 LSD 检验结果表明，户籍所在地在北京城市的人亲社会行为总分均值最高，外地农村的人亲社会行为总分均值最

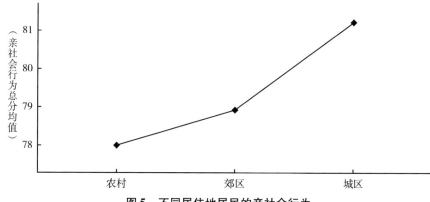

图 5　不同居住地居民的亲社会行为

低；北京城市的人亲社会行为总分均值显著高于外地城市和外地农村的人，北京农村的人亲社会行为总分均值显著高于外地农村的人，如表 9 所示。

表 9　亲社会行为的户籍所在地差异

项目	户籍所在地	$M \pm SD$	F	事后比较
亲社会 行为	北京城市	81.75 ± 15.93	10.44***	① > ③④ ② > ④
	北京农村	80.28 ± 16.38		
	外地城市	78.50 ± 14.80		
	外地农村	76.70 ± 12.74		

①为"北京城市"，②为"北京农村"，③为"外地城市"，④为"外地农村"。

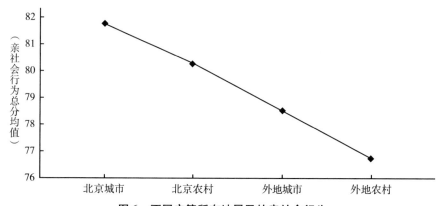

图 6　不同户籍所在地居民的亲社会行为

8. 北京市居民亲社会行为的主观社会经济地位差异

本研究采用方差分析的方法，比较亲社会行为的主观社会经济地位差异，结果见表10和图7。从总体的 F 值检验来看，不同主观社会经济地位的人在亲社会行为上存在显著差异（ $F = 5.59$, $p < 0.001$ ）。事后 LSD 检验结果表明，主观社会经济地位是中层的人亲社会行为总分均值最高，下层的人亲社会行为总分均值最低；主观社会经济地位是下层的人亲社会行为总分均值显著低于上层、中上层、中层、中下层的人，中下层的人亲社会行为总分均值显著低于中层的人，如表10所示。

表10　亲社会行为的主观社会经济地位差异

项目	主观社会经济地位	$M \pm SD$	F	事后比较
亲社会行为	上层	79.80 ± 22.58	5.59***	④ < ③ ⑤ < ①②③④
	中上层	80.25 ± 17.69		
	中层	81.26 ± 15.07		
	中下层	79.76 ± 12.70		
	下层	75.47 ± 15.74		

注：①为"上层"，②为"中上层"，③为"中层"，④为"中下层"，⑤为"下层"。

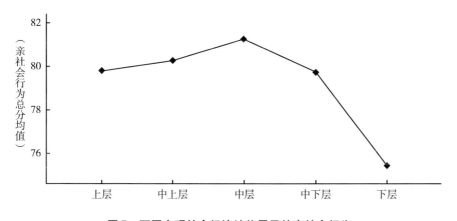

图7　不同主观社会经济地位居民的亲社会行为

9. 北京市居民亲社会行为的孩子数量差异

本研究采用方差分析的方法，比较亲社会行为的孩子数量差异，结果见表 11 和图 8。从总体的 F 值检验来看，生育不同数量孩子的人在亲社会行为上存在显著差异（$F = 15.80$，$p < 0.001$）。事后 LSD 检验结果表明，生育一个孩子的人亲社会行为总分均值最高，生育三个及以上孩子的人亲社会行为总分均值最低；未生育过、生育一个孩子和两个孩子的人亲社会行为总分均值显著高于生育三个及以上孩子的人，生育一个孩子的人亲社会行为总分均值显著高于未生育过、生育两个孩子和生育三个及以上孩子的人，如表 11 所示。

表 11　亲社会行为的孩子数量差异

项目	孩子数量	$M \pm SD$	F	事后比较
亲社会行为	未生育过	78.51 ± 14.05	15.80 ***	①③④ < ② ④ < ①②③
	一个孩子	82.73 ± 15.85		
	两个孩子	80.12 ± 17.08		
	三个及以上孩子	75.89 ± 15.32		

注：①为"未生育过"，②为"一个孩子"，③为"两个孩子"，④为"三个及以上"。

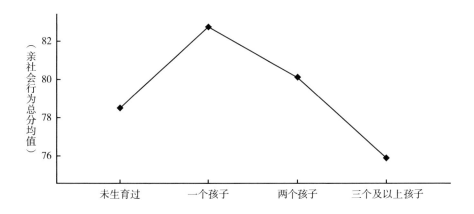

图 8　不同孩子数量居民的亲社会行为

10. 北京市居民亲社会行为的婚姻状况差异

本研究采用方差分析的方法，比较亲社会行为的婚姻状况差异，结果见表 12 和图 9。从总体的 F 值检验来看，不同婚姻状况的人在亲社会行为上存在显著差异（$F = 21.41$，$p < 0.001$）。事后 LSD 检验结果表明，已婚的人亲社会行

为总分均值最高，离婚的人亲社会行为总分均值最低，未婚、同居和丧偶的人亲社会行为总分均值差异不明显；已婚的人亲社会行为总分均值显著高于未婚、同居、离婚和丧偶的人，如表 12 所示。

表 12　亲社会行为的婚姻状况差异

项目	婚姻状况	$M \pm SD$	F	事后比较
亲社会 行为	未婚	77.35 ± 14.82	21.41***	② > ①③④⑤
	已婚	82.98 ± 15.74		
	同居	77.75 ± 15.47		
	离婚	73.36 ± 11.64		
	丧偶	77.29 ± 11.77		

①为"未婚"，②为"已婚"，③为"同居"，④为"离婚"，⑤为"丧偶"。

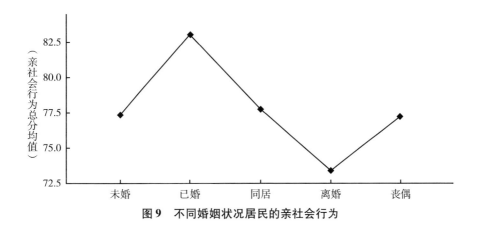

图 9　不同婚姻状况居民的亲社会行为

11. 北京市居民亲社会行为所在地区差异

本研究采用方差分析的方法，比较亲社会行为所在地区差异，结果见表 13 和图 10。从总体的 F 值检验来看，不同地区的人在亲社会行为上存在显著差异（$F = 1.85$，$p < 0.05$）。事后 LSD 检验结果表明，朝阳区的人亲社会行为总分均值最高，平谷区的人亲社会行为总分均值最低；朝阳区的人亲社会行为总分均值显著高于海淀区、昌平区、西城区、东城区和石景山区的人，海淀区的人亲社会行为总分均值显著高于东城区的人，丰台区的人亲社会行为总分均值显著高于昌平区和东城区的人，如表 13 所示。

表 13 亲社会行为的地区差异

项目	地区	$M \pm SD$	F	事后比较
亲社会行为	朝阳区	81.64 ± 17.63	1.85*	①>②④⑦⑩⑪ ②>⑩ ③>④⑩
	海淀区	79.96 ± 14.27		
	丰台区	81.21 ± 15.14		
	昌平区	78.11 ± 14.43		
	大兴区	79.41 ± 12.42		
	通州区	79.01 ± 14.76		
	西城区	76.33 ± 13.95		
	房山区	77.59 ± 13.23		
	顺义区	81.28 ± 12.74		
	东城区	74.42 ± 13.46		
	石景山区	77.41 ± 11.39		
	密云区	80.24 ± 15.46		
	平谷区	74.00 ± 17.29		
	怀柔区	76.88 ± 14.11		
	延庆区	77.33 ± 9.89		
	门头沟区	77.28 ± 14.11		

注：①为"朝阳区"，②为"海淀区"，③为"丰台区"，④为"昌平"，⑤为"大兴区"，⑥为"通州区"，⑦为"西城区"，⑧为"房山区"，⑨为"顺义区"，⑩为"东城区"，⑪为"石景山区"，⑫为"密云区"，⑬为"平谷区"，⑭为"怀柔区"，⑮为"延庆区"，⑯为"门头沟区"。

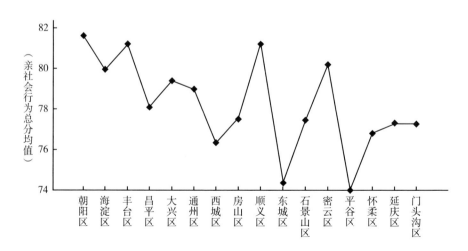

图 10 不同地区居民的亲社会行为

（三）北京市居民亲社会行为的相关影响因素分析

1. 北京市居民亲社会行为的生活满意度差异

把生活满意度按照平均分加减一个标准差的方式分为高、中、低三个组，之后采用方差分析的方法，比较北京市居民亲社会行为的生活满意度差异，结果见表 14 和图 11。从总体的 F 值检验来看，不同生活满意度的人在亲社会行为上存在显著差异（$F = 211.53$，$p < 0.001$）。事后 LSD 检验结果表明，高分组的人亲社会行为总分均值最高，低分组的人亲社会行为总分均值最低；高分组的人亲社会行为总分均值显著高于低分组和中分组的人，而中分组的人亲社会行为总分均值又显著高于低分组的人，如表 14 所示。

从图 11 可以明显看出，生活满意度越高的人，其亲社会行为得分越高。

表 14　亲社会行为的生活满意度差异

项目	生活满意度	$M \pm SD$	F	事后比较
亲社会行为	低分组	72.48 ± 16.48	211.53 ***	②>① ③>①②
	中分组	78.97 ± 13.51		
	高分组	91.38 ± 14.88		

注：①为"低分组"，②为"中分组"，③为"高分组"。

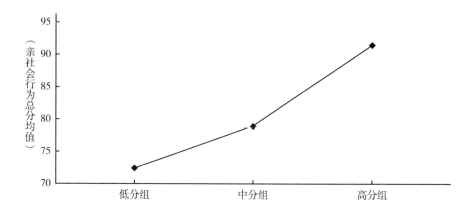

图 11　不同生活满意度居民的亲社会行为

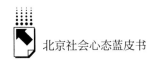

2. 北京市居民亲社会行为的幸福感差异

把幸福感按照平均分加减一个标准差的方式分为高、中、低三个组，之后采用方差分析的方法，比较北京市居民亲社会行为的幸福感差异，结果见表15 和图12。从总体的 F 值检验来看，不同幸福感的人在亲社会行为上存在显著差异（$F = 80.52$，$p < 0.001$）。事后 LSD 检验结果表明，高分组的人亲社会行为总分均值最高，低分组的人亲社会行为总分均值最低；高分组的人亲社会行为总分均值显著高于低分组和中分组的人，而中分组的人亲社会行为总分均值又显著高于低分组的人，如表15 所示。

从图12 可以明显看出，幸福感越高的人，其亲社会行为得分越高。

表15　亲社会行为的幸福感差异

项目	幸福感	$M \pm SD$	F	事后比较
亲社会行为	低分组	73.00 ± 16.28	80.52***	②>① ③>①②
	中分组	80.11 ± 15.27		
	高分组	88.50 ± 13.77		

注：①为"低分组"，②为"中分组"，③为"高分组"。

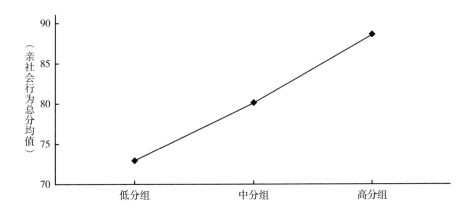

图12　不同幸福感居民的亲社会行为

3. 北京市居民亲社会行为的工作满意度差异

把工作满意度按照平均分加减一个标准差的方式分为高、中、低三个组，之后采用方差分析的方法，比较北京市居民亲社会行为的工作满意度差异，结果见表16和图13。从总体的 F 值检验来看，不同工作满意度的人在亲社会行为上存在显著差异（$F = 398.24$，$p < 0.001$）。事后 LSD 检验结果表明，高分组的人亲社会行为总分均值最高，低分组的人亲社会行为总分均值最低；高分组的人亲社会行为总分均值显著高于低分组和中分组的人，而中分组的人亲社会行为总分均值又显著高于低分组的人，如表16所示。

从图13可以明显看出，工作满意度越高的人，其亲社会行为得分越高。

表16　亲社会行为的工作满意度差异

项目	工作满意度	$M \pm SD$	F	事后比较
亲社会行为	低分组	67.13 ± 15.46	398.24^{***}	②>①
	中分组	79.87 ± 12.84		③>①②
	高分组	96.25 ± 14.32		

注：①为"低分组"，②为"中分组"，③为"高分组"。

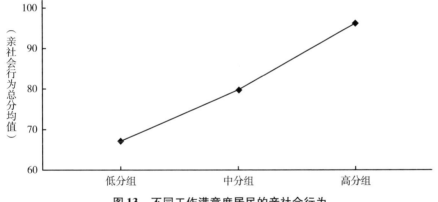

图13　不同工作满意度居民的亲社会行为

4. 北京市居民亲社会行为和社会责任感差异

把社会责任感按照平均分加减一个标准差的方式分为高、中、低三组，然后，采用方差分析方法检验不同社会责任感居民的亲社会行为是否存在显著差异。结果发现（见表17和图14），不同社会责任感居民的亲社会行为存在显著差异（$F = 697.70$，$p < 0.001$）。进一步分析发现（见表17），高分组的人的亲社会行为总分均值显著高于低分组和中分组的人，中分组的人的亲社会行为总分均值显著高于低分组的人；高分组的人的亲社会行为得分最高，低分组的人的亲社会行为得分最低。

表17　亲社会行为的社会责任感差异

项目	社会责任感	$M \pm SD$	F	事后比较
亲社会 行为	低分组	63.56 ± 13.15	697.70 ***	②>① ③>①②
	中分组	79.91 ± 12.29		
	高分组	100.12 ± 11.80		

注：①为"低分组"，②为"中分组"，③为"高分组"。

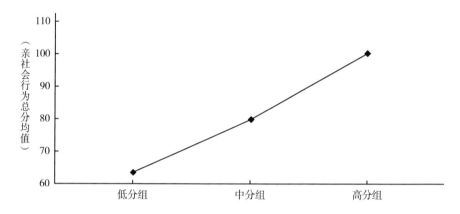

图14　不同社会责任感居民的亲社会行为

（四）北京市居民亲社会行为与各变量的相关分析

本研究采用 Pearson 相关分析考察亲社会行为与生活满意度、幸福感、工作满意度及社会责任感的相关关系，结果发现亲社会行为和生活满意度、幸福感、工作满意度及社会责任感之间均呈显著正相关（见表18）。

表18　亲社会行为与各变量的相关系数

项目	亲社会行为	生活满意度	幸福感	工作满意度	社会责任感
亲社会行为	1				
生活满意度	0.429 **	1			
幸福感	0.334 **	0.754 **	1		
工作满意度	0.604 **	0.616 **	0.559 **	1	
社会责任感	0.699 **	0.411 **	0.270 **	0.596 **	1

四 主要研究结论

（1）研究结果表明，北京市居民的亲社会行为处于中等水平。在人口统计学差异上，北京市居民的亲社会行为存在显著的年龄差异、受教育程度差异、目前职业差异、工作状态差异、月收入差异、居住地差异、户籍所在地差异、主观社会经济地位差异、孩子数量差异、婚姻状况差异和所在地区差异。

具体而言，亲社会行为的情况如下：从年龄上看，21~40岁的人总分均值高于其他年龄段的人；从学历上看，大专文化程度的人总分均值最高；从工作上看，有正式工作的人总分均值高于无业、失业或下岗的人，离退休者，临时工作者和学生；从收入上看，月收入在2000元及以下的人得分最低；从居住地来看，居住在城区的人总分均值高于居于农村和郊区的人；从主观社会经济地位来看，下层居民得分最低；从孩子数量来看，生三个或更多孩子的父母得分低于其他人；从所在地区来看，朝阳区居民得分最高。

（2）不同社会责任感、幸福感、工作满意度和生活满意度的北京市居民在亲社会行为上存在显著差异。具体而言，拥有高社会责任感、高幸福感、高工作满意度和高生活满意度的居民，其亲社会行为总分均值显著高于低分组的居民，且中分组的居民总分均值也高于低分组的居民。北京市居民的亲社会行为和其生活满意度、幸福感、工作满意度及社会责任感之间呈两两正相关。

五 对策及建议

（一）深入推进公民道德建设，营造良好氛围

研究结果显示，北京市居民的亲社会行为处于中等水平，仍有待提高。因此，首先国家层面要深入推进社会公德、职业道德、家庭美德、个人品德教育，加强公民道德建设，发挥党员干部的模范带头作用；同时要制定并完善倡导亲社会行为的政策及法律法规，弘扬社会主义正能量，建立健全先进模范发

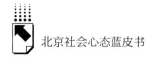
挥作用的长效机制，促进亲社会行为的产生；各部门应积极培育和践行社会主义核心价值观，弘扬中华传统美德，大力倡导我国优秀传统文化，充分发挥我国优秀传统文化对亲社会行为的作用。

其次，社会各界可利用广播、影视等大众传媒手段倡导亲社会行为，创新宣传方式，广泛应用微博、微信等平台，宣传亲社会行为；教育部门要重视对学生的亲社会行为教育，学校要拓展亲社会行为教育的深度和广度，积极开展相关亲社会行为宣传和实践活动，有意识地培养学生的亲社会行为。①

最后，家庭环境这一微观系统也要发挥重要作用。研究表明，父母陪伴有助于孩子亲社会行为的发展②；父母的积极教养方式可促进孩子亲社会行为的发展，亲社会行为不仅有来自儿童的自我报告③，还有来自其父母的报告④；已有研究发现，在校青少年父母的参与和其亲社会行为存在显著的相关性⑤；具体来说，在高质量的父母教育参与下，孩子会表现出更高水平的亲社会行为⑥，反之，在低质量的父母教育参与下，孩子则表现出更多的问题倾向⑦；父亲参与教育程度影响儿童亲社会行为的发展，父子依恋关系在其中起中介作用⑧。因此，在家庭成长环境中，父母要让孩子传承亲社会行为家风家训，并树立良好的榜样，采取正确的家庭教养方式，营造亲社会的家庭氛围，鼓励并塑造孩子的亲社会行为。

---

① 梁晶晶：《大学生感恩价值观、移情与亲社会行为的关系研究》，南京师范大学硕士学位论文，2017。
② 郑庆友、卢宁：《幼儿父母陪伴自尊和亲社会行为的关系》，《中国学校卫生》2016年第1期。
③ 张璐、桑青松：《父母教养方式与高中生亲社会行为关系分析》，《中国校医》2011年第3期。
④ Konz, C., *The Role of Involved Positive Parenting and Classroom E-motional Support on Preschool Childrens Prosocial and Problem Behaviors*, Unpublished Master Dissertations, Iowa State University, 2017.
⑤ Ogunboyede, M. O., Agokei, R. C., "Prosocial Behaviour of In - School Adolescents: The Perceived Influence of Self-Esteem, Peer Influence and Parental Involvement," *British Journal of Education, Society & Behavioural Science* 13 (2016): 1-9.
⑥ 邝娅、谭千保：《父母参与和流动儿童亲社会行为的关系：亲子亲合的作用》，《中国健康心理学杂志》2019年第11期。
⑦ 黎志华、尹霞云、蔡太生、苏林雁：《父亲参与教养程度、父子依恋关系对儿童亲社会行为的影响》，《中国临床心理学杂志》2012年第5期。
⑧ 邝娅、谭千保：《父母参与和流动儿童亲社会行为的关系：亲子亲合的作用》，《中国健康心理学杂志》2019年第11期。

（二）加强就业、教育等民生工作，为培育和践行居民亲社会行为保驾护航

习近平总书记在 2018 年全国教育大会上指出，教育是民族振兴、社会进步的重要基石。2019 年"两会"首次将就业优先政策置于宏观层面，旨在强化各方面重视就业、支持就业导向，且李克强总理在"两会"期间作政府工作报告时也多次提到教育和就业。可见，国家对民生工作十分重视。

对此，首先，从宏观层面来讲，我国需不断完善就业、教育、收入分配等相关政策，各级相关政府部门应该加大就业和教育投入力度，积极落实相关政策，提供更多更好的就业岗位，全力做好就业这项重要的民生工作。与此同时，要积极开展教育扶贫工作，合理分配教育资源，办好人民满意的教育。其次，从微观层面来讲，个人要积极响应"大众创业"等就业政策，积极就业，增加个人收入；教师要用心教学，坚决不放弃任何一个学生；学生要努力学习，提高自己的科学文化素养和思想道德修养，不放弃受教育的机会，提高受教育程度。

B.10
北京市居民主观幸福感调查

李佩玲　宋隽清*

摘　要：　本研究通过对北京市 16 个区 2634 名居民调查后发现，北京
　　　　　市居民的主观幸福感处于中等偏上水平。女性主观幸福感高
　　　　　于男性；31~40 岁居民的主观幸福感最高，已婚、硕士文化
　　　　　程度居民主观幸福感最高；有正式工作、学生、户口为北京
　　　　　城市、主观经济地位为中层的居民主观幸福感最高。社会疏
　　　　　离感和主观幸福感呈负相关，而工作满意度和社会责任感、
　　　　　主观幸福感呈正相关。

关键词：　主观幸福感　北京市　居民　社会心理服务

一　前言

　　幸福，从古至今是全世界范围内人们广泛关注的一个重要话题。21 世纪
以来，我国经济高速发展，人们的物质生活达到了前所未有的富足，人们对精
神世界的满足感要求越来越高。党的十九大报告中，习近平总书记提出要带领
人民创造美好生活，使人民获得感、幸福感、安全感更加充实。著名学者
Inglehart 提出：在经济收益阶段，国民的主观幸福感随着经济增长明显增高，
而在生活方式多样化阶段，经济增长对主观幸福感并无显著影响。[①] 在中国 71

---

　*　李佩玲，中国地质大学心理咨询中心副研究员，主要研究方向为心理咨询与心理健康；宋
　　隽清，北京林业大学人文社会科学学院在读硕士。
　①　周绍杰、王洪川、苏杨：《中国人如何能有更高水平的幸福感——基于中国民生指数调查》，
　　《管理世界》2015 年第 6 期。

年的发展进程中，我们已然进入生活方式多样化阶段，人民开始更多地向往幸福感的体验。在此阶段，提升人民幸福感成为国家发展进程中当务之急的大事。习近平总书记在庆祝改革开放 40 周年大会上的重要讲话中指出要不断提高人民群众的获得感、幸福感、安全感，对于新时代改革开放继续推向前进，实现"两个一百年"奋斗目标、实现中华民族伟大复兴中国梦具有十分重要的意义。这时我们不禁发问：什么是幸福感？北京市居民的幸福感如何？怎样才能提高北京市居民幸福感？

从国外学者的研究来看，幸福感主要分为客观幸福评价和主观幸福感。前者是外界观察者基于一定的评价准则对一个国家、地区或城市做出的主观判断，后者则是评价者个人对其现状生活的整体评价。[①] 国内对幸福感研究得较晚，目前多是城市生活居住环境等客观幸福感研究，实际上有学者提出使用客观指标衡量幸福感（Well-Being）并不能反映人们心中的真实想法，[②] 所谓"一千个读者就有一千个哈姆雷特"，不同个体对界定自己的幸福感有不同的判断标准。在心理学中，主观幸福感被定义为一种总体的、长期的、情绪健康的情感状态，以及对生活满意和人生意义的认知状态。它源自快乐论思想，认为快乐就是幸福，幸福感就是具有较多的积极情绪，较少的消极情绪和更高的生活满意度。[③] 以 Diener 为代表的学者们普遍认为主观幸福感包括三个维度：积极情感、消极情感和生活满意度。本研究将使用前人研究结果为基础的量表对北京市居民的主观幸福感进行调查研究。

综合国内外的研究发现，研究者认为主观幸福感的影响因素主要分为外部因素和内部因素。当提到幸福感时，最先想到的一定是外部因素：金钱、健康等，然而有时外部因素无法得到满足，仍然会有某些个体能够得到幸福感，这种不被外界所影响的幸福感则是内部因素导致的。学者王芳、陈福国提出主观幸福感的外部影响因素主要包括社会环境、工作学习、家庭环境、社会关系及社会支

① 党云晓、张文忠、余建辉等：《北京居民主观幸福感评价及影响因素研究》，《地理科学进展》2014 年第 10 期。
② 朱浚溢：《中国人的主观幸福感：特征、来源与测量的研究》，苏州大学硕士学位论文，2014。
③ 吴明霞：《30 年来西方关于主观幸福感的理论发展》，《心理学动态》2000 年第 4 期。

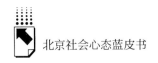

持，而内部因素则包括人格、年龄和性别。① 其中工作对主观幸福感具有较大的影响——主要分为工作状况、收入水平、主观经济地位等方面。

从工作状态来看，有正式工作的居民主观幸福感最高，学生、有正式工作或者离退休的居民主观幸福感会高于有临时工作、失业、无业或下岗的居民，而无业、失业或下岗的居民主观幸福感最低。人们普遍认为，收入水平可以正向预测主观幸福感，收入水平虽然对主观幸福感有一定的影响，但在某些情况下并不奏效，例如人们逐渐适应了长时间保持稳定的收入水平时，收入水平突然发生改变，主观幸福感就可能暂时地升高或降低，或者有时收入的增加也会导致痛苦的增加。从主观经济地位来看，其与收入水平类似，过高或过低都会对主观幸福感产生影响。在以往研究中，婚姻对主观幸福感的影响倒是非常一致——婚姻状况和主观幸福感之间有正向的联系。关于家庭环境对主观幸福感影响的研究主要是针对青少年的研究，学者李宗国、张鹤、焦燕研究发现父亲拒绝、母亲过度保护、积极应对和消极应对这四个因子对青少年主观幸福感有明显的预测作用，父母更多理解、关爱子女，子女感觉到的总体幸福感也就相对会更高；与之相反，父母对子女采取放任不管的态度或管教过于严厉、苛刻，子女体验到的幸福感肯定也会更少。② 本研究将从收入、婚姻、家庭等外部因素调查北京市居民的主观幸福感情况。

本研究旨在调查北京市居民的主观幸福感情况，比较主观幸福感在各人口统计学变量上的差异，探究主观幸福感和生活满意度、社会疏离感、工作满意度、社会责任感之间的关系。

二　研究方法

（一）样本基本情况

本研究调查了北京市 16 个区的居民，共发放问卷 2851 份，回收问卷 2634 份，

---

① 王芳、陈福国：《主观幸福感的影响因素》，《中国行为医学科学》2005 年第 6 期。
② 李宗国、张鹤、焦燕：《青少年家庭教养方式、应对方式对主观幸福感的影响》，《中国健康心理学杂志》2016 年第 6 期。

问卷回收率 92.38%。受访者性别比例基本持平，其中，男性受访者 1390 名
（52.8%），女性受访者 1237 名（47.0%）。在年龄段方面上，受访者年龄在 21～40
岁的居多，以中青年为主，占 70.5%。在文化程度方面，本科学历居多，占
41.6%。户籍所在地方面，44.9% 的受访者为北京城市户口。在民族分布上，汉族
人为最多群体，占 92.3%。在婚姻状况方面，已婚人群和未婚人群所占比例相当，
分别为 48.1% 和 45.2%。在政治面貌类型上，共青团员最多，占 37.9%，其次为
共产党员，占 27.3%。受访者职业分布较为广泛，其中私企职员、教师、服务
业工作人员分别占 11.7%、9.5%、9.9%。在月收入方面，2001～7855 元以及
7856～15000 元的受访者分别占 36.3% 和 25.8%。受访者基本信息见表 1。

表 1　受访者基本信息

单位：人，%

变量	类别	样本数	百分比
性别	男	1390	52.8
	女	1237	47.0
	缺失	7	0.2
年龄段	20 岁及以下	475	18.0
	21～30 岁	1204	45.7
	31～40 岁	654	24.8
	41～50 岁	162	6.2
	51 岁及以上	139	5.3
民族	汉族	2432	92.3
	少数民族	202	7.7
政治面貌	共产党员	720	27.3
	共青团员	998	37.9
	民主党派	202	7.7
	群众	713	27.1
	缺失	1	0.0
婚姻状况	未婚	1191	45.2
	已婚	1268	48.1
	同居	118	4.5
	离婚	37	1.4
	丧偶	10	0.4
	缺失	10	0.4

变量	类别	样本数	百分比
户籍所在地	北京城市	1182	44.9
	北京农村	487	18.5
	外地城市	649	24.7
	外地农村	309	11.7
	缺失	7	0.2
地区	朝阳区	864	32.8
	海淀区	756	28.7
	丰台区	256	9.7
	昌平区	226	8.6
	大兴区	75	2.8
	通州区	91	3.5
	西城区	59	2.2
	房山区	33	1.3
	顺义区	37	1.4
	东城区	44	1.7
	石景山区	71	2.7
	密云区	21	0.8
	平谷区	13	0.5
	怀柔区	43	1.6
	延庆区	18	0.7
	门头沟区	26	1.0
	缺失	1	0.0
信仰	中国特色社会主义（马列主义）	1704	64.7
	命运	156	5.9
	无神论	518	19.7
	基督教	48	1.8
	天主教	30	1.1
	佛教	88	3.3
	道教	20	0.8
	伊斯兰教	28	1.1
	其他	32	1.2
	缺失	10	0.4

续表

变量	类别	样本数	百分比
文化程度	小学及以下	48	1.8
	初中	136	5.2
	中专或职高	294	11.2
	高中	282	10.7
	大专	434	16.5
	本科	1095	41.6
	硕士	260	9.9
	博士	84	3.1
	缺失	1	0.0
子女数	一个孩子	890	33.8
	两个孩子	462	17.5
	三个及以上孩子	172	6.5
	未生育过	1103	41.9
	缺失	7	0.3
工作状态	正式工作	1374	52.2
	临时工作	320	12.1
	无业、失业或下岗	221	8.4
	离退休	107	4.1
	学生	576	21.9
	其他	35	1.3
	缺失	1	0.0
职业	农民	65	2.5
	教师	251	9.5
	军人	52	2.0
	机关干部或公务员	239	9.1
	服务业工作人员	260	9.9
	医务工作者	117	4.4
	外企职员	91	3.5
	私企职员	309	11.7
	国企员工	161	6.1
	自由职业者	121	4.6
	其他	55	2.1
	缺失	913	34.6

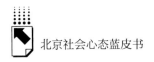

续表

变量	类别	样本数	百分比
月收入	2000 元及以下	263	10.0
	2001～7855 元	957	36.3
	7856～15000 元	679	25.8
	15001～20000 元	265	10.1
	20001 元及以上	136	5.2
	无收入	331	12.5
	缺失	3	0.1
汽车数	1	820	31.1
	2	1074	40.8
	3	269	10.2
	4	62	2.4
	缺失	409	15.5
住房数	1	796	30.3
	2	1096	41.6
	3	259	9.8
	4	77	2.9
	缺失	406	15.4

（二）问卷材料

1. 主观幸福感

本研究采用主观幸福感问题、生活满意度问卷、积极情绪和消极情绪量表，幸福感总分使用"幸福感 = 积极情感 + 生活满意度 - 消极情感"的公式计算。PANAS 量表包括积极情感和消极情感体验描述词各 9 个，要求受访者在 5 点量表（1 = 非常轻微或根本没有，5 = 非常强烈）上回答上一周在多大程度上体验到这些词汇所描述的情感。本研究中积极情绪和消极情绪分量表的 α 系数分别为 0.92 和 0.93。生活满意度的测量采用生活满意度量表。该量表共有 5 个题目，分别是："我的生活在大多数方面都接近于我的理想""我的生活条件很好""我对我的生活感到满意""到目前为止，我已经得到了我生活中想要得到的东西""如果可以再活一次，我基本上不会做任何改变"。该量表要求受访者在 7 点量表上标出自己对上述各题目的同意程度（1 = 极其不同意，2 = 不同意，3 = 有一点不同意，4 = 既不同意也不反对，5 = 有一点同意，6 = 同意，7 = 极其同意）。得分越高，表示该受访者的生活满意度水平越高。本研究中生活满意度量表的 α 系数为 0.87。

2. 社会疏离感

本研究采用杨东编制的疏离感量表中的社会疏离感分量表测量北京市居民的社会疏离感。该分量表共 24 个项目，采用 7 点计分，从"完全不符合"到"完全符合"分别计 1~7 分。各项目的原始分相加即为总分，总分越高则个体疏离感越强。

3. 工作满意度

本研究采用明尼苏达满意度量表（MSQ），该量表由 Weiss、Dawis、England、Lofquist 等于 1967 年编制而成，其较好的信度和效度，国内外众多学者都用它来测量员工的工作满意度。该量表包括 20 个问题，分为内在满意度、外在满意度和一般满意度三个分量表。内在满意度是指与工作本身有密切关系的，包括能力使用、成就、活动、权威、价值观、创造性、独立性、安全感、社会服务机会、社会地位、责任、工作多样性；外在满意度是指与工作本身无关的，包括个人发展晋升、公司政策、回报、同事关系、赏识、上司—人际关系、上司—领导水平、工作条件；一般满意度是指个人对内在满意层面、外在满意层面以及对于工作环境、与同事的人际关系等方面感觉满意的程度。每一个问题有"非常不满意""不满意""不确定""满意""非常满意" 5 种回答，每种回答依次对应 1~5 分，即李克特五点计分法，受访者根据自己的实际情况选择作答。短式量表中 1~4、7~11、15~16 和 20，构成内部（Intrinsic）满意度分量表；5~6、12~14 和 19，构成外部（Extrinsic）满意度分量表，1~20 项，构成一般满意度（General Atisfaction）分量表。

4. 社会责任感

本研究采用田园编制的大学生社会责任感问卷，共 28 个题目，分为家庭责任感、集体责任感和国家责任感三个维度。如"作为家庭成员，我有责任维护家庭的稳定"。采用 5 点计分，从"完全不符合"到"完全符合"分别计为 1~5 分，总均分越高代表社会责任感越强。在本研究中，总量表和三个维度的 Cronbach α 系数分别为 0.72、0.77、0.81 和 0.68。

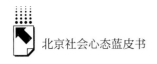
（三）研究程序

本研究对北京市 16 个区 2634 名居民进行问卷调查，问卷内容及居民的个人信息严格保密，仅供研究所用。问卷采用网络平台填写和线下实地发放两种形式，网络平台通过问卷星收集，线下实地发放由心理学专业本科生和研究生担任主试，在正式施测前，主试已进行严格培训。

（四）统计分析方法

本研究采用 SPSS 22.0 进行描述统计分析、单因素方差分析和相关分析等。

三　结果分析

（一）北京市居民主观幸福感基本特点

主观幸福感问卷中的题目"总体而言，你对当前生活的感觉如何"，选项为不幸福、一般、比较幸福、非常幸福，选择"比较幸福"的受访者最多，占 43.9%，总体来看，北京市居民的主观幸福感处于中等偏上水平（见图 1）。

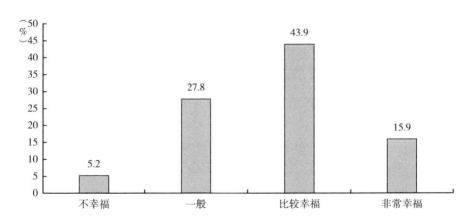

图 1　北京市居民主观幸福感总体状况

幸福感问卷计分方式为"幸福感总分 = 积极情感总分 + 生活满意度总分 − 消极情感总分"，以 5 分制计算。生活满意度量表由 Diener 等编制，共 5

个项目，采用7点计分，从"强烈反对"到"极力赞成"分别记为1～7分。各项目的原始分相加即为总分，总分越高则个体生活满意度越高。

北京市居民幸福感平均数为21.33；生活满意度平均数为16.06，积极情绪平均数为27.17，消极情绪平均数为21.89（见表2）。

表2　北京市居民主观幸福感

	平均数	标准差
幸福感	21.33	13.83
生活满意度	16.06	5.76
积极情绪	27.17	7.97
消极情绪	21.89	8.80

（二）北京市居民主观幸福感的人口统计学分析

1. 北京市居民主观幸福感的性别差异

北京市受访居民中，女性的幸福感总分 $t(1237) = -6.44$，$p < 0.01$，显著高于男性（见图2），可能是男性承担了更多的社会压力，且女性更倾向于表达情绪。

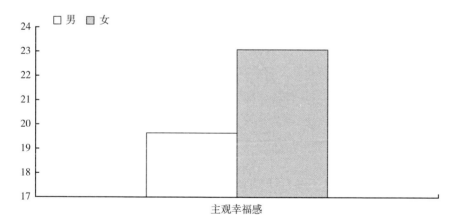

图2　北京市居民主观幸福感的性别差异

2. 北京市居民主观幸福感的年龄段差异

以年龄段为自变量，主观幸福感为因变量，采用方差分析考察不同年龄段居民的主观幸福感是否存在显著差异（见表3及图3）。结果发现，31~40岁居民主观幸福感显著高于20岁及以下、21~30岁、51岁及以上的居民。41~50岁居民主观幸福感高于31岁以下、51岁及以上的居民，但未达到显著水平。51岁及以上居民的主观幸福感最低。

表3　北京市居民主观幸福感的年龄段差异

年龄段	主观幸福感均分	标准差	事后检验
①20岁及以下	20.38	13.45	
②21~30岁	20.81	13.75	
③31~40岁	22.90	14.64	③>①②⑤
④41~50岁	22.71	12.94	
⑤51岁及以上	20.07	12.20	
F检验	3.80**		

注：* 表示 $p < 0.01$，** 表示 $p < 0.05$，*** 表示 $p < 0.001$，下同。

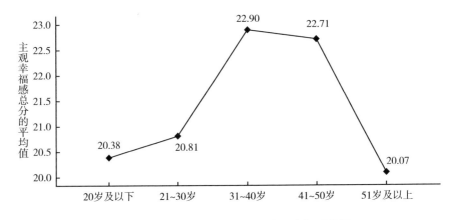

图3　不同年龄段的北京市居民主观幸福感差异

3. 北京市居民主观幸福感的地区差异

以地区为自变量，主观幸福感为因变量，采用方差分析考察不同地区居民的幸福感指数是否存在显著差异（见表4及图4）。结果发现，怀柔区和海淀区居民主观幸福感最高, 海淀区居民主观幸福感显著高于朝阳区及丰台区居民, 延庆区及平谷区居民主观幸福感较低。

表4　北京市居民主观幸福感的地区差异

地区	主观幸福感均分	标准差
朝阳区	20.89	14.35
海淀区	22.25	14.17
丰台区	20.18	13.61
昌平区	21.34	13.14
大兴区	21.41	13.68
通州区	20.75	13.19
西城区	22.08	13.71
房山区	20.30	11.68
顺义区	21.89	14.09
东城区	21.93	12.26
石景山区	21.28	12.12
密云区	21.19	9.97
平谷区	17.00	10.48
怀柔区	23.49	13.52
延庆区	17.89	12.45
门头沟区	20.65	12.42
F 检验	0.68	

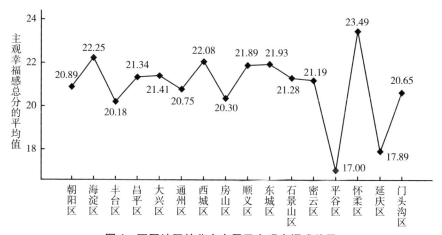

图4　不同地区的北京市居民主观幸福感差异

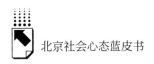
4. 北京市居民主观幸福感的婚姻状况差异

以婚姻状况为自变量，主观幸福感为因变量，采用方差分析考察不同婚姻状况的北京市居民主观幸福感是否存在显著差异（见表5及图5）。结果发现，已婚的居民主观幸福感最高，显著高于未婚、同居、离婚的居民，而离婚的居民主观幸福感最低。

表5　北京市居民主观幸福感的婚姻状况差异

婚姻状况	主观幸福感均分	标准差	事后检验
①未婚	19.87	13.47	
②已婚	23.01	14.02	②>①③④
③同居	18.01	11.54	
④离婚	17.14	14.60	
⑤丧偶	20.60	16.00	
F 检验	10.73 ***		

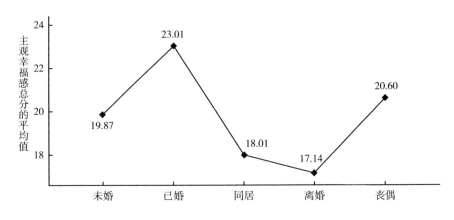

图5　不同婚姻状况的北京市居民幸福感差异

5. 北京市居民主观幸福感的文化程度差异

以文化程度为自变量，主观幸福感为因变量，采用方差分析考察不同文化程度的居民主观幸福感是否存在显著差异（见表6及图6）。结果发现，文化程度为硕士的居民主观幸福感最高，显著高于其他文化程度的居民，而文化程度为小学及初中的居民主观幸福感显著低于其他文化程度的居民。大体上为文化程度越高，主观幸福感越高。

表6 北京市居民主观幸福感的文化程度差异

文化程度	主观幸福感均分	标准差	事后检验
①小学及以下	11.85	7.40	①<③④⑤⑥⑦⑧
②初中	15.93	10.91	
③中专或职高	17.45	12.12	②③<④⑤⑥⑦⑧
④高中	20.74	13.08	④⑤<⑥⑦
⑤大专	21.00	13.52	
⑥本科	23.01	14.34	
⑦硕士	23.75	14.24	
⑧博士	22.87	15.12	
*F*检验	13.65 ***		

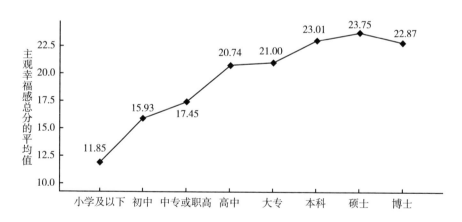

图6 不同文化程度的北京市居民主观幸福感差异

6. 北京市居民主观幸福感的工作状态差异

以工作状态为自变量，主观幸福感为因变量，采用方差分析考察不同工作状态的北京市居民的主观幸福感是否存在显著差异（见表7及图7）。结果发现有正式工作的居民主观幸福感最高，学生、有正式工作或者离退休的居民主观幸福感显著高于有临时工作，失业、无业或下岗的居民，无业、失业或下岗的居民主观幸福感最低。

表 7   北京市居民主观幸福感的工作状态差异

工作状态	主观幸福感均分	标准差	事后检验
①正式工作	23. 16	14. 25	① > ②③
②临时工作	16. 93	11. 60	
③无业、失业或下岗	14. 00	9. 36	③ < ④⑤⑥
④离退休	20. 82	12. 16	
⑤学生	22. 23	14. 39	
⑥其他	22. 23	11. 48	
F 检验	25. 35 ***		

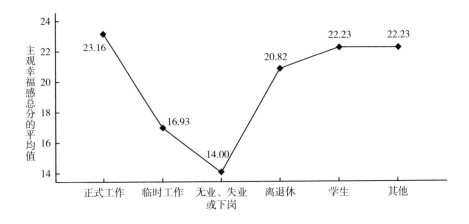

图 7   不同工作状态的北京市居民主观幸福感差异

7. 北京市居民主观幸福感的月收入差异

以月收入为自变量，主观幸福感为因变量，采用方差分析考察不同月收入的居民主观幸福感是否存在显著差异（见表 8 及图 8）。月收入 20001 元及以上的居民主观幸福感较高，显著高于其他居民，其次为月收入 7856 ~ 15000 元的居民和无收入居民（无收入居民中学生数量较多，所以对该分组主观幸福感总分有一定影响），主观幸福感最低的为月收入 15001 ~ 20000 元和 2000 元以下的居民，显著低于其他居民。

表 8　北京市居民主观幸福感的月收入差异

月收入	主观幸福感均分	标准差	事后检验
①2000 元及以下	19.46	13.70	①④<②③⑤
②2001～7855 元	21.41	13.69	
③7856～15000 元	22.04	13.84	
④15001～20000 元	19.21	13.08	
⑤20001 元及以上	23.76	14.33	
无收入	21.62	14.34	
F 检验	3.46 **		

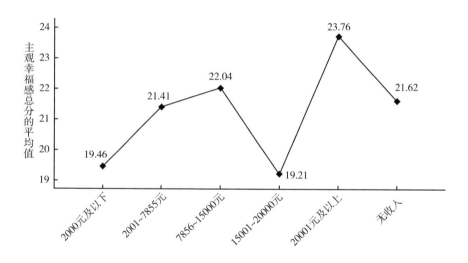

图 8　北京市居民主观幸福感的月收入差异

8. 北京市居民主观幸福感的户籍所在地差异

以户籍所在地为自变量，主观幸福感为因变量，采用方差分析考察不同户籍所在地的北京市居民的主观幸福感是否存在显著差异（见表 9 及图 9）。结果发现，北京城市居民的主观幸福感最高，显著高于北京农村居民、外地城市居民及外地农村居民；北京农村居民的主观幸福感最低，显著低于其他居民；外地农村居民的主观幸福感略高于北京农村居民，但无显著差异。

表9 北京市居民主观幸福感的户籍所在地差异

户籍所在地	主观幸福感均分	标准差	事后检验
①北京城市	23.89	14.24	①>③>④②
②北京农村	17.56	11.78	
③外地城市	21.11	14.01	
④外地农村	17.66	12.57	
F 检验	34.17 ***		

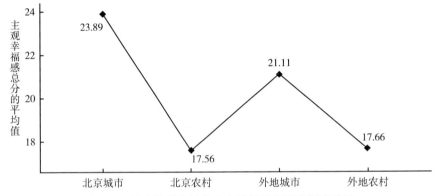

图9 不同户籍所在地北京市居民的主观幸福感差异

9. 北京市居民主观幸福感的主观经济地位差异

以主观经济地位为自变量，主观幸福感为因变量，采用方差分析考察不同主观经济地位的北京市居民主观幸福感是否存在差异显著（见表10及图10）。结果发现，主观经济地位为中层的居民主观幸福感显著高于其他居民，主观经济地位为下层的居民主观幸福感最低。

表10 北京市居民主观幸福感的主观经济地位差异

主观经济地位	主观幸福感均分	标准差	事后检验
①上层	18.14	12.62	⑤<①<②
②中上层	20.06	13.63	⑤<②<③
③中层	24.66	13.42	
④中下层	20.10	13.47	⑤<④<③
⑤下层	14.50	13.81	
F 检验	27.16 ***		

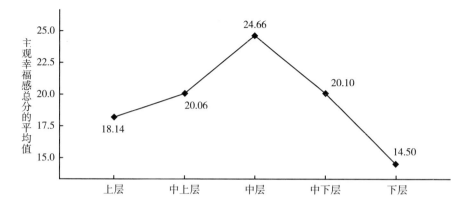

图10　北京市居民主观幸福感的主观经济地位差异

（三）北京市居民主观幸福感的相关影响分析

将生活满意度、社会疏离感、工作满意度、社会责任感总分按照平均分加减一个标准差划分为高、中、低三组，检验不同生活满意度、社会疏离感、工作满意度、社会责任感居民的主观幸福感是否存在显著差异（见表11）。

表11　主观幸福感和不同生活满意度、社会疏离感、
工作满意度、社会责任感相关系数

	工作满意度	主观幸福感	生活满意度	社会责任感	社会疏离感
工作满意度	1				
主观幸福感	0.56**	1			
生活满意度	0.62**	0.75**	1		
社会责任感	0.60**	0.27**	0.41**	1	
社会疏离感	0.20	-0.42**	-0.09**	0.36**	1

1. 不同生活满意度的居民主观幸福感差异

不同生活满意度的居民主观幸福感差异显著（$F = 1049.89$，$p < 0.001$）。进一步分析发现，生活满意度高分组居民的主观幸福感最高，中分组居民的主观幸福感次之，低分组居民的主观幸福感最低（见表12）。

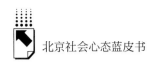

表 12　不同生活满意度的居民主观幸福感差异

生活满意度分组	主观幸福感均分	标准差
低分组	7.02	8.41
中分组	20.49	10.14
高分组	36.32	12.18
F 检验	1049.89 ***	

2. 不同社会疏离感的居民幸福感差异

不同社会疏离感的居民主观幸福感显著差异（$F = 345.22$，$p < 0.001$），进一步分析发现，社会疏离感低分组居民主观幸福感最高，中分组次之，社会疏离感高分组居民主观幸福感最低，总体呈现社会疏离感越低，居民主观幸福感越高的状态（见表13）。

表 13　不同社会疏离感的居民主观幸福感差异

社会疏离感分组	主观幸福感均分	标准差
低分组	37.40	14.45
中分组	18.35	10.81
高分组	18.08	14.47
F 检验	345.22 ***	

3. 不同工作满意度的居民主观幸福感差异

不同工作满意度的居民主观幸福感呈显著差异（$F = 352.02$，$p < 0.001$）。工作满意度高分组居民主观幸福感最高，工作满意度中分组居民次之，低分组居民最低，总体来看，工作满意度越高的居民，主观幸福感也会越高（见表14）。

表 14　不同工作满意度的居民主观幸福感差异

工作满意度分组	主观幸福感均分	标准差
低分组	10.26	9.49
中分组	21.00	12.22
高分组	34.03	14.80
F 检验	352.02 ***	

4. 不同社会责任感的居民主观幸福感差异

不同社会责任感的居民主观幸福感差异显著（$F=60.61$，$p<0.001$）。社会责任感高分组居民主观幸福感最高，中分组居民主观幸福感显著高于低分组居民。总体呈现社会责任感越高，居民主观幸福感越高的状态（见表15）。

表15　不同社会责任感居民主观幸福感差异

社会责任感分组	主观幸福感均分	标准差
低分组	13. 51	9. 328
中分组	21. 92	14. 247
高分组	24. 18	12. 226
F 检验	60. 61 ***	

（四）北京市居民主观幸福感的影响因素分析

以主观幸福感为因变量，以性别、年龄段、婚姻状况、政治面貌、户籍所在地、子女数为控制变量，以工作满意度、社会责任感、社会疏离感为自变量做多元线性回归，回归结果如表16所示。

表16　居民的主观幸福感的多元线性回归结果

	未标准化系数		标准化系数	t	显著性
	B	标准误差	$Beta$		
男	− 1. 75	0. 43	− 0. 06	− 4. 09	0. 00
民主党派	− 2. 18	0. 81	− 0. 05	− 2. 70	0. 00
北京农村	− 2. 51	0. 55	− 0. 08	− 4. 55	0. 00
外地城市	− 1. 17	0. 54	− 0. 04	− 2. 17	0. 03
外地农村	− 2. 27	0. 73	− 0. 05	− 3. 09	0. 00
工作满意度	0. 46	0. 02	0. 45	22. 89	0. 00
社会责任感	0. 10	0. 01	0. 16	7. 58	0. 00
社会疏离	− 0. 26	0. 00	− 0. 47	− 28. 06	0. 00

主观幸福感的多元线性回归结果显示，进入方程的变量有：性别、年龄段、政治面貌、户籍所在地、社会疏离感、社会责任感、工作满意度，其中

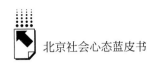
$R^2 = 0.53$，调整后 $R^2 = 0.53$，ANOVA 分析 $F = 107.05$，$p < 0.05$，各变量 VIF < 2，无显著共线性。

四 对策及建议

（一）提高社会的就业吸纳能力，为特殊人群提供职业技能培训、实习以及"下岗再就业"的机会

据上述研究结果，21~30 岁、51 岁及以上居民主观幸福感最低，且在工作状态方面，未就业与离退休职工居民主观幸福感同样较低，所以不难得出处于这两个年龄段的居民的工作状态会极大影响其主观幸福感。21~30 岁居民处于职业探索期，鲜有足够的工作经验，该年龄段的居民在求职过程中出现屡屡碰壁的情况。无法就业引起的生活基本条件的不满足、生存环境不稳定、经济状况低迷等困境，更容易使心理承受能力较差的中青年居民产生消极情绪。中青年人成为"新失业群体"，这也是当今社会啃老、傍老现象盛行的原因之一。[1] 针对该类群体，政府可以提供上岗前理论知识教学和免费培训实习等机会。我国作为老龄化发展速度最快的国家之一，老龄化问题将成为 21 世纪中国主要的人口问题，而这个问题的核心是老年人口的生活质量问题。[2] 幸福感是老年人生活质量的重要心理指标，[3] 50 岁以上的居民，多处于退休状态，家人陪伴时间减少、健康逐渐出现问题、经济能力降低等造成老人的主观幸福感较低。社会上存在一些简易工作劳动力缺失的情况，可以适当考虑老年人群体，例如志愿交通指挥岗、社区服务站等。

（二）增设居民继续教育学习途径，提升居民平均文化水平

不同文化程度的北京市居民主观幸福感不同。在北京这个快节奏的一线城市中，尽管时时刻刻存在无数的就业机会，但许多文化程度较低的工作者，因

---

① 水晶：《"啃老"背后的亲情悲剧》，《金秋》2015 年第 1 期。

② 刘渝林：《老年人口生活质量的含义与内容确定》，《人口学刊》2005 年第 1 期。

③ 刘仁刚、龚耀先：《老年人主观幸福感及其影响因素的研究》，《中国临床心理学杂志》2000 年第 8 期。

文化程度的限制，错失大量工作机会，难以胜任较有技术含量的工作岗位，薪资很难达到预期水平，生活压力巨大。俗语说"授人以鱼不如授人以渔"，政府可大力拓宽居民在社会上继续教育学习的途径，提供免费学习资源，设置通俗易懂而又实用的继续教育课程，提升市民自身文化水平，更易就业，成就自我，完善其价值观念。

（三）扩大社会公共福利的受众范围，稀释户籍福利

截至 2017 年，具有北京户口的居民数量仅占北京地区常住人口数量的 1/3，剩余以外来人口居多，而近年来，外来务工人员数量只增不减，在这座高收入高消费的城市中，外来人口还需要承担房租等额外高额费用，生活压力巨大。在社会生存难题的高压下，因户口等一系列的条件限制，他们未能享受社会公共福利政策（如购买保障房、教育福利、就业福利等）。在北京，因户籍带来的社会福利待遇人均差异已达百万元以上，甚至有研究者提出户籍附加福利已经成为阻碍京津冀协同发展的最大障碍。① 可见缩小户籍带来的社会福利待遇差距非常有必要。政府应努力扩宽社会基础福利的适应范围，建立健全市民福利政策，降低福利政策门槛，可以使外来居民感受政策带来的温暖与关怀，增强外来居民对城市的归属感，同时提升外来居民在北京生活的主观幸福感，促进社会和谐发展。

---

① 步淑段、宁金辉：《改革户籍附加福利是京津冀协同发展的关键》，《经济与管理》2016 年第 1 期。

B.11
北京市居民生活满意度调查

夏宇欣　杨　静　金思宇*

摘　要： 本研究通过线上和线下两种方式对 2851 名北京市居民进行生活
满意度调查。结果发现，北京市居民的生活满意度整体处于中等
偏低水平，人口学变量（年龄、性别、婚姻状况、文化程度、工
作状态、月收入、房产数量、汽车数量、居住地、户籍所在地、
主观社会经济地位、子女数）对居民生活满意度产生的影响均达
到统计学上的显著性。生活满意度与幸福感、工作满意度、亲社
会行为、社会责任感呈显著正相关；与社会疏离感呈显著负相
关。针对分析结果，本研究就如何提高居民生活满意度提出了五
点建议：保障就业，规范企业用工制度；重视婚姻功能，开展婚
姻家庭生活教育；扩大社会福利的受众范围，改善外省来京人员
待遇；提升民众文化水平；加强心理健康教育。

关键词： 生活满意度　北京市居民　主观社会经济地位　心理需求

一　引言

　　近几十年来，随着社会的进步和科技的发展，人们的物质生活水平飞速
提升。习近平总书记在党的十九大报告中指出，我国社会主要矛盾已经转化
为人民日益增长的美好生活需要和不平衡不充分的发展之间的矛盾。日益丰
富的物质生活在客观上反映了人们生活质量的飞跃，但并不能完全反映人们

---

　* 夏宇欣，河北师范大学副教授，主要研究方向为应用心理学、心理咨询理论与实务；杨静，北
京林业大学人文社会科学学院在读硕士；金思宇，北京林业大学人文社会科学学院在读硕士。

的精神生活水平，尤其是心理健康水平。对于个体而言，生活满意度是评估人们生活状态和心理需求的重要心理表征，也是衡量一个人生活质量的综合性指标。[①] 它可以帮助个体更直观地了解自己的生活现状与期望之间的差距，觉察到自己真实的心理需求，为及时进行心理调适、提高生活幸福感提供良好的参照。

21 世纪初，积极心理学作为一个新兴的领域，开始对正常人群的积极力量予以积极关注。因此普通人的快乐和幸福逐渐成为心理学研究的主题，而生活满意度则被看作主观幸福感的一个认知成分。[②] 国外学者 Veenhoven 提出生活满意度在理论上包括认知和情感成分，[③] 国内学者陈世平、乐国安在 Shin 和 Veenhoven 等人的观点基础之上，将生活满意度定义为个人对自己生活质量的主观体验，包含客观生活质量和主观情感体验这两个部分。[④]

无论是从国家层面还是个人层面出发，提高生活满意度的前提需要了解生活满意度的影响因素。以下将从主观因素和客观因素两方面进行探讨。

从客观因素分析，居民的物质生活水平是提高生活满意度的前提条件。个体的经济地位水平是居民物质生活水平的直接体现，因此，居民的收入水平、工作状态、居住地等成为影响居民生活满意度的重要因素。当个体遭遇负性生活事件时更会极大动摇人们对生活满意度的评估，而经济收入的稳定能够较好地维持个体的物质生活水平，从而保障居民的生活满意度。

当然，影响居民生活满意度的因素还包括精神层面的主观因素。根据马斯洛需求层次理论，当基本的生理、安全需求得到满足后，爱和归属感以及自我实现的心理需求会更大程度地影响居民的生活满意度。以往研究针对大量青少年、老年进行生活满意度调查后发现，他们的人际支持、同伴关系等主观因素是影响生活满意度的重要原因。[⑤] 这些研究结果反映了人的社会性，即我们是处于社会关系中的人，从更亲密的家庭关系来看，个体的婚姻状态和亲子关系

① 范莉娜、费广玉：《民族旅游村寨居民社区关系对其生活满意度影响机制——以黔东南肇兴侗寨为例》，《社会科学家》2019 年第 3 期。
② Shin, D. C., Johnson, D. M., "Avowed Happiness as an Overall Assessment of the Quality of Life," *Social Indicators Research* (1978)：475－492.
③ Veenhoven, R., *Conditions of Happiness* (Dordrecht, Holland：Reidel).
④ 陈世平、乐国安：《城市居民生活满意度及其影响因素研究》，《心理科学》2001 年第 6 期。
⑤ 姚本先、石升起、方双虎：《生活满意度研究现状与展望》，《学术界》2011 年第 8 期。

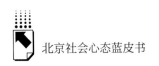

也会起到一定的支持作用。并且，个人的文化程度也影响着人们的精神生活和认知态度，从而对居民生活满意度起着重要的调节作用。

本研究以北京市居民为研究对象，考察不同群体生活满意度的基本特点及其在性别、年龄、文化程度、月收入等人口学变量上的差异。并且，探讨生活满意度与主观幸福感、工作满意度、亲社会行为、社会责任感以及社会疏离感之间的相关关系。

二　研究方法

（一）调查对象

本研究采用多阶段整群随机抽样的方式，对2851名北京市居民进行生活满意度的相关调查，剔除缺失的198份无效问卷，最终有效问卷数为2653份，问卷有效率达到93.1%。

本研究的受访者覆盖北京城区、郊区和农村，包括海淀区、朝阳区、怀柔区等16个地区。样本的性别比例基本达到均衡，其中男性受访者1460人，占比51.2%；女性受访者1375人，占比48.2%，其中性别缺失为0.6%。样本最小年龄为11岁，最大年龄为97岁，样本平均年龄为29.68±10.30岁。关于受访者的基本信息见表1。

表1　受访者的基本信息

单位：人，%

项目		频次	百分比	项目		频次	百分比
性别	男	1460	51.2	婚姻状况	未婚	1289	45.2
	女	1375	48.2		已婚	1376	48.3
	缺失	16	0.6		同居	119	4.2
年龄	20岁及以下	511	17.9		离婚	39	1.4
	21~30岁	1271	44.6		丧偶	10	0.4
	31~40岁	703	24.7		缺失	18	0.5
	41~50岁	207	7.2	地区	朝阳区	891	31.3
	51岁及以上	159	5.6		海淀区	813	28.5

续表

	项目	频次	百分比		项目	频次	百分比
信仰	中国特色社会主义（马列主义）	1806	63.3	地区	丰台区	268	9.4
	命运	589	5.7		昌平区	238	8.3
	无神论	50	20.7		大兴区	81	2.8
	基督教	30	1.8		通州区	101	3.5
	天主教	95	1.1		西城区	76	2.7
	佛教	24	3.3		房山区	36	1.3
	道教	29	0.8		顺义区	41	1.4
	伊斯兰教	43	1.0		东城区	59	2.1
	其他	2829	1.5		石景山区	90	3.2
	缺失	22	0.8		密云区	21	0.7
政治面貌	共产党员	773	27.1		平谷区	14	0.5
	共青团员	1059	37.1		怀柔区	62	2.2
	民主党派	207	7.3		延庆区	19	0.7
	群众	809	28.4		门头沟区	40	1.4
	缺失	3	0.1	居住地	城区	1855	65.1
工作状态	正式工作	1500	52.6		郊区	369	12.9
	临时工作	334	11.7		农村	616	21.6
	无业、失业或下岗	226	7.9		缺失	11	0.4
	离退休	119	4.2	户籍所在地	北京城市	1293	45.4
	学生	628	22.0		北京农村	494	17.4
	其他	41	1.4		外地城市	711	24.9
	缺失	3	0.2		外地农村	342	12.0
职业	农民	68	2.4		缺失	2840	0.4
	教师	270	9.5	房产数量	1	801	28.1
	军人	56	2.0		2	1097	38.5
	机关干部或公务员	246	8.6		3	260	9.1
	服务业工作人员	272	9.5		4	77	2.7
	医务工作者	138	4.8		缺失	616	21.6
	外企职员	95	3.3	汽车数量	1	826	29.0
	私企职员	350	12.3		2	1074	37.7
	国企员工	187	6.6		3	270	9.5
	自由职业者	131	4.6		4	62	2.2
	其他	62	2.2		缺失	619	21.7
	缺失	976	34.2				

续表

项目		频次	百分比	项目		频次	百分比
文化程度	小学及以下	50	1.8	主观社会经济地位	上层	123	4.3
	初中	148	5.2		中上层	473	16.6
	中专或职高	300	10.5		中层	1072	37.6
	高中	300	10.5		中下层	936	32.8
	大专	474	16.6		下层	242	8.5
	本科	1184	41.5		缺失	5	0.2
	硕士	305	10.7	子女数	未曾生育	1209	42.4
	博士	84	2.9		一个孩子	977	34.3
	缺失	6	0.2		两个孩子	481	16.9
月收入	2000元及以下	274	9.6		三个及以上孩子	175	6.1
	2001~7855元	1033	36.2		缺失	9	0.3
	7856~15000元	727	25.5				
	15001~20000元	285	10.0				
	20001元及以上	149	5.2				
	无收入	376	13.2				
	缺失	7	0.2				

（二）研究工具

本研究调查了北京市居民的生活满意度，以及生活满意度与主观幸福感、工作满意度、亲社会行为、社会责任感和社会疏离感之间的关系。采用了生活满意度量表、主观幸福感问卷、工作满意度量表、亲社会倾向测量问卷、大学生社会责任感问卷以及社会疏离感分量表等6种研究工具。

1. 生活满意度

生活满意度量表（Satisfaction with Life Scale，SWLS）由 Diener 等于1985年编制，迄今已在包括中国在内的全球150多个国家应用过，蔡华俭等通过研究证明其具有良好的信度和效度。生活满意度量表共有5个项目，其要求被试者在7点量表上表明自己对题项所陈述情况的同意程度，"1"表示"非常不同意"，"7"表示"非常同意"。本研究结果表明，生活满意度分数符合正太分布，Cronbach's α 为0.84，与前人研究无差，表明本研究拥有较好的可信度。

2. 主观幸福感

主观幸福感的测量工具由积极情感问卷、消极情感问卷和幸福感问卷组成，PANAS 量表包括积极情感和消极情感体验描述词各 9 个。问卷采用李克特五点计分法，要求被试者回答上一周在多大程度上体验到这些词汇所描述的情感。"1"表示"非常轻微或根本没有"，"5"表示"非常强烈"。

3. 工作满意度

工作满意度问卷包括内部满意度分量表和外部满意度分量表，该问卷总共 20 个项目。其中，项目 1~4、7~11、15~16 和 20，构成内部（Intrinsic）满意度分量表；项目 5~6、12~14 和 19，构成外部（Extrinsic）满意度分量表。该问卷采用李克特五点计分法，"1"表示"非常不同意"，"5"表示"非常同意"。

4. 亲社会行为

本研究采用丛文君修订的亲社会倾向测量问卷来测量亲社会行为水平，经过检测，其信度和效度均良好。此问卷总共 23 个题项，由六个维度组成，分别为公开性、匿名性、利他性、依从性、情绪性、紧急性。该问卷采用李克特五点计分法，"1"表示"完全不符合"，"5"表示"完全符合"。

5. 社会责任感

本研究采用田园编制的大学生社会责任感问卷，包括家庭责任感、集体责任感和国家责任感三个维度，共 28 个题目，效度和信度均良好。采用李克特五点计分法，"1"表示"完全不符合"，"5"表示"完全符合"。总均分越高代表社会责任感越强。

6. 社会疏离感

社会疏离感问卷由杨东等编制，社会疏离感分量表共 24 个项目，采用 7 点计分，从"完全不符合"到"完全符合"分别计 1~7 分。各项目的原始分相加即为总分，总分越高则社会疏离感越强。

（三）研究步骤

首先，前期通过大量的文献资料查找和阅读，找出所需的问卷工具。经专家组和课题组成员反复讨论后，确定拟使用的问卷。

其次，根据北京市居民的具体情况，对问卷进行修订，加入了相关的人口

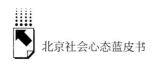

学变量，形成最终问卷版本，共计16道题。

再次，进行问卷施测。采用线上和线下问卷填写两种方式。施测人员在施测现场请受测者在线填写问卷，或者是施测人员到北京16个区发放纸质问卷，由受测者当场填写完成。

最后，所有问卷回收后，剔除无效问卷。对剩余的有效问卷进行录入，用SPSS软件对问卷进行数据分析。数据处理完成后，课题组撰写研究调查报告。

三　研究结果

（一）北京市居民生活满意度整体状况

生活满意度量表共5道题，分数的分布范围为5~35分，北京市居民的生活满意度得分范围是5~28分，平均分是16.06±5.76分（见表2）。

蔡华俭、林永佳等针对284名大学生进行线上和线下施测，线上问卷得分均值为20.47分，线下问卷得分均值为19.46分，两者均高于本研究的样本均值16.06分。[①]

该问卷共5个题项，北京市居民在生活满意度各个题项的得分处于3.52~4.21分，即大多数人的回答是处于"有一点不同意"和"既不同意也不反对"之间。总体而言，北京市居民的生活满意度整体处于中等偏下的水平。

表2　生活满意度描述统计

题项	平均值 + 标准差（$M \pm SD$）
1. 我的生活在大多数方面都接近我的理想	3.95 + 1.69
2. 我的生活条件很好	4.03 + 1.65
3. 我对我的生活感到满意	4.21 + 1.72
4. 到目前为止，我已经得到了我生活中想要得到的东西	3.87 + 1.73
5. 如果可以再活一次，我基本上不会做任何改变	3.52 + 1.80

① 蔡华俭、林永佳、伍秋萍、严乐、黄玄凤：《网络测验和纸笔测验的测量不变性研究——以生活满意度量表为例》，《心理学报》2008年第2期。

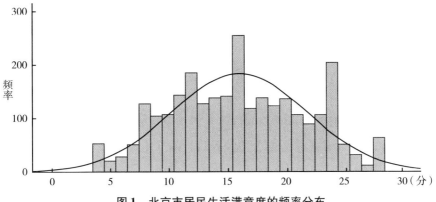

图1 北京市居民生活满意度的频率分布

（二）北京市居民生活满意度的基本特点

本研究将北京市居民的性别、年龄、文化程度、工作状态、月收入、婚姻状况、地区、居住地、户籍所在地、子女数、主观社会经济地位作为自变量，生活满意度作为因变量，分别进行单因素和多因素方差分析。

1. 单因素分析

（1）北京市居民生活满意度在性别上的差异

本次调查的人群性别分布较为均衡，男性1460人，占样本总数的51.2%，女性1375人，占样本总数的48.2%。从调查结果可以发现，女性的生活满意度显著高于男性（$F = 16.49$，$p < 0.05$）。结果如图2所示。

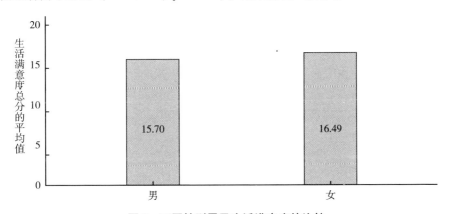

图2 不同性别居民生活满意度的比较

（2）北京市居民生活满意度在年龄上的差异

为了考察北京市居民生活满意度在年龄上的差异我们将受测者的年龄分为5个阶段：20岁及以下、21～30岁、31～40岁、41～50岁、51岁及以上。结果发现，不同年龄居民的生活满意度有着显著的差异（$F = 5.24$，$p < 0.05$）（见表3）。

进一步分析发现，31～40岁的群体生活满意度显著高于其他年龄的群体（$p < 0.05$），生活满意度最低的是20岁及以下的群体（见图3）。

表3 不同年龄的北京市居民生活满意度的平均值和标准差

年龄	平均值 + 标准差（$M \pm SD$）	F	事后比较
①20岁及以下	15.29 ± 5.37		① < ③
②21～30岁	16.05 ± 5.85		② < ③
③31～40岁	16.80 ± 5.90	5.24 *	③ > ①②④⑤
④41～50岁	15.99 ± 5.63		③ > ④
⑤51岁及以上	15.49 ± 5.49		③ > ⑤
总计	16.06 ± 5.76		

注：* 代表 $p < 0.05$，** 代表 $p < 0.01$，*** 代表 $p < 0.001$。下同。

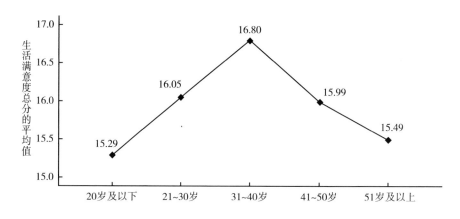

图3 不同年龄居民生活满意度的比较

（3）北京市居民生活满意度在文化程度上的差异

对居民文化程度的调查结果显示，随着居民文化程度的升高，他们的生活满意度也随之呈线性增长的趋势，小学及以下水平的居民生活满意度最低，博士文化程度的居民最高（见表 4 及图 4）。不同文化程度的居民之间的生活满意度存在显著差异（$F = 11.46$, $p < 0.05$）。

　　为了进一步探究文化程度对居民生活满意度的影响，方差分析得出，高中及以上文化程度的居民其生活满意度显著高于高中以下文化程度的居民（$p < 0.05$），而高中以上文化程度的居民之间的生活满意度水平没有达到显著差异。这表明，接受一定程度的教育对于提高居民生活满意度是十分有用的，但是更高的文化程度并不会使生活满意度产生质的改变。

表 4　不同文化程度的北京市居民生活满意度的平均值和标准差

文化程度	平均值 + 标准差（$M \pm SD$）	F	事后比较
①小学及以下	10.98 ± 4.73		① < ②③④⑤⑥⑦⑧
②初中	13.76 ± 5.42		② > ①　② < ③④⑤⑥⑦⑧
③中专或职高	15.18 ± 6.23		③ > ①②　③ < ④⑤⑥⑦⑧
④高中	16.00 ± 5.99		④ > ①②
⑤大专	16.43 ± 5.89	11.46*	⑤ > ①②③
⑥本科	16.46 ± 5.47		⑥ > ①②③
⑦硕士	16.70 ± 5.47		⑦ > ①②③
⑧博士	16.85 ± 5.81		⑧ > ①②③

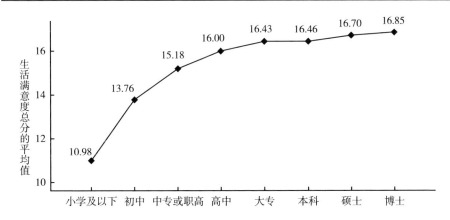

图 4　不同文化程度居民生活满意度的比较

（4）北京市居民生活满意度在工作状态上的差异

通过对北京市居民目前的工作状态进行调查，可将居民的工作状态分为六个类：无业、失业或下岗，临时工作，学生，正式工作，离退休，其他。

从进一步的数据分析中可以看出，拥有正式工作的居民在生活满意度得分上显著高于其他五种工作状态的居民（$p < 0.05$）。而处于临时工作，无业、失业或下岗这两种状态的居民在生活满意度上明显低于其他四种状态的居民（$p < 0.05$），且它们两者之间没有显著差异。由此可见，就业状态的稳定直接关系到人们经济收入的稳定性，从而影响居民生活满意度的高低（见表5及图5）。

表5　不同工作状态的北京市居民生活满意度的平均值和标准差

工作状态	平均值 + 标准差（$M \pm SD$）	F	事后比较
①无业、失业或下岗	13.97 ± 5.68		① < ③④⑤
②临时工作	14.29 ± 5.56		② < ③④⑤
③学生	15.75 ± 5.16	11.46*	③ > ①② ③ < ④
④正式工作	16.97 ± 5.95		④ > ①②③⑤
⑤离退休	15.83 ± 5.13		⑤ > ①② ⑤ < ④
⑥其他	15.94 ± 4.52		⑥ > ①

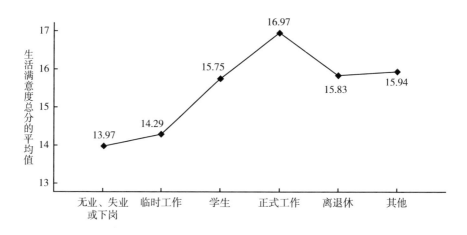

图5　不同工作状态居民生活满意度的比较

（5）北京市居民生活满意度在地区上的差异

通过比较北京市16个区的居民生活满意度，发现不同地区的居民在生活满意度方面存在差异。其中生活满意度最高的是西城区居民，延庆区居民的生活满意度显著低于朝阳区、海淀区、通州区、西城区、怀柔区居民（$p < 0.05$）；其他地区居民的生活满意度之间没有显著的差异（见图6）。

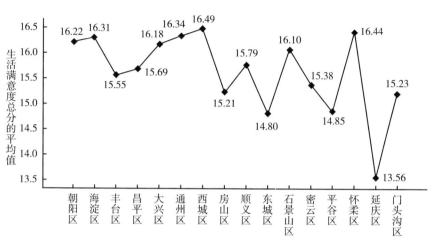

图6 不同地区居民生活满意度的比较

（6）北京市居民生活满意度在居住地上的差异

通过对北京市居民的居住地进行调查，将其分为城区、郊区、农村，他们在得分上的顺序依次为城区、郊区、农村。方差分析结果表明，城区的居民在生活满意度上显著高于郊区和农村的居民（$p < 0.05$），郊区和农村的居民在生活满意度上没有呈现显著的差异（见图7）。

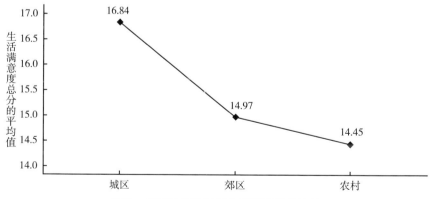

图7 不同居住地居民生活满意度的比较

（7）北京市居民生活满意度在户籍所在地上的差异

为了更全面、客观地呈现北京市居民的生活满意度状况，本研究进一步调查了受测者的户籍所在地，并从城乡角度将其分为四类：北京城市、北京农村、外地城市和外地农村。

结果发现，户籍所在地为北京城市的居民在生活满意度上明显高于北京农村、外地城市和外地农村的居民（$p < 0.05$）。通过比较户籍所在地为北京农村和外地城市的居民发现，两者之间的生活满意度没有达到显著差异（见表6和图8）。

表6　不同户籍所在地北京市居民的生活满意度的平均值和标准差

户籍所在地	平均值 + 标准差（$M \pm SD$）	F	事后比较
①北京城市	17.28 ± 5.82		① > ②③④
②北京农村	15.01 ± 5.79		② > ④ ② < ①③
③外地城市	15.59 ± 5.38	40.05 **	③ < ① ③ > ④
④外地农村	13.97 ± 5.23		④ < ①②③
总计	16.05 ± 5.76		

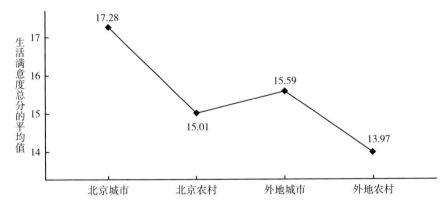

图8　不同户籍所在地居民生活满意度的比较

（8）北京市居民生活满意度在客观经济水平上的差异

居民的月收入是其客观经济水平的重要体现，随着月收入的增加，居民的生活满意度大致呈线性增长的趋势，不同月收入居民在生活满意度方面有着明显的差异（$F = 6.25$，$p < 0.05$）。

多重比较发现，月收入 2000 元及以下的群体在生活满意度上的得分显著低于其他五类收入群体（$p < 0.05$）；月收入 20001 元及以上的群体得分则显著高于其他五类群体（$p < 0.05$）。除此之外的四类群体之间没有明显的生活满意度差异（见表 7 和图 9）。其中无收入群体的生活满意度高于月收入 2000 元及以下的群体，可能跟无收入群体中有学生或者家庭主妇等有关系。

表7　不同月收入北京市居民的生活满意度的平均值和标准差

月收入	平均值 + 标准差（$M \pm SD$）	F	事后比较
①无收入	15.67 ± 5.19		① < ⑥
②2000 元及以下	14.56 ± 5.48		② < ③④⑤⑥
③2001 ~ 7855 元	16.06 ± 5.93	6.25 *	③ > ②
④7856 ~ 15000 元	16.45 ± 5.77		④ > ②
⑤15001 ~ 20000 元	16.26 ± 5.72		⑤ > ②
⑥20001 元及以上	17.46 ± 5.96		⑥ > ②
总计	16.06 ± 5.76		

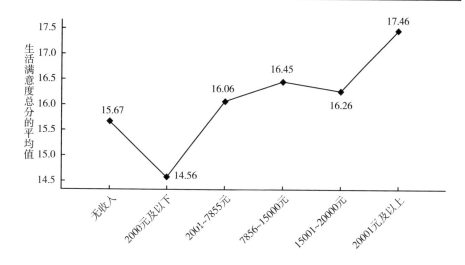

图9　不同月收入居民生活满意度的比较

研究进一步调查了居民房产和汽车的数量，以便能更直观地反映居民的经济水平。根据居民拥有的房产数量情况，可以将其分为四类群体：拥有 1 套房、2 套房、3 套房和 4 套房。

从方差分析的结果得知，居民拥有的房产数量会带来生活满意度的显著差异（$F=21.56$，$p<0.05$）。拥有 2 套房和 4 套房的群体其生活满意度显著高于拥有 1 套房和 3 套房的群体（$p<0.05$），但是这两个群体之间的生活满意度没有达到显著的差异。拥有 3 套房的群体在生活满意度上明显高于拥有 1 套房的人群（$p<0.05$）。如表 8 及图 10 所示。

表8   不同房产数量的北京市居民生活满意度的平均值和标准差

在北京拥有房产数量	平均值 + 标准差（$M \pm SD$）	F	事后比较
①1	14.93 ± 5.53		①<②④
②2	16.93 ± 5.84		②>①
③3	15.93 ± 6.16	21.56 **	③<④
④4	18.14 ± 6.33		④>①②③
总计	16.14 ± 5.87		

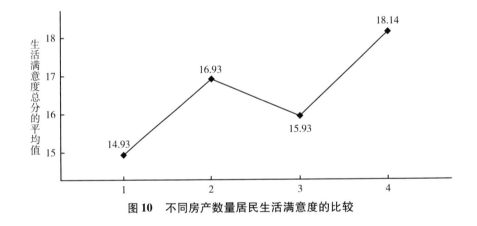

图10   不同房产数量居民生活满意度的比较

居民拥有的汽车数量也会带来生活满意度的显著差异（$F=22.38$，$p<0.05$）。拥有 2 辆车和 4 辆车的群体其生活满意度显著高于拥有 1 辆车和 3 辆车的群体（$p<0.05$），但是这两类群体之间的满意度没有达到显著差异。拥有 3 辆车的群体在生活满意度上明显高于拥有 1 辆车的群体（$p<0.05$）。此结果与拥有不同房产数量居民生活满意度差异检验相似（见图 11）。

（9）北京市居民生活满意度在主观社会经济地位上的差异

根据受测者对自己所处的社会经济地位进行主观评估，将其可分为以下五个层级：上层、中上层、中层、中下层、下层。结果得出身处不同社会经济地

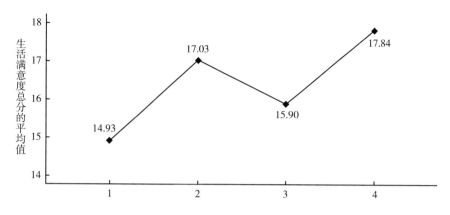

图 11   不同汽车数量居民生活满意度的比较

位的居民在生活满意度上存在显著差异（$F = 45.65$，$p < 0.05$）。

方差分析发现，主观评估为中层的居民在生活满意度上的得分显著高于其他四类居民（$p < 0.05$）；而主观评估为下层的居民在生活满意度上的得分则明显低于其他四类居民（$p < 0.05$）。身处中下层、中上层和上层的居民虽然满意度得分有所不同，但是没有达到显著差异（见图 12）。

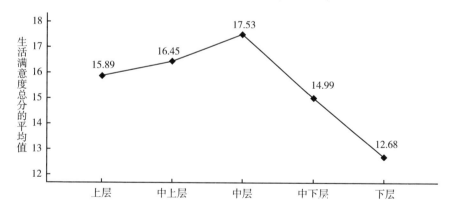

图 12   不同社会经济地位居民生活满意度的比较

（10）北京市居民生活满意度在不同婚姻状况上的差异

居民的婚姻状况是影响生活满意度的一个重要因素，受测者的婚姻状况可分为五类：未婚、已婚、同居、离婚和丧偶。生活满意度最高的是已婚群体，最低的是离婚群体（见表 9 和图 13）。

表9　不同婚姻状况的北京市居民生活满意度的平均值和标准差

婚姻状况	平均值 + 标准差($M \pm SD$)	F	事后检验
①未婚	15.16 ± 5.48		① < ②
②已婚	17.00 ± 5.92		② > ①③④
③同居	15.35 ± 5.48	17.57**	③ < ②
④离婚	14.37 ± 5.02		④ < ②
⑤丧偶	15.80 ± 4.99		
总计	16.05 ± 5.76		

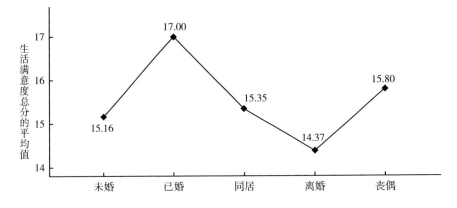

图13　不同婚姻状况居民生活满意度的比较

　　根据进一步的分析结果，处于不同婚姻状况的居民在生活满意度上有着显著差异（$F = 17.57$，$p < 0.05$）。其中，已婚群体的居民在生活满意度上高于其他四类婚姻状况的群体（$p < 0.05$）。

　　（11）北京市居民生活满意度在不同子女数上的差异

　　本研究对居民的子女数进行调查，将其划分为四类：未曾生育、一个孩子、两个孩子、三个及以上孩子。

　　分析结果显示，生育一个孩子的居民感知到的生活满意度普遍显著高于其他三类群体（$p < 0.05$）；生育三个及以上孩子的居民在生活满意度上的分数则显著低于未曾生育、生育一个和两个孩子的居民（$p < 0.05$）。未曾生育和只生育一个孩子的群体在生活满意度方面没有显著差异（见表10和图14）。

表 10 不同子女数的北京市居民生活满意度的平均值和标准差

子女数	平均值 + 标准差($M \pm SD$)	F	事后检验
①未曾生育	15.65 ± 5.50		① < ②④
②一个孩子	17.10 ± 5.98		② > ①③④
③两个孩子	15.88 ± 5.84	21.66 **	③ < ② ③ > ④
④三个及以上孩子	13.73 ± 4.94		④ < ①②③
总计	16.06 ± 5.76		

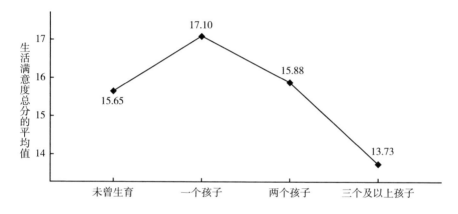

图 14 不同子女数居民生活满意度的比较

2. 多因素分析

通过对性别、年龄等人口学变量进行单因素分析发现,生活满意度的影响因素众多,且各因素之间有着复杂的关联。为了进一步探讨各变量对生活满意度的作用关系,本研究对各变量进行多因素方差分析,并就交互效应显著的变量关系进一步展开分析和讨论。

(1)年龄与婚姻状况两因素分析

为考察北京市居民生活满意度在年龄和婚姻状况交互项上的差异,以年龄和婚姻状况为自变量,生活满意度为因变量进行方差分析。结果发现,年龄和婚姻状况的交互效应显著($F = 3.02$,$p < 0.05$)。由表 11 可知,随着年龄的增长,未婚群体的生活满意度在逐步降低,51 岁及以上的未婚群体生活满意度显著低于 20 岁及以下的未婚群体($p < 0.05$)。在已婚群体中则呈现相反的趋势,即已婚居民的生活满意度随着年龄的增长逐步提升。

　　婚姻作为亲密的社会关系,对个体的物质和精神生活均起到重要的支持作用。进入婚姻的群体,随着年龄的增长,会面对越来越多的生活压力,已婚群体有更多来自家庭成员的支持,可以减少负性生活事件的冲击,从而带来生活满意度整体水平的上升。同时,根据马斯洛的需求层次理论,当物质生活等基本需求逐步得到满足,爱与归属的心理需求成为个体的重要需求。未婚群体随着年龄的增长,尤其到中老年,他们将体验更多的孤独感,在生活中也缺少支持和陪伴,这将给他们的生活满意度带来明显的影响。

表 11　年龄与婚姻状况的交互效应

婚姻状况	年龄	平均值 + 标准差($M \pm SD$)	简单效应
未婚	①20 岁及以下	15.43 ± 5.27	① > ⑤
	②21 ~ 30 岁	15.23 ± 5.54	
	③31 ~ 40 岁	14.39 ± 5.91	
	④41 ~ 50 岁	11.00 ± 5.98	
	⑤51 岁及以上	11.68 ± 3.71	
	总计	15.16 ± 5.48	
已婚	①20 岁及以下	14.00 ± 6.70	① < ②③
	②21 ~ 30 岁	17.25 ± 6.06	
	③31 ~ 40 岁	17.28 ± 5.86	
	④41 ~ 50 岁	16.31 ± 5.53	
	⑤51 岁及以上	16.22 ± 5.70	
	总计	17.00 ± 5.92	

（2）工作状态与子女数两因素分析

　　为考察北京市居民生活满意度在工作状态和子女数交互项上的差异,以工作状态和子女数为自变量,生活满意度为因变量进行方差分析。结果发现,工作状态和子女数的交互效应显著（$F = 2.57$, $p < 0.05$）,见表 12 和图 15。

表 12　工作状态与子女数的交互效应

工作状态	子女数	平均值 + 标准差($M \pm SD$)	简单效应
临时工作	①未曾生育	14.90 ± 5.31	
	②一个孩子	15.13 ± 6.20	② > ④
	③两个孩子	14.09 ± 5.49	
	④三个及以上孩子	12.26 ± 3.98	
	总计	14.29 ± 5.56	

续表

工作状态	子女数	平均值＋标准差（$M \pm SD$）	简单效应
学生	①未曾生育	15.93 ± 5.08	①＞②
	②一个孩子	12.36 ± 5.23	
	③两个孩子	13.73 ± 4.99	
	④三个及以上孩子	14.44 ± 6.48	
	总计	15.72 ± 5.15	
正式工作	①未曾生育	15.73 ± 5.87	①＜②③
	②一个孩子	17.75 ± 5.92	②＞④
	③两个孩子	17.69 ± 5.71	
	④三个及以上孩子	14.84 ± 5.53	
	总计	16.98 ± 5.94	

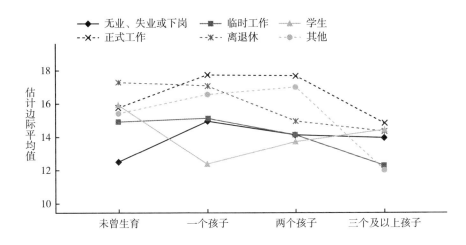

图15　工作状态与子女数的交互效应

　　简单效应的结果显示，对于临时工作状态的居民而言，子女数越少，生活满意度越高。而拥有正式工作的群体在有一个孩子和两个孩子的情况下，生活满意度均显著高于未曾生育孩子的情况（$p < 0.05$）。而对于学生群体来说，没有子女的生活满意度显著高于有一个孩子的群体（$p < 0.05$）。

　　工作状态稳定影响着个体的收入来源，是个体生存、生活的基本保障。临时工作状态的人们经济收入的稳定性较差，生存的不安稳感会影响他们养育子女的能力，子女数较多会带来较大的经济压力。相比于临时工作状态的群体，拥有正式工作的群体能够为子女提供更充足的物质生活条件，这使他们在养育孩子的过程中处于稳定可控的状态,生活满意度更高。但总体而言,三个及以上的多子女家庭承担的经济压力和精神压力远远高于一到两个孩子的家庭,无论处于什么工作状态,人们的生活满意度都会大大降低。

(3) 子女数与文化程度两因素分析

为考察北京市居民生活满意度在子女数与文化程度交互项上的差异,以子女数与文化程度为自变量,生活满意度为因变量进行方差分析。结果发现,子女数与文化程度的交互效应显著($F = 1.58$,$p < 0.05$)。

简单效应的结果显示,对于初中及以下文化程度的个体而言,他们的生活满意度整体处于较低的水平,且子女数对生活满意度没有显著的影响。对于大专、本科及以上具备较高文化程度的个体而言,生育一个孩子的居民生活满意度高于未曾生育的居民($p < 0.05$)。硕士文化程度的群体中,生育两个孩子的居民其生活满意度高于未曾生育的个体(见图16)。

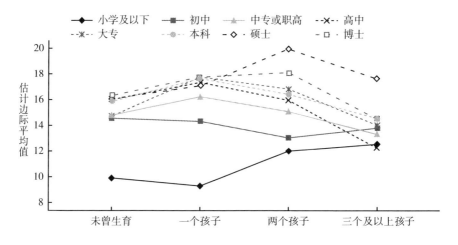

图16　子女数与文化程度的交互效应

对上述结果的原因可以从两方面进行讨论。一方面,文化程度越高,可能意味其收入水平相对较高,能够为子女提供比较优良的养育条件,面对的经济压力相对较小。另一方面,文化程度越高,可能拥有相对科学的教养理念,能够带给孩子更好的成长环境,在养育子女的过程中具有更多的优势,则生活满意度相对更高。

（4）居住地与婚姻状况两因素分析

为考察北京市居民生活满意度在居住地和婚姻状况交互项上的差异，以居住地和婚姻状况为自变量，生活满意度为因变量进行方差分析。结果发现，居住地与婚姻状况的交互效应显著（$F = 2.88$，$p < 0.05$），见表 13 和图 17。

表 13　居住地与婚姻状况的交互效应

婚姻状况	居住地	平均值 + 标准差（$M \pm SD$)	简单效应
未婚	①城区	15.73 ± 5.53	① > ②③
	②郊区	13.76 ± 5.54	
	③农村	14.22 ± 5.10	
	总计	15.16 ± 5.48	
已婚	①城区	17.97 ± 5.79	① > ②③
	②郊区	15.53 ± 5.71	
	③农村	14.85 ± 5.76	
	总计	17.00 ± 5.92	
同居	①城区	16.95 ± 5.58	① > ③
	②郊区	14.60 ± 4.41	
	③农村	13.57 ± 5.27	
	总计	15.35 ± 5.48	
离婚	①城区	13.19 ± 4.91	① < ②
	②郊区	19.29 ± 4.31	
	③农村	13.60 ± 1.52	
	总计	14.37 ± 5.02	

简单效应的结果显示，在未婚和已婚群体中，生活在城区的居民其生活满意度显著高于郊区和农村的居民（$p < 0.05$）；而在离婚群体中，居住在城区的居民其生活满意度显著低于生活在郊区的居民（$p < 0.05$）。

从社会层面来看，生活在城区可以为个体提供更多的资源和更完善的基础设施，这对于提高人们的生活水平大有帮助。然而，城区功能的负载较多，社会环境较为复杂，个体面临的压力也相对更大，这是不利于居民生活满意度的方面。从个人层面来看，未婚人群大多处于青年早期，大多数是学

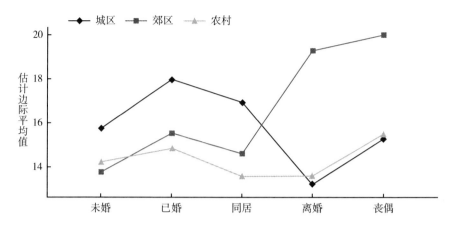

图17 居住地与婚姻状况的交互效应

生群体，此时他们的家庭生活压力相对较小，而城区更丰富的资源和环境正好满足他们的生活需求。已婚群体有自己的家庭成员，能够为个人带来物质和精神上的支持，城区生活压力在一定程度能够得到缓解，故能为个人带来较高的生活满意度。相比前两者，离婚人群面临家庭关系的破裂，可能还会继续承担养育子女的责任，在失去了伴侣的支持作用后，在城区中生活将面临更多的生活压力，生活满意度相对较低。相对来说，居住在郊区的个体生活成本相对更低，离婚对生活满意度的影响会相应下降。

（三）生活满意度与其他影响因素的相关分析

为考察北京市居民的生活满意度与其他影响因素之间的关系，将居民的幸福感、工作满意度、亲社会行为、社会责任感以及社会疏离感作为相关变量，与生活满意度进行相关分析。结果如表14所示。

生活满意度与居民的幸福感、工作满意度、亲社会行为和社会责任感均存在显著正相关（$p < 0.01$），与居民的社会疏离感为显著负相关（$p < 0.01$）。首先，生活满意度与幸福感的相关系数最高，表明居民的幸福感越高，则生活满意度越高。其次，工作满意度越高的居民，则生活满意度越高。再次，具有更多亲社会行为的居民往往有更高的生活满意度。最后，社会责任感越高的居民，生活满意度也越高。相反的是，社会疏离感越高的居民，其生活满意度越低。

表14　生活满意度与其他影响因素的相关分析结果

	生活满意度	幸福感	工作满意度	亲社会行为	社会责任感	社会疏离感
生活满意度	1					
幸福感	0.754 **	1				
工作满意度	0.616 **	0.559 **	1			
亲社会行为	0.429 **	0.334 **	0.604 **	1		
社会责任感	0.411 **	0.270 **	0.596 **	0.699 **	1	
社会疏离感	- 0.094 **	- 0.418 **	0.020	0.211 **	0.360 **	1

（四）聚类分析

（1）不同经济水平人群的生活满意度比较

本研究将影响个体收入水平及经济稳定性的相关变量，即工作状态、月收入、户籍所在地和居住地放在一起，通过两步聚类法划分为三类人群。第一类群体大多数生活在北京农村，有正式工作，月收入 2001 ~ 7855 元。根据其特征，将其命名为农村低收入工作者；第二类主要是生活在北京城市的无收入学生群体，命名为城市学生组；第三类主要是生活在北京城市，有着中低收入水平的正式工作者，将其命名为城市高收入工作者。

以生活满意度为因变量，将以上三类人群进行方差分析，结果如表15和图18所示。分析可得，农村低收入工作者的生活满意度显著低于城市学生组和城市高收入工作者（$p < 0.05$）。

表15　不同经济水平居民的生活满意度差异

不同经济水平居民	平均值 + 标准差（$M \pm SD$）	F	事后检验
①农村低收入工作者	15.12 ± 5.71		① < ②③
②城市学生组	15.65 ± 5.35	57.34 **	② > ① ② < ③
③城市高收入工作者	17.95 ± 5.86		③ > ①②
总计	16.05 ± 5.77		

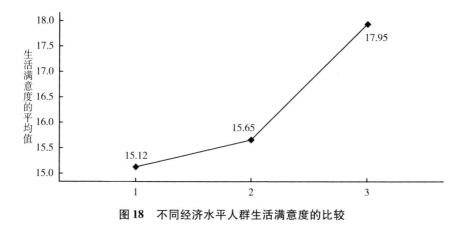

图18 不同经济水平人群生活满意度的比较

个体的经济水平是影响生活满意度的主观因素，可以通过不同的客观指标去反映个体的经济水平。首先，居民所处的工作状态直接影响居民收入来源的稳定性，尤其是临时工作或者处于失业状态的居民，他们的经济收入稳定性大大降低，间接影响到个体的生活满意度。其次，城乡差异会影响经济水平，且不同户籍所在地的居民也存在工作机会的差异。最后，月收入则是经济水平的最直观体现。这几个变量的结合形成了在收入稳定性、收入水平等方面存在差异的群体类型。

农村居民在工作机会和薪资水准方面均相对较差，客观经济条件不够优越，其生活满意度低于城市居民中的高薪收入者也在常理之中。而城市学生组的生活满意度高于农村低收入工作者，其可能跟学生的生活环境有关。学生群体虽然少有收入，但是他们受到家庭和社会各界的关注和支持相对较多，因此可以维持较高的生活满意度。

（2）不同家庭情况人群的生活满意度比较

家庭情况是影响生活满意度的一个重要的客观因素，本研究将居民工作状态、子女数和婚姻状况，通过两步聚类法划分为三类人群。第一类群体中有一半是已婚状态，并育有子女，多从事临时工作，这一类群体称之为事业不稳定型家庭；第二类全是已婚状态，多数生育了一个孩子，目前基本上都拥有正式工作，将其命名为事业稳定型家庭；第三类以未婚未育的学生居多，命名为学生群体。

将三类人群进行差异检验，发现三类人群的生活满意度差异性达到显著

（$F = 83.64$，$p < 0.05$）。事业稳定型家庭的生活满意度显著高于事业不稳定型家庭和学生群体（$p < 0.05$），如表 16、图 19 所示。

表 16　不同家庭情况居民的生活满意度差异

不同家庭情况居民	平均值 + 标准差（$M \pm SD$）	F	事后检验
①事业不稳定型家庭	14.55 ± 5.60		① < ②③
②事业稳定型家庭	17.94 ± 5.75	83.64 **	② > ①③
③学生群体	15.71 ± 5.40		③ > ① ③ < ②
总计	16.05 ± 5.76		

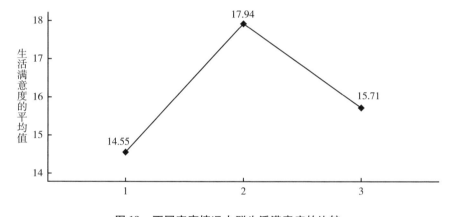

图 19　不同家庭情况人群生活满意度的比较

　　家庭和事业的稳定性能够灵敏反映个体的生活状态，也是个体在社会生活中不可或缺的部分。从主观层面来看，事业稳定型家庭的个体家庭结构相对完整，可以带给个体重要的人际支持，满足个体爱与归属的基本心理需求，这是一个人获得幸福感、满足感的条件之一。从客观层面来看，事业稳定型家庭大多收入稳定，这为家庭功能的实现和子女的养育提供了必要的经济基础条件，生活满意度水平自然处于较高状态。相反，事业不稳定型家庭虽然家庭结构完整，但是多数是临时工作者，收入不稳定在一定程度增加了家庭生活中的风险，也会降低居民的生活满意度。与前两者不同的是学生群体，他们虽然没有事业，但是有相对稳定的生活来源，父母作为家庭责任的承担者提供了一定的支持，也从侧面反映了家庭结构的完整性对个体生活满意度的影响。

四 结论

北京市居民生活满意度整体情况：北京市居民的生活满意度总体处于中等偏下的水平。

女性的生活满意度显著高于男性。31~40岁的居民生活满意度显著高于20岁及以下、21~30岁、41~50岁和51岁及以上的居民，生活满意度最低的是20岁及以下的居民。可能是因为随着年龄的增长，财富逐步累积，中年居民的物质生活也达到较高水平，故生活满意度普遍较高。当人们步入老年，健康水平成为衡量生活满意度的重要指标，身体功能的下降以及疾病多发带来生活满意度的降低。高中及以上文化程度的居民其生活满意度显著高于高中以下文化程度的居民，而高中及以上文化程度的居民之间的生活满意度没有达到显著差异。这表明，接受一定程度的教育对于提高居民生活满意度是十分有用的，但是更高的文化程度并不会使生活满意度产生质的改变。拥有正式工作的居民在生活满意度上显著高于其他五种工作状态的居民，而处于临时工作与无业、失业或下岗这两种工作状态的居民在生活满意度上明显低于其他四种工作状态的居民。由此可见，就业状态的稳定直接关系到人们经济收入的稳定性，从而影响着居民生活满意度的高低。生活满意度最高的是西城区居民，延庆区居民的生活满意度显著低于西城区、通州区、怀柔区、海淀区、朝阳区的居民，城区居民在生活满意度上显著高于郊区和农村居民，户籍所在地为北京城市的居民在生活满意度上明显高于北京农村、外地城市和外地农村的居民。月收入2000元及以下的居民在生活满意度上显著低于其他五类居民，月收入20001元及以上的居民在生活满意度上则显著高于其他五类居民，其中无收入居民的生活满意度高于月收入2000元及以下的居民，可能与无收入居民中有学生或者家庭主妇有关。拥有2套房和4套房的居民其生活满意度显著高于拥有1套房和3套房的居民，拥有3套房的居民在生活满意度上显著高于拥有1套房的居民。居民拥有汽车数量的不同也会带来生活满意度的显著差异，拥有2辆车和4辆车的居民其生活满意度显著高于拥有1辆车和3辆车的居民，拥有3辆车的居民在生活满意度上显著高于拥有1辆车的居民。主观经济地位为中层的居民在生活满意度上显著高于其他四类居民，而主观经济地位为下层的居民在生活满意度上则显著低于其他四类居民。已婚居民在生活满意度上显著高于其他四种婚姻状况的居民。生育一个孩子的居民在生活满意度上显著高于其他三类居民，生育三个及以上孩子的居民在生活满意度上则显著低于未曾生育、生育一个和两个孩子的居民。

五 对策与建议

（一）保障就业，规范企业用工制度

从北京市居民工作状态分析可得，拥有正式工作对居民生活满意度有着很大的影响，临时工作者的生活满意度明显低于正式工作者。因此，可以通过继续保障就业，完善企业用工制度，为特殊人群提供职业技能培训、实习以及"下岗再就业"的机会，以稳定个体收入来源，从而提高个体的生活水平。

（二）重视婚姻功能，开展婚姻家庭生活教育

本研究对北京市居民婚姻状况分析后发现，已婚群体的生活满意度远高于未婚群体，且随着年龄的增长，未婚群体的生活满意度在逐步下降；相反，已婚群体随着年龄的增长，生活满意度越高。这充分体现了家庭婚姻稳定性对个体生活和社会和谐的重要作用，同时反映了个体爱与归属的心理需要。

当前我国正处于社会转型关键时期，家庭规模、结构与功能正发生急剧变化。政府相关部门应重视婚姻的经济功能、人际功能，积极促进和谐稳定的婚姻关系，推进文明家庭建设，开展面向婚姻生活的教育。[1] 重点围绕夫妻亲密关系改善、预防家庭婚姻问题等方面，政府可提供相关的学习与教育培训实践活动及其他社会支持，以提高家庭婚姻满意度，从而改善个体生活质量。

---

[1]　程琳：《社会转型时期我国家庭婚姻生活教育需求及其社会支持研究》，江南大学硕士学位论文，2017。

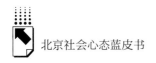

（三）扩大社会福利的受众范围，改善外省来京人员待遇

对北京市居民的居住地和户籍所在地分析后发现，农村和郊区居民的生活状态远低于城区居民的水平，外地来京人员的生活满意度则处于最低水平。一方面，政府可以适当扩大社会福利的受众范围，缩小由户籍、区域带来的福利差异。另一方面，可以为非京籍人员提供相应的支持性措施，保障他们的基本生活条件，比如，改善北京租房市场、优化居住条件、为来京务工人员提供切实有效的福利待遇等。

（四）提升民众文化水平

文化程度对于民众生活满意度的影响是呈线性增长的，文化程度越高，生活满意度则相应增加，但是达到大专、本科水平后则增长减缓。教育部门可以继续促进义务教育在边远地区的实施，提高居民的文化水平，满足日益增长的精神文化需求，这是影响民众生活满意度的主观因素。

（五）加强心理健康教育

继续实施心理健康教育进社区的措施，向居民普及心理健康知识，培育良好的社会心态和积极的个人品质。通过在社区提供心理科普资源，教会居民识别自己的不良情绪和不合理的认知模式，并加以心理调适，为有特别需求的居民提供心理辅导，增强民众应对生活压力事件的能力。在基本物质需求得到保障的同时，满足居民的心理需求，才能进一步提高居民的生活满意度，维持社会稳定和提高民众幸福感。

B.12
北京市居民工作满意度调查

夏宇欣　官春萍*

摘　要： 对北京市 16 个区 2634 名居民的工作满意度情况进行调查，结果发现：北京市居民工作满意度处于中等水平，北京市居民的工作满意度在人口学变量（年龄、性别、婚姻状况、文化程度、目前工作状态、月收入、目前家庭住地、户籍所在地、主观社会经济地位、子女数）上具有显著差异；工作满意度与主观幸福感、生活满意度、亲社会行为以及社会责任感显著正相关，与社会疏离感相关不显著。

关键词： 北京市居民　工作满意度　社会心理

一　引言

"工作满意度"一词最早出现在 Hoppock 的《工作满意度》一书中，Hoppock 认为工作满意度是员工对工作以及工作环境的满意情况，[1] 主要聚焦于工作满意度的外部环境，对内部、心理因素的考虑比较少。对工作环境满意度的定义，有些学者重视工作带来的情绪体验，[2] 有些强调现实与期待之间的差异，[3]

---

* 夏宇欣，河北师范大学副教授，主要研究方向为应用心理学、心理咨询理论与实务；官春萍，北京林业大学人文社会科学学院在读硕士。
[1] Hoppock, R., *Job Satisfaction*, Vol. 20 (New York: Harper Brothers Publishers, 1935).
[2] Herzberg, F., Mausner, B., et al., *The Motivation to Work* (New York: Wiley, 1959).
[3] 卢嘉、时勘、杨继锋：《工作满意度的评价结构和方法》，《中国人力资源开发》2001 年第 1 期。

有些则聚焦于对工作整体的评价。① 综上所述，本研究认为工作满意度是人们对工作各个方面的整体情况与期待情况差异的身心感受、满意情况等。对工作满意度的维度划分，本文采用的是 Weiss 等编制的明尼苏达满意度问卷中的三个维度：内在满意度、外在满意度和一般满意度，即工作满意度不仅仅和工作本身有关，还与工作之外的其他方面（如个人发展等）紧密联系。②

随着经济的发展，现代社会人才市场的竞争愈发激烈，如何吸引优秀人才、如何留住优秀人才降低离职率成为现在的热门话题之一。特别是信息化时代，青年人每天都面临着众多的机会和选择，流动性高、稳定性低，跳槽和离职不再像之前一样是人生的重大抉择。为了改善这种现况，人们把目光转向了工作满意度。③ 提升居民的工作满意度不仅可以降低离职率，减少企业的人力成本，还可以提升工作绩效，进而提升居民的收入。对发展中的国家而言，工资收入是人们生活保障的重要来源之一。现在很多企业从"以利益为中心"转变为"以人为本，安全发展"，对工作满意度越来越重视。④ 重视工作满意度也是提升人们幸福感的重要途径之一，有助于建构一个和谐的工作和社会环境，增强人们对组织和社会的亲切感、归属感，进而有助于国家对社会的治理。

工作满意度的研究主要集中在心理学、管理学和社会学等领域，国外对其的研究比较丰富和全面，研究历史也更加悠久。而国内对工作满意度的研究起始于 20 世纪 70 年代末，⑤ 目前关于工作满意度的研究很多是从特殊的劳动群体入手，如医护人员、教师、士兵、公务员、农民工等。本研究针对不同群体开展研究，调查不同群体工作满意度的基本特点有助于我们对该群体工作满意度情况的了解，同时可以发现不同群体之间工作满意度的差异，从而为提高北

① 尚雪松、刘永芳、孔丽华：《企业员工人格特质、工作满意度及离职意向的关系研究》，《心理研究》2016 年第 3 期。

② Weiss, D., Davis, R., England, G., *Manual for the Minnesota Satisfaction Questionnaire* (Minneapolis: The University of Minnesota Press, 1967).

③ 姜亚丽、陈海平、车宏生：《工作满意度变化与离职意向变化的动态关系模型简介》，《北京师范大学学报》（自然科学版）2016 年第 2 期。

④ 张彦：《从个体情绪到总体性情绪的跃迁：中国城镇居民工作环境满意度实证研究》，《社会发展研究》2016 年第 1 期。

⑤ 郑思瑾：《外来务工人员工作满意度研究》，华中师范大学硕士学位论文，2015。

京市居民工作满意度提出针对性建议。

以往关于工作满意度与人口学变量之间的研究中发现:男性的工作满意度低于女性,女性对工作的期待低更容易满足;[1] 工作满意度随收入的提高而升高;[2] 受教育程度低的群体工作满意度低;[3] 此外不同婚姻状况、职业等[4]也影响工作满意度。而对工作满意度影响因素的研究也是研究的热点。良好的工作满意度能够提升个体的生活满意度和主观幸福感;在组织和社会层面,良好的工作满意度有助于提高组织的绩效,增强个体的归属感,推动个体的亲社会行为,减少工作懈怠、人际矛盾和不受组织和社会欢迎的行为等。[5] 此外,良好的工作满意度可以促进个体对组织和社会的认同感,有助于个体社会责任感的建立,减少对组织和社会不信任。[6] 此外,个人的亲社会倾向和社会责任感的提高也有助于工作满意度的提升。

因此,本研究主要调查北京市居民工作满意度的基本情况、工作满意度在人口学变量上的差异,如性别、年龄、月收入等,以及工作满意度与生活满意度、主观幸福感、亲社会倾向、社会疏离感、社会责任感之间的关系。

二 研究方法

(一)研究对象

本调查采用多阶段整群随机抽样法,从北京市 16 个区选取 18~70 岁居民为研究对象。采用线下填答问卷和线上问卷星填答的方式,一共调查了 2851 名在北京生活的居民,剔除未认真填答和缺失的 217 份问卷,剩余有效样本数

① 曾忠禄、张冬梅:《澳门居民工作满意度及影响因素研究》,《亚太经济》2012 年第 4 期。
② 封小郡:《中国劳动者工作满意度与工作性质正规与否的关系研究》,《安徽行政学报》2014 年第 3 期。
③ 田立法:《工作满意度的五维外生致因:孰轻孰重?》,《外国经济与管理》2019 年第 9 期。
④ 封小郡:《中国劳动者工作满意度与工作性质正规与否的关系研究》,《安徽行政学报》2014 年第 3 期。
⑤ 成丽丽:《员工工作满意度浅析》,《企业改革与管理》2018 年第 21 期。
⑥ 张彦:《从个体情绪到总体性情绪的跃迁:中国城镇居民工作环境满意度实证研究》,《社会发展研究》2016 年第 1 期。

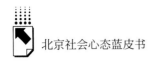

为 2634，有效率为 92.40%。男性 1387 人，占 52.66%，女性 1239 人，占 47.04%，研究对象基本信息见表 1。

表 1　研究对象基本信息

单位：人，%

人口学变量		频次	百分比	人口学变量		频次	百分比
地区	朝阳区	862	32.73	信仰	无神论	513	19.48
	海淀区	754	28.63		基督教	48	1.82
	丰台区	255	9.68		天主教	30	1.14
	昌平区	227	8.62		佛教	88	3.34
	大兴区	77	2.92		道教	20	0.76
	通州区	91	3.45		伊斯兰教	28	1.06
	西城区	62	2.35		其他	32	1.21
	房山区	33	1.25		缺失	11	0.42
	顺义区	38	1.44	婚姻状况	未婚	1197	45.44
	东城区	44	1.67		已婚	1261	47.87
	石景山区	70	2.66		同居	118	4.48
	密云区	20	0.76		离婚	37	1.40
	平谷区	13	0.49		丧偶	10	0.38
	怀柔区	44	1.67		缺失	11	0.42
	延庆区	18	0.68	文化程度	小学及以下	47	1.78
	门头沟区	25	0.95		初中	133	5.05
	缺失	1	0.04		中专或职高	295	11.20
性别	男	1387	52.66		高中	282	10.71
	女	1239	47.04		大专	436	16.65
	缺失	8	0.03		本科	1092	41.46
年龄	20 岁及以下	477	18.11		硕士	265	10.06
	21~30 岁	1210	45.94		博士	83	3.15
	31~40 岁	652	24.75		缺失	1	0.04
	41~50 岁	162	6.15	目前工作状态	正式工作	1373	52.13
	51~岁及以上	133	5.05		临时工作	319	12.11
民族	汉族	2434	92.41		无业、失业或下岗	220	8.35
	少数民族	200	7.59		离退休	103	3.91
信仰	中国特色社会主义（马列主义）	1707	64.81		学生	583	22.13
	命运	157	5.96		其他	35	1.33
					缺失	1	0.04

续表

人口学变量		频次	百分比	人口学变量		频次	百分比
目前职业	农民	64	2.43	政治面貌	群众	708	26.88
	教师	251	9.53		缺失	1	0.04
	军人	52	1.97	目前家庭住地	城区	1700	64.54
	机关干部或公务员	238	9.04		农村	593	22.51
	服务业工作人员	260	9.87		郊区	339	12.87
	医务工作者	118	4.48		缺失	2	0.08
	外企职员	91	3.45	目前家庭住地	北京城市	1175	44.61
	私企职员	307	11.66		北京农村	488	18.53
	国企员工	163	6.19		外地城市	655	24.87
	自由职业者	123	4.67		外地农村	309	11.73
	其他	55	2.09		缺失	7	0.27
	缺失	912	34.62	子女数	一个孩子	887	33.68
月收入	2000 元及以下	262	9.95		两个孩子	461	17.50
	2001~7855 元	957	36.33		三个及以上孩子	169	6.42
	7856~15000 元	677	25.70		未生育过	1110	42.14
	15001~20000 元	265	10.06		缺失	7	0.27
	20001 元及以上	135	5.13	主观社会经济地位	上层	123	4.67
	无收入	335	12.72		中上层	461	17.50
	缺失	3	0.11		中层	1000	37.97
政治面貌	共产党员	723	27.45		中下层	835	31.70
	共青团员	1000	37.97		下层	211	8.01
	民主党派	202	7.67		缺失	4	0.15

从表 1 可知本次调查中朝阳区、海淀区、丰台区和昌平区人数较多，平谷区、延庆区等远郊区人数较少；调查样本的男女比例基本平衡；年龄主要集中在 40 岁以下，40 岁以上人数较少；样本中未婚和已婚的居民各占一半；文化程度为本科的居民居多，目前有正式工作者超过样本的一半，月收入 2001~7855 元的居民较多，政治面貌为共青团员的人较多，目前家庭住地为城区的人居多，户籍所在地为北京城市的人群较多，未生育过的人群居多，认为自己的主观社会经济地位是中层的人群较多。

（二）研究工具

1. 人口学变量

人口学变量主要包括地区、性别、年龄、信仰、婚姻状况、文化程度、目

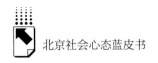

前工作状态、目前职业、月收入、政治面貌、户籍所在地、目前家庭住地、子女数以及主观社会经济地位等。

2. 工作满意度量表

本研究采用明尼苏达满意度量表（MSQ），由 Weiss、Davis、England 编制而成，蔡秋月修订，包括 20 个项目，可以分为 3 个分量表：内在满意度、外在满意度和一般满意度。该量表是 5 点量表，总分在 20～100，得分越高工作满意度越高。具有较好的信度和效度，在国内外广泛应用。本研究中工作满意度问卷的 *Cronbach's* α 为 0.94，具有良好的信度。

3. 生活满意度量表

本研究采用的生活满意度量表[①]（Satisfaction with Life Scale，SWLS）由 Diener 等于 1985 年编制，共有 5 个项目，采用 7 点量表，得分越高生活满意度越高。该问卷迄今已在包括中国在内的全球 150 多个国家应用过，被广泛证明具有良好的信度和效度。

4. 主观幸福感

幸福感总分使用"幸福感 = 积极情感 + 生活满意度 - 消极情感"[②] 的公式计算。量表包括积极情感和消极情感体验描述词各 9 个，要求被试者在 5 点量表上回答上一周在多大程度上体验到这些词汇所描述的情感。得分越高，主观幸福感越高，且量表效度越好。

5. 亲社会倾向量表

本研究采用的亲社会倾向量表[③]由 Carlo 和 Randall 编制，丛文君（2008）汉化，共 23 个项目，采用 5 点计分，包括六个维度：公开性、匿名性、利他性、依从性、情绪性、紧急性。每道题目得分之和或者平均分作为亲社会行为的指标，得分越高，亲社会倾向越好。其信度和效度均良好。

---

① Diener, E. D., Emmons, R. A., Larsen, R. J., Griffin, S., "The Satisfaction with Life Scale," *Journal of Personality Assessment*, 49 (1985): 71 - 75.

② Weinstein, N., De Haan, C. R., Ryan, R. M., "Attributing Autonomous Versus Introjected Motivation to Helpers and the Recipient Experience: Effects on Gratitude, Attitudes, and Well-being," *Motivation and Emotion*, 34 (2010): 418 - 431.

③ Carlo, G., Randall, B. A., "The Development of a Measure of Prosocial Behaviors for Late Adolescents," *Journal of Youth & Adolescence*, 31 (2002): 31 - 44.

6. 社会疏离感量表

本研究采用的社会疏离感量表①由杨东、张进辅、黄希庭编制，共 24 个项目，采用 7 点计分，各项目的原始分相加即为总分，总分越高，则个体社会疏离感越强。

7. 社会责任感

本研究采用的社会责任感量表②由田园编制，共 28 个项目，采用 5 点计分，各项目的原始分相加即为项目总得分，总分越高则个体的社会责任感越强。

三　研究结果

（一）北京市居民工作满意度整体状况

内在满意度、外在满意度和一般满意度的平均值和标准差，如表 2 所示。内部满意度 41.73 ± 8.85，外部满意度 20.22 ± 4.95，工作满意度总分（一般满意度）61.96 ± 13.12。因此，北京居民工作满意度和内部满意度处于中等水平，外部满意度处于中等偏上水平。

表 2　北京市居民工作满意度的平均分和标准差

工作满意度	$M \pm SD$
内部满意度	41.73 ± 8.85
外部满意度	20.22 ± 4.95
工作满意度总分	61.96 ± 13.12

（二）北京市居民工作满意度的基本特点

1. 北京市居民工作满意度在年龄上的差异

我们将年龄分为五段：20 岁及以下、21～30 岁、31～40 岁、41～50 岁、

---

①　杨东、张进辅、黄希庭：《青少年学生疏离感的理论构建及量表编制》，《心理学报》2002 年第 4 期。

②　田园：《大学生社会责任感问卷进行改编和修订》，北京师范大学硕士学位论文，2017。

51 岁及以上，对不同年龄居民的工作满意度进行比较。结果发现，不同年龄居民工作满意度存在显著差异（$F = 9.80$，$p < 0.001$）。事后检验发现，20 岁及以下居民工作满意度显著低于 21 ~ 30 岁、31 ~ 40 岁居民的工作满意度（见表 3 及图 1）；51 岁及以上居民的工作满意度显著低于 21 ~ 30 岁、31 ~ 40 岁居民的工作满意度（见表 3 及图 1）。

表 3　不同年龄北京市居民的工作满意度的平均分和标准差

项目	年龄	$M \pm SD$	F	事后比较
工作满意度	①20 岁及以下	60.08 ± 11.96	9.80 ***	①⑤ < ②③
	②21 ~ 30 岁	62.32 ± 13.49		
	③31 ~ 40 岁	63.79 ± 13.62		
	④41 ~ 50 岁	61.07 ± 12.20		
	⑤51 岁及以上	57.62 ± 10.11		
	总计	61.96 ± 13.12		

注：* 表示 p < 0.05，** 表示 p < 0.01，*** 表示 p < 0.001。下同。

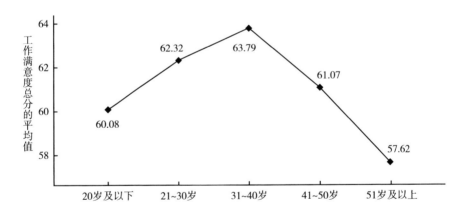

图 1　不同年龄居民工作满意度比较

2. 北京市居民工作满意度在性别上的差异

为考察北京市居民工作满意度在性别上的差异，以性别为自变量，工作满意度为因变量进行独立样本 T 检验。结果发现，北京市居民的工作满意度在性别上存在显著差异（$t = -2.63$，$p < 0.001$），即女性的工作满意度显著高于男性（见表 4 及图 2）。

表 4   不同性别北京市居民的工作满意度的平均分和标准差

项目	性别	$M \pm SD$	t
工作满意度	男	61.34 ± 13.95	-2.63 ***
	女	62.67 ± 12.08	

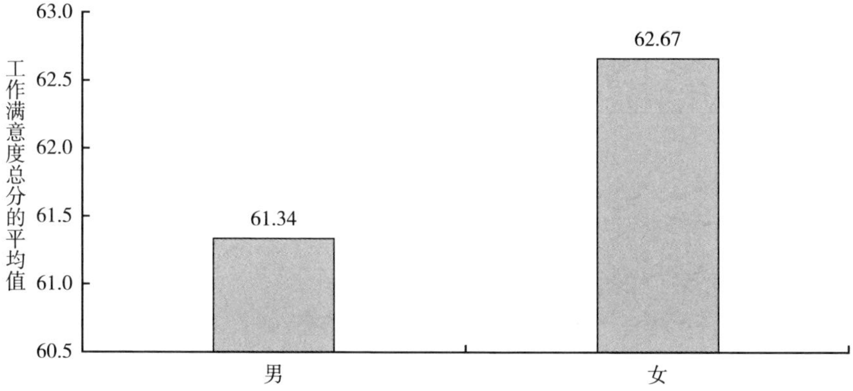

图 2   不同性别居民工作满意度差异

3. 北京市居民工作满意度在婚姻状况上的差异

为考察北京市居民工作满意度在婚姻状况上的差异，以婚姻状况为自变量，工作满意度为因变量进行单因素方差分析。结果发现，不同婚姻状况居民的工作满意度存在显著差异（ $F = 14.89$ ， $p = 0.01$ ）。事后检验发现已婚居民的工作满意度显著高于其他居民的工作满意度（见表 5 及图 3）。

表 5   不同婚姻状况北京市居民的工作满意度的平均分和标准差

项目	婚姻状况	$M \pm SD$	F	事后比较
工作满意度	①未婚	60.08 ± 12.52	14.89 *	②>①③④⑤
	②已婚	63.93 ± 13.46		
	③同居	60.35 ± 12.48		
	④离婚	58.51 ± 11.78		
	⑤丧偶	58.50 ± 8.17		

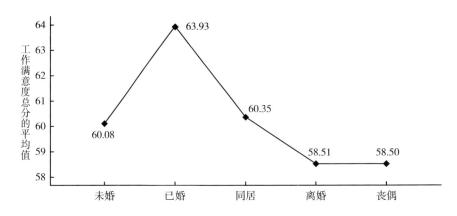

图3　不同婚姻状况居民工作满意度比较

4. 北京市居民工作满意度在文化程度上的差异

为考察北京市居民工作满意度在文化程度上的差异，以文化程度为自变量，工作满意度为因变量进行单因素方差分析。结果发现，不同文化程度居民的工作满意度存在显著差异（$F = 14.42$，$p < 0.001$）。事后检验发现小学及以下和初中学历居民的工作满意度显著低于中专或职高、高中、大专、本科、硕士、博士学历居民的工作满意度。工作满意度基本上随着学历的升高而升高，但是到高中以上学历工作满意相差不大（见表6及图4）。

表6　不同文化程度北京市居民的工作满意度的平均分和标准差

项目	文化程度	$M \pm SD$	F	事后比较
工作满意度	①小学及以下	48.09 ± 15.21	14.42 ***	①② < ③④⑤⑥⑦⑧
	②初中	55.35 ± 13.16		
	③中专或职高	61.19 ± 15.30		
	④高中	61.85 ± 12.92		
	⑤大专	62.83 ± 12.80		
	⑥本科	63.01 ± 12.45		
	⑦硕士	62.61 ± 10.61		
	⑧博士	63.02 ± 14.20		

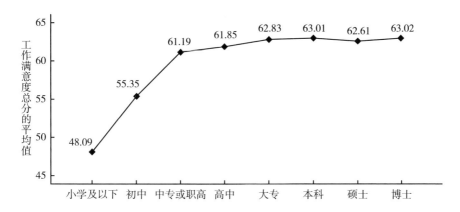

图4　不同文化程度居民工作满意度比较

5. 北京市居民工作满意度在目前工作状态上的差异

为考察北京市居民工作满意度在目前工作状态上的差异，以目前工作状态为自变量，工作满意度为因变量进行单因素方差分析。结果发现，不同工作状态居民的工作满意度存在显著差异（$F = 16.30$，$p < 0.001$）。事后检验发现有正式工作的居民工作满意度显著高于临时工作，无业、失业或下岗，离退休，学生的工作满意度；且无业、失业或下岗的居民工作满意度显著低于学生的工作满意度（见表7及图5）。

表7　目前不同工作状态北京市居民的工作满意度的平均分和标准差

项目	目前工作状态	$M \pm SD$	F	事后比较
工作满意度	①正式工作	63.87 ± 13.72	16.30^{***}	①>②③④⑤ ③<①⑤
	②临时工作	59.36 ± 13.22		
	③无业、失业或下岗	57.20 ± 13.97		
	④离退休	58.63 ± 10.11		
	⑤学生	61.26 ± 11.00		

6. 北京市居民工作满意度在月收入上的差异

为考察北京市居民工作满意度在月收入上的差异，以月收入为自变量，工作满意度为因变量进行单因素方差分析。结果发现，不同月收入居民的工作满意度存在显著差异（$F = 8.65$，$p < 0.001$）。事后检验发现月收入2000元及以

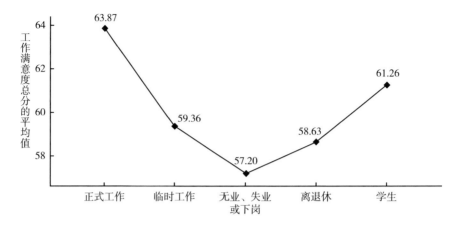

图5 目前不同工作状态居民工作满意度比较

下居民的工作满意度显著低于其他月收入居民的工作满意度，且月收入20001元及以上居民的工作满意度显著高于无收入居民的工作满意度。工作满意度基本上随着月收入的升高而升高（见表8及图6）。

表8 不同月收入北京市居民的工作满意度的平均分和标准差

项目	月收入	$M \pm SD$	F	事后比较
工作满意度	①无收入	60.99 ± 11.03	8.65***	②<①③④⑤⑥ ⑥>①
	②2000元及以下	57.75 ± 13.75		
	③2001~7855元	61.98 ± 13.11		
	④7856~15000元	62.99 ± 13.21		
	⑤15001~20000元	63.06 ± 13.44		
	⑥20001元及以上	65.12 ± 13.88		

7. 北京市居民工作满意度在目前家庭住地上的差异

为考察北京市居民工作满意度在目前家庭住地上的差异，以目前家庭住地为自变量，工作满意度为因变量进行单因素方差分析。结果发现，不同家庭住地居民的工作满意度存在显著差异（$F = 23.26$，$p < 0.001$）。事后检验发现目前家庭住地是城区的居民工作满意度显著高于农村和郊区居民的工作满意度（见表9及图7）。

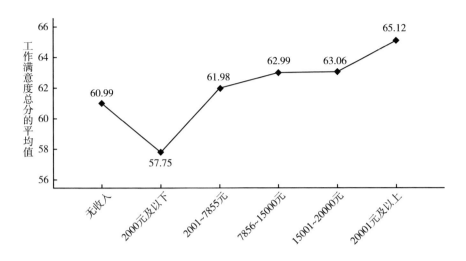

图6 不同月收入居民工作满意度比较

表9 不同家庭住地北京市居民的工作满意度的平均分和标准差

项目	目前家庭住地	$M \pm SD$	F	事后比较
工作满意度	①农村	59.19 ± 12.76		
	②郊区	60.53 ± 12.00	23.26^{***}	③ > ①②
	③城区	63.20 ± 13.28		

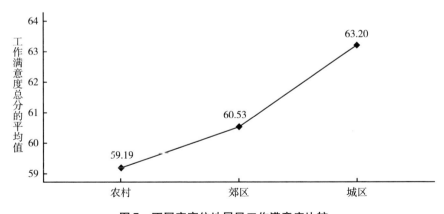

图7 不同家庭住地居民工作满意度比较

8. 北京市居民工作满意度在户籍所在地上的差异

为考察北京市居民工作满意度在户籍所在地上的差异，以户籍所在地为自变量，工作满意度为因变量进行单因素方差分析。结果发现，不同户籍所在地居民的工作满意度存在显著差异（$F = 18.30$，$p < 0.001$）。事后检验发现北京城市居民的工作满意度显著高于北京农村、外地城市、外地农村居民的工作满意度。且外地城市居民的工作满意度显著高于外地农村居民的工作满意度（见表 10 及图 8）。

表 10　不同户籍所在地北京市居民的工作满意度的平均分和标准差

项目	户籍所在地	$M \pm SD$	F	事后比较
工作满意度	①北京城市	63.78 ± 13.65	18.30 ***	① > ②③④ ③ > ④
	②北京农村	60.04 ± 13.97		
	③外地城市	61.74 ± 12.01		
	④外地农村	58.57 ± 10.71		

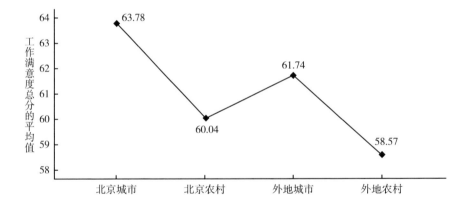

图 8　不同户籍所在地居民工作满意度比较

9. 北京市居民工作满意度在主观社会经济地位上的差异

为考察北京市居民工作满意度在主观社会经济地位上的差异，以主观社会经济地位为自变量，工作满意度为因变量进行单因素方差分析。结果发现，不同主观社会经济地位居民的工作满意度存在显著差异（$F = 23.03$，$p < 0.001$）。事后检验发现中层居民的工作满意度显著高于中下层和下层居民的工作满意度；下层居民的工作满意度显著低于中上层、中层、中下层居民的工作满意度（见表 11 及图 9）。

表 11　不同主观社会经济地位北京市居民的工作满意度的平均分和标准差

项目	主观社会经济地位	$M \pm SD$	F	事后比较
工作满意度	①上层	60.01 ± 18.75	23.03 ***	③>④ ⑤<②③④
	②中上层	62.70 ± 15.00		
	③中层	64.17 ± 12.03		
	④中下层	60.79 ± 11.02		
	⑤下层	55.58 ± 14.58		

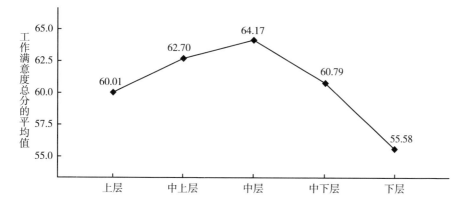

图 9　不同主观社会经济地位的居民工作满意度比较

10. 北京市居民工作满意度在子女数上的差异

为考察北京市居民工作满意度在子女数上的差异，以子女数为自变量，工作满意度为因变量进行单因素方差分析。结果发现，不同子女数居民的工作满意度存在显著差异（$F = 12.90$，$p < 0.001$）。进行事后检验后发现除了生育两个孩子和未生育过孩子的居民的工作满意度没有显著差异，其他均差异显著。即生育一个孩子的居民工作满意度显著高于其他居民，生育三个及以上孩子居民的工作满意度显著低于其他居民的工作满意度（见表 12 及图 10）。

表 12　不同子女数北京市居民的工作满意度的平均分和标准差

项目	子女数	$M \pm SD$	F	事后比较
工作满意度	①未生育过	61.42 ± 12.02	12.90 ***	②>①③④ ④<①②③
	②一个孩子	63.87 ± 3.63		
	③两个孩子	61.10 ± 14.39		
	④三个及以上孩子	58.00 ± 12.19		

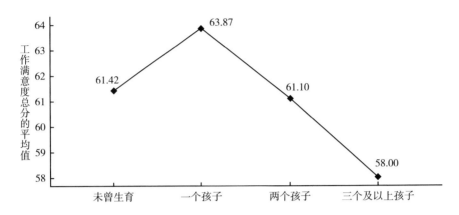

图10　不同子女数的居民工作满意度比较

（三）工作满意度与主观幸福感、生活满意度、亲社会倾向、社会责任感、社会疏离感的关系

对工作满意度与主观幸福感、生活满意度、亲社会倾向、社会责任感，以及社会疏离感进行相关分析，结果发现工作满意度与主观幸福感、生活满意度、亲社会倾向、社会责任感显著正相关，工作满意度与社会疏离感相关不显著（见表13）。

表13　工作满意度与其他变量的相关分析

	工作满意度	主观幸福感	生活满意度	亲社会倾向	社会责任感	社会疏离感
工作满意度	1					
主观幸福感	0.56 ***	1				
生活满意度	0.62 ***	0.75 ***	1			
亲社会倾向	0.60 ***	0.33 ***	0.43 ***	1		
社会责任感	0.60 ***	0.27 ***	0.41 ***	0.70 ***	1	
社会疏离感	0.02	− 0.42 ***	− 0.09 ***	0.21 ***	0.36 ***	1

四　结论

北京工作环境满意度整体情况：北京市居民工作满意度和内部满意度处于中等水平，外部满意度处于中等偏上水平。

北京市居民的工作满意度在人口学变量（年龄、性别、婚姻状况、文化程度、目前工作状态、月收入、目前家庭住地、户籍所在地、主观社会经济地位、子女数）上具有显著差异。

20岁及以下居民工作满意度显著低于21～30岁、31～40岁居民；51岁及以上居民的工作满意度显著低于21～30岁、31～40岁居民。31～40岁居民的工作满意度处于最高峰，之后开始下降，可能是因为该年龄段居民正处于事业鼎盛期，而51岁及以上居民基本已经处于半退休和退休状态。女性的工作满意度显著高于男性，可能是因为男性的事业心比较重，对工作更加重视，要求更高。已婚居民的工作满意度显著高于其他居民的工作满意度。小学及以下、初中学历居民显著低于中专或职高、高中、大专、本科、硕士、博士学历居民工作满意度，工作满意度基本上随着学历的升高而升高，学历越高可能得到的工作也就越好，工作满意度越高。有正式工作的居民工作满意度显著高于临时工作，无业、失业或下岗，离退休和学生的工作满意度。月收入2000元及以下居民的工作满意度显著低于其他月收入居民的工作满意度，月收入20001元及以上居民的工作满意度显著高于无收入居民的工作满意度，工作满意度基本上随着月收入的升高而升高。目前家庭住地是城区的居民工作满意度显著高于农村和郊区居民的工作满意度，城区居民可能上班通勤时间少，工作环境更好等。北京城市居民的工作满意度显著高于北京农村、外地城市、外地农村居民的工作满意度，外地农村居民的工作满意度显著低于外地城市居民的工作满意度。中层居民的工作满意度显著高于中下层和下层居民的工作满意度；下层居民的工作满意度显著低于中上层、中层、中下层居民的工作满意度。主观社会经济地位处于中层居民的工作满意度最高，主观社会经济地位处于下层居民的工作满意度最低。生育一个孩子的居民工作满意度显著高于其他居民的工作满意度，生育三个以上孩子居民的工作满意度显著低于其他居民的工作满意度。可能是因为生育孩子越多，需要花在孩子身上的精力越多，在工作中越可能会出现一些失误，导致工作满意度下降。

工作满意度与主观幸福感、生活满意度、亲社会行为、社会责任感显著正相关，与社会疏离感相关不显著。

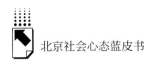

五　对策与建议

（一）提升内部满意度，关注一般满意度

本研究发现，北京市居民内部满意度处于中等水平，需要更多关注内部满意度，即与工作本身相关的部分。注重工作的多样性、丰富工作内容，提升工作本身对员工的吸引力，提高员工对工作本身的认同感，让员工感受到工作的乐趣，从工作本身出发提升员工的工作满意度。良好的工作环境、氛围也至关重要，社会应当创建一个安全、舒适的工作环境，完善各种基础设施，确保满足员工的需求。而尊重、舒心、和谐的工作气氛能让每个员工在工作中都能充分发挥自己的才能，减少工作中的矛盾和摩擦，建立良好的人际关系，从而提升员工的工作满意度。合理的薪酬和绩效考评体系可以提升员工的公平感，同时应明确等级，让员工明白自己可以努力的方向，提升员工的积极性。此外，增加工作的自主性、工作的可控性和员工的责任感等也有助于提升工作满意度。

目前正处于我国社会和经济转型的关键时期，各个组织面临改革转型的重大压力，而这压力的中心正是各个组织的员工们。员工面临巨大的挑战，因此更应重视员工的工作满意度，提高员工的工作效率，为个人和社会的发展累计更多的物质资源和财富，促进个人和社会的发展。

（二）创建"以人为本"的组织文化

社会应当由利益导向的管理模式转变为"以人为本"人性化的管理模式。军事化管理、"狼性文化"已不再适合当今的人们。企业和组织在追求利润的同时应该注重对员工的人性关怀。员工是"人"，不是机器人，组织应该考虑员工的生理和心理限制，确保在不损害其身心健康的基础上尽可能地给予更多的关怀，如给予员工一定的参与组织管理的机会、提供一定的专业培训、给员工实现自我价值的机会等。重视员工的个人发展，让组织、社会同个人一起发展，而不是为了组织利益而剥削员工价值。要创建"以人为本"的组织文化，首先应该从管理层入手，为其提供管理相关的培训；其次，员工之间也应该互相尊重，注重彼此之间的沟通，减少矛盾。在这样的组织中不仅可以提高人们的工作积极性和工作效率，也可以提升人们的忠诚度，降低离职率，为组织和社会创造更大的价值，这也是个人价值的体现。

（三）尊重差异，采用不同的激励方式

不同群体的工作满意度现况和特点均不同，不能一概而论，应该针对不同的群体采取针对性的激励方法。

针对文化程度比较低的居民（高中及以下学历）可以通过提升其文化程度来提高其工作满意度，文化程度的提高可以提升人们的工作效率、工作适应性，也更可能找到自己心仪的工作。而针对文化程度高的居民，可以考虑从实现个人价值、稳定且温暖的工作关系等角度入手，可以给予他们更多的职权和责任，增强其对组织的认同感和归属感。

有正式工作的居民的工作满意度显著高于有临时工作的居民，因此可以考虑将非正式工作岗位正式化，让他们享受到和正式员工一样的福利待遇和社会保障，提升其工作满意度。此外，可以从工作本身入手，放大工作本身自由度高、灵活性强的特点，从而让从业人员认识其优点。

在一定范围内提高居民的月收入是激励员工的重要手段。因此，可以在一定程度上提高居民的月收入，减少个人所得税。此外，应建立完善的绩效考评标准，让员工明确收入的来源和努力的方向，让工作收入明确且透明。除了经济方面的收入，精神层面的奖励也不可少，如专业培训、个人实现等。

（四）提供心理相关服务，提升工作满意度

社会应该给居民提供丰富的心理相关服务，包括心理健康科普、心理技能培训、团体辅导、个体咨询等。心理健康科普：让居民了解基本的心理学知识，了解心理健康以及求助方法和途径。心理技能培训：就不同群体选择相关且重要的心理技能展开培训，如情绪控制能力、共情能力等，让居民现场练习，并应用到日常的工作生活中。团体辅导：针对不同的群体采取不同的主题和方法，帮助居民在团体中成长和解决困惑。个体咨询：有针对性地帮助有困难的居民，在工作中遇到困难、情绪问题等可以找专业人士进行求助，帮助居

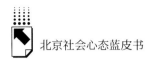

民更好地度过困难时期。在企业中可采用员工帮助计划。关注心理健康、心理
发展，从而提升工作满意度。

参考文献

蔡秋月：《护理人员组织承诺，工作满足与组织公民行为之研究——以台湾南部医疗机构为例》，台湾中山大学博士学位论文，2001。

丛文君：《大学生亲社会行为类型的研究》，南京师范大学硕士学位论文，2018。

Lock，E. A.，*The Nature and Cause of Job Satisfaction*（Tand Mcnally，Chicago：The Handbook of Industrial and Organinzation Psychology，1967）.

心理健康篇

Mental Health

B.13
北京市居民心理健康调查

雷秀雅　房华玲*

摘　要： 本研究基于1918位北京市居民的问卷调查数据，深入考察了北京市居民心理健康的现状与相关因素，调查结果如下：（1）北京市居民心理健康状况处于中等偏上水平；（2）北京市居民心理健康在年龄、受教育程度、工作状态、月收入、婚姻状况、所在地区、家庭住地、户籍所在地、子女数量等人口学变量上有显著差异；（3）抑郁、社会支持、睡眠指数、自尊、手机成瘾等对心理健康水平具有较强的预测力。影响北京市居民心理健康的因素是多方面的，应采取综合措施进行预防。

关键词： 北京市居民　心理健康　社会心态

---

* 雷秀雅，北京林业大学人文社会科学学院教授，硕士生导师，主要研究方向为发展与教育心理学研究领域中的青少年心理、自闭症儿童心理等；房华玲，北京林业大学人文社会科学学院在读硕士。

一 引言

随着传统的医学模式向生物模式的转变，以及人们对健康内涵的不断认识，现在健康的概念已经不仅是没有生理上的疾病，这种健康概念的扩大和对于健康概念更加深度的理解正说明了人们对心理健康的重视。[①] 2016 年，国家卫生计生委、中宣部等 22 部门共同印发的《关于加强心理健康服务的指导意见》中指出，"心理健康是人在成长和发展过程中，认知合理、情绪稳定、行为适当、人际和谐、适应变化的一种完好状态"。因此，我们可以把心理健康定义为一种更为积极健康的生活状态，而不仅仅是没有心理问题。[②] 这种相对来说更加积极和全面的心理健康概念的出现是一个非常重要的发展与突破，也意味着人们愈加重视心理对于公众健康的影响。近年来，相关专家与学者愈发达成一种共识：只满足于预防和治疗心理问题的发生，这是远远不够的，增进普通人群对于积极的心理健康的认识会更好地降低精神疾病的发生率。[③]

北京作为首都，人口基数大，城乡发展不平衡，居民心理健康问题已经引起社会的广泛关注。因此，本研究选取北京市居民为研究对象，分析北京市居民的心理健康现状，并探讨其相关因素，为今后制定北京市居民心理健康教育措施与干预对策提供参考依据。

二 研究方法

（一）调查对象

本研究共调查了 2227 位在北京工作和生活的居民，其中有效样本数为

① Evelina W. Sterling, Silke A. Esenwein, Sherry Tucker, Larry Fricks, Benjamin G. Druss, "Integrating Wellness, Recovery, and Self-management for Mental Health Consumers," *Community Mental Health Journal*, 2 (2010)：130 – 138.

② Gerben J. Westerhof, Corey L. M. Keyes, "Mental Illness and Mental Health：The Two Continua Model Across the Lifespan," *Journal of Adult Development*, 2 (2010)：110 – 119.

③ D. Hubka, C. Lakaski, "Developing Research and Surveillance for Positive Mental Health：A Canadian Process for Conceptualization and Measurement," *International Journal of Mental Health and Addiction*, 6 (2013)：658 – 671.

1918 份，回收率为 86.12%。从表 1 可知，本次调查男女比例基本平衡，男977 人，女 941 人，年龄 11~85 岁，平均 31.09±11.43 岁。调查的样本主要集中在 16 个区，其中海淀区最多（529 人），朝阳区次之（502 人），远郊地区的样本量相对较少。本次调查在地区上，与北京市统计局发布的 2018 年北京常住人口总量分布基本一致，在月收入等人口学变量上，本次调查的样本分布与北京市 2018 年度统计的资料所显示的分布比较一致，表明本次研究的样本比较具有代表性。

表 1　调查样本的人口学分布

单位：人，%

人口学变量		频次	百分比	人口学变量		频次	百分比
性别	男	977	50.94	政治面貌	共产党员	488	25.50
	女	941	49.06		共青团员	744	38.87
年龄	20 岁及以下	344	17.94		民主党派	160	8.36
	21~30 岁	785	40.93		群众	522	27.27
	31~40 岁	406	21.17	工作状态	正式工作	884	45.43
	41~50 岁	159	8.28		临时工作	271	13.93
	51 岁及以上	224	11.68		无业、失业或下岗	181	9.30
受教育程度	小学及以下	38	2.26		离退休	142	7.30
	初中	157	9.35		学生	438	22.50
	中专或高中	225	13.40		其他	30	1.54
	大专	311	18.52	职业	农民	64	5.42
	本科	692	41.22		教师	169	14.31
	硕士	208	12.39		机关干部或公务员	140	11.85
	博士	48	2.86		服务业工作人员	178	15.07
信仰	中国特色社会主义（马列主义）	1111	57.03		医务工作者	59	5.00
	命运	142	7.29		外企职员	119	10.08
	无神论	468	24.02		私企职员	166	14.06
	基督教	52	2.67		国企员工	123	10.41
	天主教	24	1.23		自由职业者	102	8.64
	佛教	65	3.34		其他	61	5.16
	道教	27	1.39	月收入	2000 元及以下	204	10.66
	伊斯兰教	20	1.03		2001~7855 元	684	35.74
	其他	39	2.00		7856~15000 元	475	24.83
					15001~20000 元	214	11.19

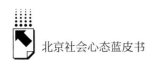

续表

人口学变量		频次	百分比	人口学变量		频次	百分比
月收入	20001 元及以上	95	4.98	所在地区	怀柔区	14	0.73
	无收入	241	12.60		延庆区	33	1.72
婚姻状况	未婚	813	42.68		门头沟区	11	0.58
	已婚	892	46.82	目前职业	城市	1100	57.83
	同居	127	6.67		农村	535	28.13
	离婚	61	3.20		郊区	267	14.04
	丧偶	12	0.63	户籍所在地	北京城市	797	41.86
所在地区	朝阳区	502	26.17		北京农村	300	15.76
	海淀区	529	27.58		外地城市	540	28.36
	丰台区	212	11.05		外地农村	267	14.02
	昌平区	244	12.72	子女数量	一个孩子	615	32.18
	大兴区	74	3.86		两个孩子	344	18.01
	通州区	54	2.82		三个及以上孩子	206	10.78
	西城区	41	2.14		未生育过	746	39.03
	房山区	30	1.56	主观社会经济地位	上层	81	4.23
	顺义区	29	1.51		中上层	343	17.93
	东城区	59	3.08		中层	724	37.85
	石景山区	49	2.55		中下层	590	30.84
	密云区	17	0.89		下层	175	9.15
	平谷区	20	1.04				

（二）调查过程及内容

1. 调查过程

首先，查找文献资料，经专家组和课题组成员反复讨论后，确定最终使用问卷。问卷共有132道题目，其中人口学变量15道题，并涉及7个心理与行为变量，包括心理健康、手机成瘾、自尊、焦虑、抑郁、睡眠指数、社会支持。其次，通过面对面纸质版填写、面对面扫码填写等方式发放问卷，符合条件的居民在线下或线上填写问卷。最后，问卷回收后，筛除未认真填答的问卷。

2. 调查内容

（1）基本人口统计学变量

包括性别、年龄、民族、受教育程度、信仰、政治面貌、工作状态、职业、月收入、婚姻状况、所在地区、子女数量、主观社会经济地位等方面。

（2）心理健康量表

本研究采用自测健康评定量表中的自测心理健康评定子量表，该量表由许军等编制，自测心理健康评定子量表共 16 个项目，从"非常差"到"非常好"采用 10 点计分，分别记 0 ~ 10 分。各项目的原始分相加即为总分，总分范围为 0 ~ 160 分，分数越高则个体心理健康状况越好。本研究中，该量表的 Alpha 系数为 0.84。

（3）智能手机成瘾量表

该量表由苏双等编制，包括戒断行为、凸显行为、社交安抚、消极影响、App 使用、App 更新 6 个维度，共 22 个项目。从"非常不符合"到"非常符合"采用 5 点计分，分别记 1 ~ 5 分；各项目的原始分相加即为总分，总分越高则个体的手机成瘾程度越高。本研究中，该量表的 Alpha 系数为 0.93。

（4）自尊量表

该量表由 Rosenberg 编制，共 10 个项目。从"很不符合"到"非常符合"采用 4 点计分；3、5、8、9、10 反向计分，相加即为总分，得分越高表明自尊水平越高。本研究中，该量表的 Alpha 系数为 0.68。

（5）焦虑自评量表

该量表由 Zung 编制，共 20 个项目。采用 4 点计分，从"没有或很少有时间有"到"绝大部分或全部时间都有"分别计 1 ~ 4 分，得分乘以 1.25 取整数得标准分。焦虑评定的分界值为 50 分，≥50 分即存在焦虑，分值越高则焦虑症状越严重。本研究中，该量表的 Alpha 系数为 0.87。

（6）抑郁自评量表

该量表由 Zung 编制，共 20 个项目，每个项目相当于一个症状，按照 1 ~ 4 级评分法，总分在 20 ~ 80 分。标准分为总分乘以 1.25 后的取整。抑郁评定的分界值为 53 分，≥53 分即存在焦虑，分值越高则抑郁症状越严重。本研究中，该量表的 Alpha 系数为 0.80。

（7）匹兹堡睡眠指数量表

该量表由美国匹兹堡大学的精神科医生编制，主要针对被调查者近 1 个月来的睡眠质量及其相关因素进行评估，包括 7 个成分：主观睡眠质量、睡眠潜伏期、睡眠持续期、习惯性睡眠效率、睡眠紊乱、使用睡眠药物和白天功能紊乱，共 19 个项目。评定的分界值为 7 分，>7 分即存在睡眠障碍，得分越高

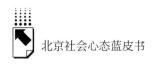

表示睡眠质量越差。本研究中，该量表的 Alpha 系数为 0.89。

（8）社会支持评定量表

该量表由肖水源编制，共 10 个项目。该量表的总分即 10 个项目计分之和，其中 2、6、7 项目计分之和为客观支持分，1、3、4、5 项目之和为主观支持分，第 8、9、10 项目是对支持的利用度。总分越高，则说明个体获得的社会支持越多。

三　结果

1. 北京市居民心理健康总体状况

北京市居民心理健康水平见图 1，总分平均值为 96.61 ± 23.42 分，每题平均值为 6.04 ± 1.46 分，心理健康量表为 10 点计分，量表总分范围在 0 ～ 160 分，据此可知北京市居民心理健康总体状况处于中等偏上水平。

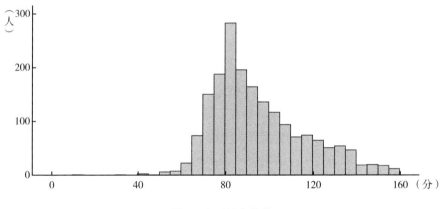

图1　心理健康总分

2. 北京市居民心理健康的人口统计学分析

将性别、年龄、受教育程度、工作状态、月收入、婚姻状况、所在地区、家庭住地、户籍所在地、子女数量、主观社会经济地位作为自变量，心理健康为因变量，进行差异检验，结果包括以下几个方面。

（1）北京市居民心理健康的性别差异检验

由表 2 可知，北京市受访居民中，女性心理健康总分高于男性，但二者并未见显著差异（$p > 0.05$）。

（2）北京市居民心理健康的年龄差异检验

由表 3 可知，不同年龄居民的心理健康水平有显著差异（$p < 0.001$）。其中，51 岁及以上的居民心理健康水平最低，41~50 岁的居民心理健康水平最高。

表 2　心理健康的性别差异检验

项目	性别	$M \pm SD$	t
心理健康	男	95.66 ± 24.70	0.66
	女	98.17 ± 23.28	
	总计	96.83 ± 24.08	

注：* 表示 $p < 0.05$，** 表示 $p < 0.01$，*** 表示 $p < 0.001$，双侧检验，下同。

表 3　心理健康的年龄差异检验

项目	年龄	$M \pm SD$	F	事后比较
心理健康	①20 岁及以下	95.39 ± 21.52	8.08***	① < ③ < ④
	②21~30 岁	95.44 ± 22.84		② < ③④
	③31~40 岁	100.19 ± 26.91		③ > ①②⑤
	④41~50 岁	101.66 ± 26.11		④ > ①②⑤
	⑤51 岁及以上	94.36 ± 24.23		⑤ < ③④
	总计	96.83 ± 24.08		

（3）北京市居民心理健康的受教育程度差异检验

由表 4 可知，不同受教育程度居民的心理健康水平有显著差异（$p < 0.05$）。其中，小学及以下受教育程度居民心理健康水平最低，受教育程度为博士的居民心理健康水平最高，呈现受教育程度越高，心理健康水平越高的趋势。

表 4　心理健康的受教育程度差异检验

项目	受教育程度	$M \pm SD$	F	事后比较
心理健康	①小学及以下	83.87 ± 19.15	3.98**	① < ②③④⑤⑥⑦
	②初中	96.57 ± 28.52		② < ⑦
	③中专或高中	92.98 ± 22.70		③ < ⑤⑥⑦
	④大专	96.30 ± 22.88		④ < ⑦
	⑤本科	99.29 ± 21.46		⑤ > ①③

续表

项目	受教育程度	$M \pm SD$	F	事后比较
心理健康	⑥硕士	98.52 ± 23.44	3.98**	⑥>①③
	⑦博士	104.42 ± 23.03		⑦>①②③④
	总计	96.64 ± 24.10		

（4）北京市居民心理健康的工作状态差异检验

由表5可知，不同工作状态居民的心理健康水平有显著差异（$p < 0.001$）。其中，无业、失业或下岗的居民心理健康水平最低，有正式工作的居民心理健康水平最高，即工作状态越稳定，心理健康水平越高。

表5　心理健康的工作状态差异检验

项目	工作状态	$M \pm SD$	F	事后比较
心理健康	①正式工作	100.90 ± 24.81	14.18***	①>②>③④⑤
	②临时工作	91.77 ± 23.57		②>③ ②<①<⑤
	③无业、失业或下岗	85.36 ± 17.18		③<① ②<⑤④
	④离退休	94.70 ± 24.41		④<① ④>③
	⑤学生	96.14 ± 19.93		⑤<① ⑤>②>③
	总计	96.59 ± 23.42		

（5）北京市居民心理健康的月收入差异检验

由表6可知，不同月收入居民的心理健康水平有显著差异（$p < 0.05$）。其中，2000元及以下月收入居民心理健康水平最低，20001元及以上月收入居民心理健康水平最高。无收入居民多是学生，求学阶段尚无经济压力。

表6　心理健康的月收入差异检验

项目	月收入	$M \pm SD$	F	事后比较
心理健康	①无收入	99.29 ± 20.89	2.80*	①>②④⑤ ①<⑥
	②2000元及以下	93.82 ± 23.21		②<①③⑥
	③20001～7855元	97.59 ± 24.70		③>② ③<⑥
	④7856～15000元	95.37 ± 24.49		④<①⑥
	⑤15001～20000元	94.08 ± 23.16		⑤<①<⑥
	⑥20001元及以上	105.17 ± 27.01		⑥>①②③④⑤
	总计	96.83 ± 24.10		

（6）北京市居民心理健康的婚姻状况差异检验

由表7可知，不同婚姻状况居民的心理健康水平有显著差异（$p < 0.05$）。其中，同居居民心理健康水平最低，丧偶居民心理健康水平最高。可能是丧偶居民数量偏少，导致被试数据不具有代表性。

表7　心理健康的婚姻状况差异检验

项目	婚姻状况	$M \pm SD$	F	事后比较
心理健康	①未婚	95.82 ± 21.58	15.55^{***}	① < ② < ⑤ ① > ③
	②已婚	99.25 ± 26.39		② > ①③④ ② < ⑤
	③同居	88.31 ± 21.37		③ < ①②⑤
	④离婚	91.67 ± 20.28		④ < ②
	⑤丧偶	103.75 ± 29.95		⑤ > ③
	总计	96.84 ± 24.13		

（7）北京市居民心理健康的所在地区差异检验

由表8可知，不同地区居民的心理健康水平有显著差异（$p < 0.001$）。其中，怀柔区居民心理健康水平最低，西城区居民心理健康水平最高。

表8　心理健康的所在地区差异检验

项目	所在地区	$M \pm SD$	F	事后比较
心理健康	①朝阳区	99.16 ± 27.68	5.40^{***}	① > ③,④
	②海淀区	97.18 ± 23.24		② > ③④ ② < ⑦
	③丰台区	91.19 ± 21.53		③ < ①②⑤⑥⑦⑨⑩
	④昌平区	92.59 ± 18.24		④ < ①②⑤⑥⑦⑩
	⑤大兴区	99.46 ± 24.82		⑤ > ③④
	⑥通州区	100.09 ± 31.71		⑥ > ③④
	⑦西城区	106.10 ± 25.18		⑦ > ②③④⑬⑭
	⑧房山区	96.50 ± 17.47		
	⑨顺义区	100.90 ± 31.71		⑨ > ③
	⑩东城区	101.25 ± 23.49		⑩ > ③④
	⑪石景山区	97.61 ± 21.05		
	⑫密云区	96.12 ± 27.07		
	⑬平谷区	88.50 ± 17.83		⑬ < ⑦⑩
	⑭怀柔区	88.00 ± 23.45		⑭ < ⑦
	⑮延庆区	95.33 ± 26.65		
	⑯门头沟区	102.73 ± 23.65		
	总计	96.83 ± 24.08		

（8）北京市居民心理健康的家庭住地差异检验

由表9可知，不同家庭住地居民的心理健康水平有显著差异（$p < 0.001$）。其中，农村居民心理健康水平最低，城区居民心理健康水平最高。可能是农村基础设施等生活条件较差导致。

表9　心理健康的家庭住地差异检验

项目	家庭住地	$M \pm SD$	F	事后比较
心理健康	①城区	100.79 ± 25.02	30.18***	① > ②③
	②农村	89.18 ± 20.19		② < ① < ③
	③郊区	95.35 ± 23.56		③ < ① ③ > ②
	总计	96.76 ± 24.08		

（9）北京市居民心理健康的户籍所在地差异检验

由表10可知，不同户籍所在地居民的心理健康水平有显著差异（$p < 0.001$）。其中，北京农村居民心理健康水平最低，北京城市居民心理健康水平最高。可能是北京经济发展水平较高，北京农村居民承受着更大的生活压力。

表10　心理健康的户籍所在地差异检验

项目	户籍所在地	$M \pm SD$	F	事后比较
心理健康	①北京城市	101.42 ± 26.12	17.22***	① > ②③④
	②北京农村	90.85 ± 21.24		② < ④ < ①
	③外地城市	93.73 ± 21.21		③ < ①
	④外地农村	96.52 ± 23.54		④ < ①
	总计	96.88 ± 24.05		

（10）北京市居民心理健康的子女数量差异检验

由表11可知，不同子女数量居民的心理健康水平有显著差异（$p < 0.001$）。其中，生育一个孩子的居民心理健康水平最高，生育三个及以上孩子的居民心理健康水平最低。可能是生育三个及以上孩子所造成的各方面压力更大。

表 11　心理健康的子女数量差异检验

项目	子女数量	$M \pm SD$	F	事后比较
心理健康	①未生育过	98.23 ± 22.41	30.18 ***	① > ③ > ④
	②一个孩子	100.52 ± 26.46		② > ③ > ④
	③两个孩子	94.16 ± 25.08		③ < ①② ③ > ④
	④三个及以上孩子	85.30 ± 15.65		④ < ①②③
	总计	96.84 ± 24.10		

（11）北京市居民心理健康的主观社会经济地位差异检验

由表 12 可知，不同主观社会经济地位居民的心理健康水平没有显著差异（$p > 0.05$），处于上层的居民心理健康分数最低，处于中层的居民心理健康分数最高。

表 12　心理健康的主观社会经济地位差异检验

项目	主观社会经济地位	$M \pm SD$	F	事后比较
心理健康	①上层	93.74 ± 27.37	0.69	
	②中上层	94.31 ± 24.89		② < ③
	③中层	98.94 ± 24.31		③ > ②⑤
	④中下层	96.63 ± 22.74		
	⑤下层	94.67 ± 23.78		⑤ < ③
	总计	96.79 ± 24.09		

3. 北京市居民心理健康的相关影响因素分析

（1）心理健康和相关因素的相关分析

对北京市居民心理健康和其他相关影响因素进行相关分析后发现，心理健康与手机成瘾、焦虑、抑郁、睡眠指数呈显著的负相关，与自尊、社会支持呈显著正相关（见表 13）。

（2）高低焦虑状况与心理健康的分析

参照中国常模结果，SAS 的分界值为 50 分，≥50 分为高焦虑症状，<50 分为低焦虑症状。将高低焦虑症状作为自变量，心理健康作为因变量进行 T 检验，分析焦虑对北京市居民心理健康的影响。从表 14 可知，高低焦虑症状在心理健康上差异显著（$p < 0.001$），高焦虑症状者心理健康水平显著低于低焦虑症状者。

表 13   心理健康和相关影响因素的相关分析

	手机成瘾	自尊	焦虑	抑郁	睡眠指数	社会支持	心理健康
手机成瘾	1						
自尊	− 0.34 ***	1					
焦虑	0.56 ***	− 0.61 ***	1				
抑郁	0.38 ***	− 0.65 ***	0.76 ***	1			
睡眠指数	0.40 ***	− 0.41 ***	0.60 ***	0.51 ***	1		
社会支持	− 0.08 **	0.25 ***	− 0.17 ***	− 0.29 ***	− 0.12 ***	1	
心理健康	− 0.22 ***	0.45 ***	− 0.40 ***	− 0.47 ***	− 0.42 ***	0.43 ***	1

表 14   心理健康在焦虑状况上的差异检验

项目	高焦虑症状	低焦虑症状	t
心理健康	89.21 ± 20.84	113.37 ± 24.06	40.47 ***

（3）高低抑郁状况与心理健康的分析

参照中国常模结果，SDS 的分界值为 53 分，≥53 分为高抑郁症状，＜53 分为低抑郁症状。将高低抑郁症状作为自变量，心理健康作为因变量进行 T 检验，分析抑郁对北京市居民心理健康的影响。从表 15 可知，高低抑郁症状在心理健康上差异显著（$p < 0.001$），高抑郁症状者心理健康水平显著低于低抑郁症状者。

表 15   心理健康在抑郁状况上的差异检验

项目	高抑郁症状	低抑郁症状	t
心理健康	89.93 ± 22.15	113.07 ± 21.93	7.04 **

（4）高中低社会支持与心理健康的分析

采用正负一个标准差的方法划分社会支持得分的高中低。将不同社会支持作为自变量，心理健康作为因变量进行 T 检验，分析不同社会支持情况对北京市居民心理健康的影响。由表 16 可以看出，高中低社会支持在心理健康上差异显著（$p < 0.001$），低社会支持心理健康水平显著低于高中社会支持，中社会支持心理健康水平显著高于低社会支持、低于高社会支持，高社会支持心理健康水平显著高于中低社会支持。

表 16　高中低社会支持与心理健康的差异检验

项目	社会支持	$M \pm SD$	F	事后比较
心理健康	低社会支持	86.75 ± 22.74		① < ② < ③
	中社会支持	93.65 ± 21.96	10.03 ***	② > ① ② < ③
	高社会支持	124.20 ± 25.08		③ > ② > ①
	总计	96.84 ± 24.10		

4. 北京市居民心理健康的回归分析

以北京市居民心理健康总分为因变量，以性别、年龄、受教育程度、工作状态、月收入、婚姻状况、所在地区、家庭住地、户籍所在地、子女数量、主观社会经济地位 11 个人口学变量为预测变量，α 取 0.05，进行多元逐步回归分析。由表 17 可以看出，第一个进入回归方程的预测变量是家庭住地，其次是工作状态、子女数量和年龄，这 4 个具有显著预测作用的变量对北京市居民心理健康总分方差的贡献率为 4.12%。

表 17　人口学变量对心理健康的多元逐步回归分析

因变量	预测变量	R^2	$\triangle R^2$	Beta	t 值
心理健康	家庭住地	0.02	0.02	-0.10	-3.22 **
	工作状态	0.03	0.01	-0.09	-2.96 **
	子女数量	0.04	0.01	-0.09	-2.95 **
	年龄	0.05	0.01	0.08	2.56 *

为了进一步探索各影响因素与心理健康之间的联系，将手机成瘾、自尊、焦虑、抑郁、睡眠指数、社会支持作为预测变量，将心理健康总分作为因变量，α 取 0.05，进行多元逐步回归分析。由表 18 可以看出，第一个进入回归方程的预测变量是抑郁，其次是社会支持、睡眠指数、自尊和手机成瘾，这 5 个具有显著预测作用的变量对北京市居民心理健康总分方差的贡献率为 36.7%，而抑郁这一个变量的贡献率就为 21.3%，超过了其他 4 个变量贡献率的总和。

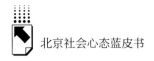

表18 手机成瘾、自尊、焦虑、抑郁、睡眠指数、社会支持
对心理健康的多元逐步回归分析

因变量	预测变量	R^2	$\triangle R^2$	Beta	t 值
心理健康	抑郁	0.21	0.21	−0.14	−4.76 ***
	社会支持	0.30	0.08	0.29	13.01 ***
	睡眠指数	0.34	0.05	−0.25	−10.04 ***
	自尊	0.36	0.02	0.19	−6.67 ***
	手机成瘾	0.37	0.01	0.10	4.20 ***

四 讨论

结果表明，人口学变量（年龄、受教育程度、工作状态、月收入、婚姻状况、所在地区、家庭住地、户籍所在地、子女数量）对北京市居民心理健康的影响均有显著性意义，这说明心理健康问题不属于器质性疾病，会受到各种因素的影响，因居民的各种不同的人口学特征呈现不同的特点，这与相关研究得到一致的结论。[1]

分析发现，性别对于居民心理健康状况的影响没有显著性差异，这可能是时代的进步，男女在生活、社会、经济和政治方面越来越平等。分析发现不同年龄居民的心理健康状况存在显著性差异，31~50岁居民心理健康状况好于30岁及以下和51岁及以上居民，可能是中年居民生活经验较多、应对事情方式相对比较成熟，年轻居民因为处世经验少，而老年居民的身体机能逐渐衰退、躯体患病概率增加等促使其承受较大的心理压力，因而心理健康状况较差。[2] 分析发现受教育程度越高心理健康状况越好，可能是因为受教育程度越高的居民接触心理健康教育的机会越多，更能掌握一些正确的方法来缓解心理压力从而提高心理承受能力。工作状态、月收入及所在地区造成的差异，可能是心理健康状况发生变化，一般而言，没有稳定工作、经济状况差或地区经济

---

[1] 王丽、张晓、高杰:《我国成年居民心理健康状况及影响因素分析》,《中国公共卫生》2019年第35期。

[2] 代志敏、何永萍、蒲敏:《浅谈影响老年人心理健康的因素及护理措施》,《当代医药论丛》2014年第16期。

发展水平较差地区的居民生活条件较差，生活、工作等压力较大，从而造成心理健康状况较差。①

以上研究结果也提醒我们，应重点关注 50 岁以上的老年人、文化程度较低、同居或离婚、家住农村、生育两个及以上孩子人群的心理健康水平，普及心理学知识，通过心理健康指导、心理热线接待、心理咨询及心理治疗等方式开展心理健康服务，能够对人们进行正确引导，协助其调整焦虑、抑郁、悲观等负面心态，增强其生命自信心，使其心理健康水平得到提高。

研究发现，自尊、社会支持与心理健康呈显著正相关，手机成瘾、焦虑、抑郁、睡眠指数与心理健康呈显著负相关。这可能是高自尊水平个体能够体验到更多正性情感，在不顺时，更倾向于采取寻求他人帮助等积极的应对策略去解决问题，从而拥有更高的心理健康水平；② 社会支持即可通过缓解疾病痛苦带来的压力感受，也可提供问题解决的策略或途径，从而降低心理应激水平，最终使心理状况处于较良好的水平。③ 手机成瘾者可能存在不同程度的心理健康问题，并表现了人际关系敏感、强迫、敌对意识、焦虑及抑郁等，严重影响个体的社会功能；④ 睡眠质量差的居民往往心理压力较大，心理不健康的可能性更大。⑤

五 对策与建议

针对北京市心理健康服务体系建设中存在的问题，结合本研究结果，可以从以下几方面进一步指导我们做好心理健康服务体系建设工作。

---

① 李成娟：《山东省东营市农村居民心理健康状况及其影响因素研究》，山东大学硕士学位论文，2010。
② 李丽英、张可：《大学一年级学生正念及其与自尊、心理健康的关系》，《医学研究与教育》2019 年第 36 期。
③ 卢冲、伍蔓霖：《收入差距、社会支持与新生代农民工心理健康》，《人口与发展》2019 年第 25 期。
④ 王兴通、张超：《手机成瘾医学生心理健康水平的运动干预研究》，《中国高等医学教育》2016 年第 3 期。
⑤ 李鹏姬、高晓雷、马海林：《西藏孤寡老人睡眠质量及其与心理健康关系》，《中国公共卫生》2019 年第 43 期。

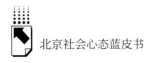

1. 加强心理健康的宣传教育工作

心理健康是人在成长过程中，知情意行各方面完好的一种状态，与个人健康状态密不可分。个人的健康更关系着大众的安康，影响着社会的和谐发展。习近平总书记在2016年全国卫生与健康大会上提出，要做好心理健康知识普及工作，加大心理健康问题基础性研究，规范发展心理健康服务行业。各部门要充分认识到加强心理健康服务的重要意义，并且要通过加强心理健康文化理论知识的宣传工作，开展丰富多彩的线下心理健康活动，提高居民对心理健康服务需要的接受性和认可度，并促使居民培养相关意识及良好的健康行为。

2. 夯实心理健康服务体系的服务保障

众多研究已经表明，依托政府平台的努力和保障，居民心理健康的工作可以取得更大的成效。[①] 基于此，政府应该加大对居民心理健康服务体系建设的支持力度，加大制度保障和经费保障。在制度方面，随着《精神卫生法》《"健康中国2030"规划纲要》《关于加强和改进心理健康服务的指导意见》等文件的出台，体现了政府对心理健康服务体系建设工作的重视，但如何把制度落到实处，则要根据当地实际情况出台相关的规章制度，如可以将居民心理健康服务需求满意度考评纳入相关的评比考察中来。在经费方面，则要建设相应的工作场所，配备专业设备和专业人才，考虑把心理咨询、心理治疗等消费纳入医保范畴。

3. 落实心理健康服务相关的工作机制建设

各行业各部门应加强培养心理健康服务专业化队伍和规范心理健康服务工作机制建设：①社区可引进专业的心理健康服务工作人员，通过专业人员来开展心理健康服务工作；②加强对重点人群的心理健康服务，针对不同特征的居民展开个性化的服务，例如对处于中、高考节点的青少年加强学习指导和压力应对引导，对老年人加强心理陪护和人文关怀，对特殊人群加强危机干预和心理疏导，提高其环境适应能力，预防和减少危害行为发生；③整合心理健康服务人才资源，同相关高校和心理机构展开合作，鼓励专业人才到社区心理健康

---

① 徐远超、向伟、何玉莹：《建构社区居民心理健康服务体系的探析》，《学理论》2018年第3期。

服务一线工作，遵循"重在预防"的原则，群策群力做好心理健康服务体系建设工作;[1] ④建立居民心理健康服务体系的反馈与评估机制，多方位多角度督促居民心理健康服务工作的落实和完善。例如可通过上级领导或专家调研考察，也可通过心理健康服务人员本身及受惠居民来进行反馈与评价，发现具体工作中存在的不足并及时改正。

---

① 赵建华：《郑州市社区心理服务体系建设现状调查研究》，《心理月刊》2019 年第 14 期。

B.14
北京市居民手机成瘾程度调查

李佩玲 秦 阳*

摘 要: 本研究对北京市 16 个区的居民进行了手机成瘾程度调查,发现北京市居民的手机成瘾程度处于中等水平,手机成瘾程度的 6 个维度从低到高分别为社交安抚、App 更新、戒断行为、消极影响、突显行为和 App 使用;手机成瘾程度在人口统计学上存在显著的性别、年龄、文化程度、主观社会经济地位等差异;手机成瘾程度和抑郁、焦虑之间呈两两正相关,和自尊、社会支持及心理健康之间呈两两负相关。

关键词: 北京市居民 手机成瘾程度 心理健康

一 引言

随着科技的发展,手机已经成为我们生活中必不可少的一部分,手机成瘾的行为随处可见,如走路刷手机、聚餐刷手机、上厕所刷手机。过去人们会认为手机成瘾是一种病态的瘾,但如今我们在谈论手机成瘾时,似乎像是在谈一件无关紧要的事情。一项针对 2004 位被访者手机成瘾的调查显示,感到如今人们"手机上瘾"的情况严重的受访者占93.4%,平均每天使用手机累计超过 3 小时的受访者占84.7%。可见,我们使用手机已经成为"家常便饭"。

手机成瘾是指个体对智能手机的过度使用且对该种使用行为无法控制而导致其社会功能受损,并带来心理和行为问题的一种新型的行为成瘾。目前我国

---

* 李佩玲,中国地质大学心理咨询中心副研究员,主要研究方向为心理咨询与心理健康;秦阳,北京林业大学人文社会科学学院在读硕士。

互联网发展迅速,截至 2019 年 6 月,我国网民已达 8.54 亿,网络普及率达 61.2%;其中,手机网民规模约 8.47 亿人,占整体网民的 99.1%。手机上网的便捷性和即时性给手机网民的生活带来诸多便利,但同时,过度依赖手机上网(手机成瘾)也会产生诸多负面影响。甚至有精神卫生专家预测,手机依赖将会成为 21 世纪继网络成瘾之后最重要的非药物依赖类型之一。

研究发现,手机成瘾与焦虑、抑郁之间呈显著的正相关,[1] 且手机成瘾程度的加深会增加发生焦虑和抑郁的危险。[2] 具体表现为过度使用手机的个体有更高的人际性焦虑或社交孤立感;[3] 过分社交焦虑的个体害怕交往且非常敏感,他们可能更愿意把手机当作面对面情景的替代品,通过电话、短信和网络与他人联系来减轻焦虑;如果焦虑状况得不到控制,他们会倾向于花费更多时间在手机上。[4] 此外,自尊水平越低的个体,其对手机的依赖(除社交抚慰外)会越严重,[5] 手机成瘾对心理健康也有着不良影响,[6] 而提升社会支持水平有利于降低手机成瘾对抑郁症状的消极影响。[7] 总之,良好的社会支持可以有效避免个体产生问题性行为,从而缓解个体对手机依赖的程度。另外,手机依赖也会对个体的社会支持造成影响,手机成瘾程度更大的个体越倾向于不去主动寻找现实的社会支持。[8]

因此,本研究旨在调查北京市居民的手机成瘾程度,比较手机成瘾程度在

① 张斌、熊思成、徐依、陈芸、肖长根、莫彦芝:《手机使用与焦虑、抑郁的关系:一项元分析》,《中国临床心理学杂志》2019 年第 6 期。
② 姚安琦、王德斌:《大学生手机成瘾对焦虑、抑郁的影响》,《泰山医学院学报》2019 年第 10 期。
③ Jee Hyun Ha, Bumsu Chin, Doo-Heum Park, Seung-Ho Ryu, Jaehak Yu, "Characteristics of Excessive Cellular Phone Use in Korean Adolescents," *Cyberpsychology Behavior*, 11 (2008): 783 – 784.
④ 工欢、黄海、吴和鸣:《大学生人格特征与手机依赖的关系:社交焦虑的中介作用》,《中国临床心理学杂志》2014 年第 3 期。
⑤ 谢孟哲、张俊杰、武海英:《孤独感对手机依赖的影响:自尊的中介作用》,《智库时代》2019 年第 52 期。
⑥ 周长缨、曲西茜:《手机成瘾对大学生心理健康的影响及其干预》,《汉字文化》2019 年第 24 期。
⑦ 崔光辉、田原:《大学生社会支持在手机成瘾与抑郁间的作用》,《中国学校卫生》2020 年第 2 期。
⑧ 郭英、何相材:《大学生社会支持与手机依赖的关系——基于中国样本的元分析》,《四川师范大学学报》(社会科学版)2017 年第 44 期。

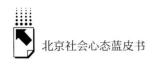

各人口统计学变量上的差异，探究手机成瘾程度和抑郁、焦虑、自尊、社会支持及心理健康之间的关系。

二 研究方法

（一）研究对象

本研究调查了北京市 16 个区的居民，共收回问卷 2227 份，其中有效问卷 1915 份，问卷有效率为 85.99%，被调查者的个人基本情况如表 1。从表 1 可以看出，本次调查中，男女比例基本平衡，年龄主要集中在 21 ~ 30 岁（41.5%），汉族人数最多（87.2%），信仰中国特色社会主义（马列主义）的人最多（56.3%），大多有正式工作（44.9%），已婚人数达 46.2%；调查样本主要集中在朝阳区和海淀区；图 1 显示，被调查人群中，服务业工作人员和教师占比各自达到 9.5% 和 8.9%。

表 1 样本人口统计学变量基本情况

单位：人，%

类别	特征	频次	百分比	类别	特征	频次	百分比
性别	男	979	51.1	婚姻状况	未婚	819	42.8
	女	927	48.4		已婚	884	46.2
	缺失	9	0.5		同居	128	6.7
年龄	20 岁及以下	345	18.0		离婚	58	3.0
	21 ~ 30 岁	794	41.5		丧偶	12	0.6
	31 ~ 40 岁	406	21.2		缺失	14	0.7
	41 ~ 50 岁	152	7.9	户籍所在地	北京城市	791	41.3
	51 岁及以上	218	11.4		北京农村	300	15.7
民族	少数民族	245	12.8		外地城市	541	28.3
	汉族	1670	87.2		外地农村	270	14.0
政治面貌	共产党员	489	25.5		缺失	13	0.7
	共青团员	750	39.2	地区	朝阳区	499	26.0
	民主党派	160	8.4		海淀区	529	27.6
	群众	514	26.8		丰台区	213	11.1
	缺失	2	0.1		昌平区	248	13.0

续表

类别	特征	频次	百分比	类别	特征	频次	百分比
地区	大兴区	75	3.9	文化程度	博士	47	2.5
	通州区	51	2.7		缺失	5	0.3
	西城区	40	2.1	孩子数	未生育过	752	39.3
	房山区	30	1.6		一个孩子	606	31.6
	顺义区	28	1.5		两个孩子	345	18.0
	东城区	58	3.0		三个及以上孩子	206	10.8
	石景山区	50	2.6		缺失	6	0.3
	密云区	17	0.9	工作状态	正式工作	859	44.9
	平谷区	20	1.0		临时工作	273	14.3
	怀柔区	13	0.7		无业、失业或下岗	182	9.5
	延庆区	33	1.7		离退休	138	7.2
	门头沟区	11	0.6		学生	441	23.0
信仰	中国特色社会主义（马列主义）	1078	56.3		缺失	22	1.1
	命运	142	7.4	月收入	无收入	243	12.7
	无神论	469	24.5		2000元及以下	205	10.7
	基督教	52	2.7		2001~7855元	686	35.8
	天主教	24	1.3		7856~15000元	470	24.5
	佛教	61	3.2		15001~20000元	211	11.0
	道教	27	1.4		20001元及以上	95	5.0
	伊斯兰教	21	1.1		缺失	5	0.3
	其他	33	1.7	目前家庭住地	农村	535	27.9
	缺失	8	0.4		郊区	268	14.0
文化程度	小学及以下	38	2.0		城区	1096	57.2
	初中	154	8.0		缺失	16	0.9
	中专或职高	205	10.7	主观社会经济地位	上层	83	4.3
	高中	252	13.2		中上层	343	18.0
	大专	309	16.1		中层	720	37.6
	本科	690	36.0		中下层	589	30.7
	硕士	215	11.2		下层	174	9.1

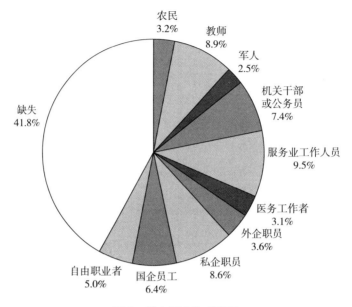

图1　样本职业构成情况

（二）研究工具

1. 基本人口信息问卷

包括性别、年龄、民族、信仰、政治面貌、婚姻状况、受教育程度、工作状态、职业、月收入、孩子数、主观社会经济地位等。

2. 手机成瘾量表

该量表由苏双等编制，共 22 个项目，包括戒断行为（条目 7、11、13、14、15、19、21，如：如果一段时间我的手机不在手边，我常担心错过了电话）、突显行为（条目 1、2、4，如：同学、朋友常说我花了太多时间在我的手机上）、社交安抚（条目 5、6、16，如：我宁愿选择手机聊天，不愿直接面对面交流）、消极影响（条目 3、9、10、17，如：因为玩智能手机，我的学习成绩下降了）、App 使用（条目 8、18、22，如：我在同一天内必须打开同一手机应用程序 3 次以上）和 App 更新（条目 12、20，如：我会关心最近新出的应用程序，并把其下载到我的手机里）六个维度。采用 5 点计分，从"非常不符合"到"非常符合"分别记 1~5 分；各项目的原始分相加即为总分，总分越高则个体的手机成瘾程度越高。该量表的克隆巴赫 α 为 0.88，6 个维度的克隆

巴赫 α 为 0.44 ~ 0.85；总量表的重测信度为 0.93，6 个维度的重测信度为 0.72 ~ 0.82，具有良好的效度和信度。该问卷在本研究中的克隆巴赫 α 为 0.93。

3. 自尊量表

本研究采用 Rosenberg 编制的自尊量表，该量表由 10 个项目组成。采用李科特 4 点计分，1 代表"很不符合"；2 代表"不符合"；3 代表"符合"；4 代表"非常符合"；3、5、8、9、10 反向计分，相加即为总分，得分越高表明自尊水平越高。研究表明该量表具有较高的信度和效度，本次测量的克隆巴赫 α 为 0.90。

4. 抑郁自评量表

本研究采用 Zung 编制的抑郁自评量表（SDS），该量表是用于测量成人抑郁症状轻重程度的自评量表，包含 20 个项目，分为 4 级评分的自评量表，主要评定症状出现的频度。20 个项目中有 l0 项是用负性词陈述的，其余 10 项是用正性词陈述的，反向计分。SDS 的主要统计指标为总分，将 20 个项目的各个得分相加，即得初始分。标准分等于初始分乘以 1.25 后的整数部分。参照中国常模结果，SDS 标准分总分≥53 分为有抑郁症状，＜53 分为无抑郁症状。Zung 等曾进行了 SDS 信效度检验，其内部一致性满意，奇偶数条目分半相关性分别为 0.73 和 0.92。

5. 焦虑自评量表

本研究采用 Zung 编制的焦虑自评量表（SAS），该量表是用于测量成人焦虑状态轻重程度的自评量表，包含 20 个项目，分为 4 级评分，主要评定症状出现的频度。其中有 l5 项是用负性词陈述的，其余 5 项是用正性词陈述的，反向计分。SAS 的主要统计指标为总分，各项目得分相加即为初始分，初始分乘以 1.25 得到标准分。参照中国常模结果，SAS 标准分总分≥50 分为有焦虑症状，＜50 分为无焦虑症状。量表的克隆巴赫 α 为 0.931。研究表明该量表具有较好的信效度。

6. 心理健康量表

本研究采用自测健康评定量表中的自测心理健康评定子量表测量北京市居民的心理健康状况。该量表由许军等编制，自测心理健康评定子量表共 16 个项目，采用 11 点计分，从"非常差"到"非常好"分别记 0 ~ 10 分。各项目的原始分相加即为总分，总分越高则个体心理健康状况越好。研究表明，该量表是可靠的、有效的、灵敏的。具体而言，该量表在高校学员、中医科住院患者、皮肤病患者和军队退休干部中，重测信度分别为 0.779、0.980、0.875 和

0.915（ p 均 < 0.01 ），内部一致性系数为0.931，分半信度为0.399。

7. 社会支持评定量表

本研究利用肖水源和杨德森编制的社会支持评定量表，该量表中，第1～4，8～10条：每条只选一项，选择1、2、3、4项，分别记1、2、3、4分；第5条分A、B、C、D 4项记总分，每项从"无"到"全力支持"分别记1～4分；第6、7条如回答"无任何来源"则记0分，回答"下列来源"者，有几条就记几分。该量表的总分，即10个条目计分之和，其中第2、6、7条目计分之和为客观支持分，第1、3、4、5条目之和为主观支持分，第8、9、10条目是对支持的利用度。该量表的设计基本合理，条目易理解且无歧义，具有较好的信度和效度。量表之间的相关系数为0.462～0.664，3个分量表与总量表的相关系数为0.724～0.835，总量表及3个分量表的子系数分别为0.896、0.849、0.825、0.833。

（三）研究程序

本研究采用多阶段随机抽样的方法，对北京市16个区的2227名居民进行问卷调查，问卷内容及居民的个人信息严格保密，仅供研究所用。问卷采用网络平台和线下实地发放两种形式，网络平台通过"问卷星"收集，线下实地发放由心理学专业本科生和研究生担任主试，在正式施测前，对主试进行了严格培训。

（四）统计分析方法

采用SPSS 22.0进行描述统计分析、方差分析和相关分析等。

三 研究结果

（一）北京市居民手机成瘾程度总体特点

从表2可知，北京市居民的手机成瘾程度总均值为3.08，接近中值3，这说明北京市居民的手机成瘾程度总体处于中等水平。六个维度的均分从低到高分别为社交安抚、App更新、戒断行为、消极影响、突显行为和App使用，其中，消极影响、突显行为和App使用的均分都高于手机成瘾程度的总分，北京市居民在App使用维度的得分最高。

表 2　北京市居民手机成瘾程度总体情况

项目	$M \pm SD$
戒断行为	3.08 ± 0.86
突显行为	3.13 ± 0.93
社交安抚	2.90 ± 0.98
消极影响	3.10 ± 0.91
App 使用	3.29 ± 0.92
App 更新	3.02 ± 0.98
手机成瘾程度总分	3.08 ± 0.76

（二）北京市居民手机成瘾程度的人口统计学分析

1. 北京市居民手机成瘾程度的性别差异检验

本研究采用独立样本 T 检验考查北京市居民手机成瘾程度的性别差异。结果发现手机成瘾程度存在显著性别差异（$t = 3.33$，$p < 0.01$）。男性的手机成瘾程度高于女生的手机成瘾程度（见表 3 和图 2）。

表 3　手机成瘾程度的性别差异

项目	性别	$M \pm SD$	t
手机成瘾程度	男	68.99 ± 16.89	3.33^{**}
	女	66.44 ± 16.41	

注：＊表示 $p < 0.05$，＊＊表示 $p < 0.01$，＊＊＊表示 $p < 0.001$，双侧检验，下同。

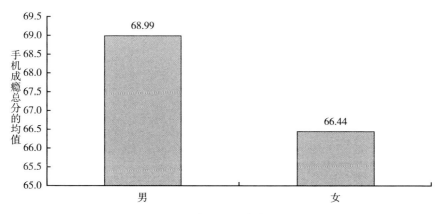

图 2　手机成瘾程度的性别人数

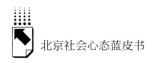
2. 北京市居民手机成瘾程度的年龄差异检验

本研究采用方差分析的方法，比较了北京市居民手机成瘾程度的年龄差异，结果见表4和图3。从总体的 F 值检验来看，不同年龄的人在手机成瘾程度上存在显著差异，$F = 6.09$，$p < 0.001$；事后LSD检验结果表明，21~30岁的人手机成瘾程度总分均值最高，41~50岁的人手机成瘾程度总分均值最低；40岁以下的人手机成瘾程度显著高于41~50岁的人，且21~30岁的人手机成瘾程度显著高于51岁及以上的人。

从图3可以明显看出，20岁及以下到21~30岁的人，手机成瘾程度呈上升趋势，之后随着年龄的增长，手机成瘾程度呈下降趋势，到41~50岁出现转折点，即手机成瘾程度再次呈上升趋势。

表4　手机成瘾程度的年龄差异

项目	年龄	$M \pm SD$	F	多重比较
手机成瘾程度	20岁及以下	67.66 ± 14.97	6.09 ***	④<①②③ ⑤<②
	21~30岁	69.46 ± 16.83		
	31~40岁	67.53 ± 17.85		
	41~50岁	63.47 ± 17.52		
	51岁及以上	65.06 ± 16.68		

注：①为"20岁及以下"，②为"21~30岁"，③为"31~40岁"，④为"41~50岁"，⑤为"51岁及以上"。

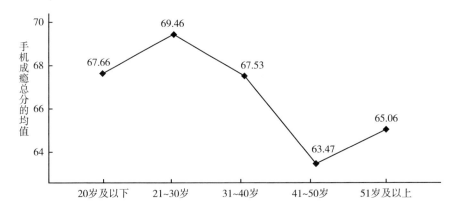

图3　不同年龄的手机成瘾程度

3. 北京市居民手机成瘾程度的文化程度差异检验

本研究采用方差分析的方法，比较了北京市居民手机成瘾程度的文化程度差异，结果见表5和图4。从总体的 F 值检验来看，不同文化程度的人在手机成瘾程度上存在显著差异，$F = 3.85$，$p < 0.001$。事后 LSD 检验结果表明，中专或职高文化程度的人手机成瘾程度总分均值最高，其次是高中文化程度的人，而小学及以下文化程度的人手机成瘾程度总分均值最低；中专或职高和高中文化程度的人手机成瘾程度显著高于小学及以下、初中、硕士和博士文化程度的人，中专或职高文化程度的人手机成瘾程度显著高于本科文化程度的人，大专和本科文化程度的人手机成瘾程度显著高于硕士文化程度的人。

表5　手机成瘾程度的文化程度差异

项目	文化程度	$M \pm SD$	F	多重比较
手机成瘾程度	小学及以下	63.50 ± 17.96	3.85***	③④ > ①②⑦⑧ ③ > ⑥ ⑤⑥ > ⑦
	初中	65.97 ± 15.23		
	中专或职高	70.67 ± 15.93		
	高中	69.31 ± 14.77		
	大专	68.85 ± 16.74		
	本科	67.80 ± 17.07		
	硕士	63.96 ± 17.94		
	博士	64.68 ± 18.07		

注：①为"小学及以下"，②为"初中"，③为"中专或职高"，④为"高中"，⑤为"大专"，⑥为"本科"，⑦为"硕士"，⑧为"博士"。

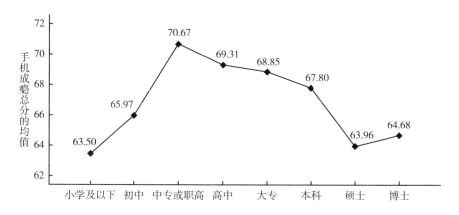

图4　不同文化程度的手机成瘾程度

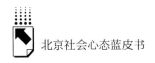
从图4可以明显看出，小学及以下到中专或职高文化程度的人，手机成瘾程度呈上升趋势，之后随着文化程度的增加，手机成瘾程度呈下降趋势，到硕士文化程度出现转折点，即手机成瘾程度呈上升趋势。

4. 北京市居民手机成瘾程度的工作状态差异检验

本研究采用方差分析的方法，比较北京市居民手机成瘾程度的工作状态差异，结果见表6和图5。从总体的 F 值检验来看，不同工作状态的人在手机成瘾程度上存在显著差异，$F = 3.63$，$p < 0.01$。事后 LSD 检验结果表明，无业、失业或下岗的人手机成瘾程度总分均值最高，其他工作状态的人手机成瘾程度总分均值最低；无业、失业或下岗的人手机成瘾程度显著高于有正式工作、离退休的人及学生，有临时工作的人手机成瘾程度显著高于离退休的人。

表6　手机成瘾程度的工作状态差异

项目	目前工作状态	$M \pm SD$	F	事后比较
手机成瘾程度	正式工作	67.17 ± 17.67	3.63**	②>④ ③>①④⑤
	临时工作	69.31 ± 17.04		
	无业、失业或下岗	71.04 ± 14.82		
	离退休	64.91 ± 16.45		
	学生	67.61 ± 15.17		

注：①为"正式工作"，②为"临时工作"，③为"无业、失业或下岗"，④为"离退休"，⑤为"学生"。

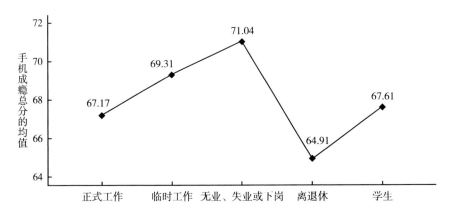

图5　不同工作状态的手机成瘾程度

5. 北京市居民手机成瘾程度的月收入差异检验

本研究采用方差分析的方法，比较了北京市居民手机成瘾程度的月收入差异，结果见表7和图6。从总体的 F 值检验来看，不同月收入的人在手机成瘾程度上存在显著差异，$F=2.82$，$p<0.05$。事后 LSD 检验结果表明，月收入 15001～20000 元的人手机成瘾程度总分均值最高，无收入的人手机成瘾程度总分均值最低；月收入 15001～20000 元的人，手机成瘾程度显著高于无收入、2000 元及以下和 2000～7855 元月收入的人，月收入 7856～15000 元的人手机成瘾程度显著高于无收入的人。

从图6可以明显看出，随着月收入的增加，居民的手机成瘾程度整体呈上升趋势，而以月收入 15001～20000 元为转折点，月收入高于 15001～20000 元的人手机成瘾程度开始下降。

表7　手机成瘾程度的月收入差异

项目	月收入	$M \pm SD$	F	事后比较
手机成瘾程度	无收入	65.28 ± 16.66	2.82*	④>① ⑤>①②③
	2000 元及以下	67.36 ± 14.82		
	2001～7855 元	67.27 ± 16.80		
	7856～15000 元	68.48 ± 16.59		
	15001～20000 元	70.81 ± 17.25		
	20001 元及以上	68.01 ± 18.39		

注：①为"无收入"，②为"2000 元及以下"，③为"2001～7855 元"，④为"7856～15000 元"，⑤为"15001～20000 元"，⑥为"20001 元及以上"。

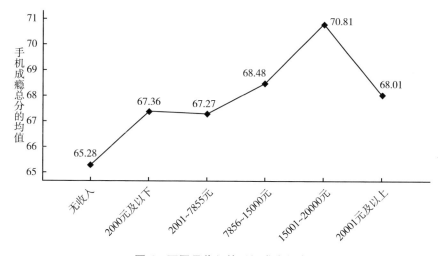

图6　不同月收入的手机成瘾程度

6. 北京市居民手机成瘾程度的目前家庭住地差异检验

本研究采用方差分析的方法，比较了北京市居民手机成瘾程度的目前家庭住地差异，结果见表8和图7。从总体的 F 值检验来看，不同目前家庭住地的人在手机成瘾程度上存在显著差异，$F = 18.35$，$p < 0.001$。事后 LSD 检验结果表明，目前家庭住地在农村的人手机成瘾程度总分均值最高，在城区的人手机成瘾程度总分均值最低；居住在城区的人手机成瘾程度显著低于居住在农村和郊区。

表8　手机成瘾程度的目前家庭住地差异

项目	目前家庭住地	$M \pm SD$	F	事后比较
手机成瘾程度	农村	71.00 ± 13.93	18.35***	③ < ①②
	郊区	69.41 ± 15.88		
	城区	65.93 ± 17.75		

注：①为"农村"，②为"郊区"，③为"城区"。

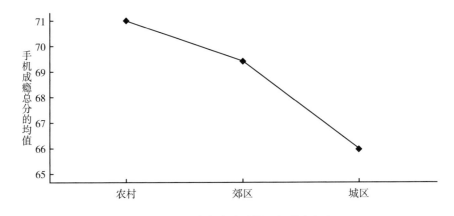

图7　不同目前家庭住址的手机成瘾程度

7. 北京市居民手机成瘾程度的户籍所在地差异检验

本研究采用方差分析的方法，比较了北京市居民手机成瘾程度的户籍所在地差异，结果见表9和图8。从总体的 F 值检验来看，不同户籍所在地的人在手机成瘾程度上存在显著差异，$F = 5.36$，$p < 0.01$。事后 LSD 检验结果表明，户籍所在地在北京农村的人手机成瘾程度总分均值最高，外地农村的人手机成瘾程度总分均值最低；户籍所在地在北京农村的人手机成瘾程度显著高于户籍所在地在北京城市、外地城市和外地农村的人。

表9　手机成瘾程度的户籍所在地差异

项目	户籍所在地	$M \pm SD$	F	事后比较
手机成瘾程度	北京城市	67.17 ± 18.22	5.36**	②>①③④
	北京农村	71.28 ± 14.89		
	外地城市	67.27 ± 15.86		
	外地农村	66.66 ± 15.20		

①为"北京城市"，②为"北京农村"，③为"外地城市"，④为"外地农村"。

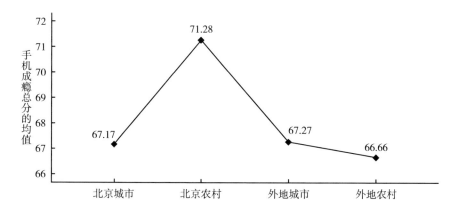

图8　不同户籍所在地的手机成瘾程度

8. 北京市居民手机成瘾程度的主观社会经济地位差异检验

本研究采用方差分析的方法，比较了北京市居民手机成瘾程度的主观社会经济地位差异，结果见表10和图9。从总体的 F 值检验来看，不同主观社会经济地位的人在手机成瘾程度上存在显著差异，$F = 2.97$，$p < 0.05$。事后 LSD 检验结果表明，主观社会经济地位是中上层的人手机成瘾程度总分均值最高，中层的人手机成瘾程度总分均值最低；主观经济地位为中上层的人手机成瘾程度显著高于主观经济地位为中层和中下层的人。

9. 北京市居民手机成瘾程度的孩子数差异检验

本研究采用方差分析的方法，比较了北京市居民手机成瘾程度的孩子数差异，结果见表11和图10。从总体的 F 值检验来看，生育不同孩子数量的人在手机成瘾程度上存在显著差异，$F = 9.87$，$p < 0.001$。事后 LSD 检验结果表

表10 手机成瘾程度的主观社会经济地位差异

项目	主观社会经济地位	$M \pm SD$	F	事后比较
手机成瘾程度	上层	68.80 ± 18.96	2.97*	②>③④
	中上层	70.44 ± 16.48		
	中层	66.89 ± 16.81		
	中下层	67.18 ± 16.12		
	下层	67.91 ± 16.75		

①为"上层"，②为"中上层"，③为"中层"，④为"中下层"，⑤为"下层"。

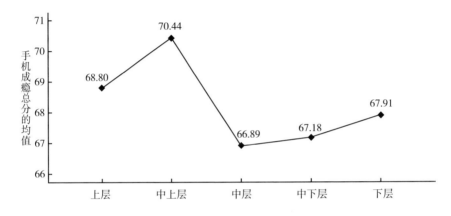

图9 不同主观社会经济地位的手机成瘾程度

明，生育三个及以上孩子的人手机成瘾程度总分均值最高，未生育过孩子的人手机成瘾程度总分均值最低；生育两个孩子和三个及以上孩子的人手机成瘾程度显著高于未生育过孩子和生育一个孩子的人，生育三个及以上孩子的人手机成瘾程度显著高于生育两个孩子的人。

表11 手机成瘾程度的孩子数差异

项目	孩子数	$M \pm SD$	F	事后比较
手机成瘾程度	未生育过	66.62 ± 16.14	9.87***	③④>①② ④>③
	一个孩子	66.72 ± 18.04		
	两个孩子	68.92 ± 16.59		
	三个及以上孩子	73.17 ± 13.29		

①为"未生育过"，②为"一个孩子"，③为"两个孩子"，④为"三个及以上孩子"。

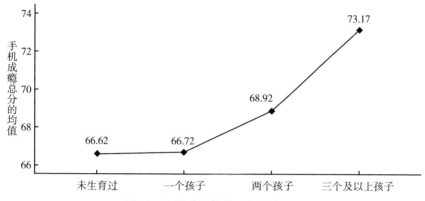

图 10   不同孩子数的手机成瘾程度

10. 北京市居民手机成瘾程度的婚姻状况差异检验

本研究采用方差分析的方法，比较了北京市居民手机成瘾程度的婚姻状况差异，结果见表12和图11。从总体的 F 值检验来看，不同婚姻状况的人在手机成瘾程度上不存在显著差异，$F = 2.13$，$p > 0.05$。

表 12   手机成瘾程度的婚姻状况差异

项目	婚姻状况	$M \pm SD$	F
手机成瘾程度	未婚	67.19 ± 15.79	2.13
	已婚	67.83 ± 17.64	
	同居	70.97 ± 15.91	
	离婚	69.84 ± 14.31	
	丧偶	61.17 ± 17.82	

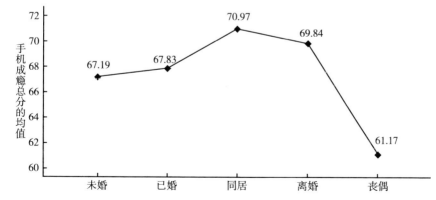

图 11   不同婚姻状况的手机成瘾程度

11. 北京市居民手机成瘾程度的地区差异检验

本研究采用方差分析的方法，比较了北京市居民手机成瘾程度的地区差异，结果见表13和图12。从总体的 F 值检验来看，不同地区的人在手机成瘾程度上不存在显著差异，$F = 1.51$，$p > 0.05$。

表 13　手机成瘾程度的地区差异

项目	地区	$M \pm SD$	F
手机成瘾程度	朝阳区	68.59 ± 18.18	1.51
	海淀区	66.77 ± 16.22	
	丰台区	70.44 ± 14.98	
	昌平区	69.08 ± 15.20	
	大兴区	67.27 ± 15.73	
	通州区	66.86 ± 17.75	
	西城区	65.90 ± 20.00	
	房山区	65.07 ± 18.72	
	顺义区	63.93 ± 18.77	
	东城区	62.41 ± 13.11	
	石景山区	66.44 ± 16.79	
	密云区	66.59 ± 17.96	
	平谷区	67.05 ± 17.93	
	怀柔区	73.92 ± 10.23	
	延庆区	64.73 ± 18.57	
	门头沟区	65.18 ± 12.56	

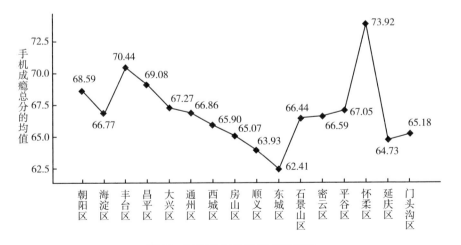

图 12　不同地区的手机成瘾程度

（三）北京市居民手机成瘾程度与各变量的相关分析

表14列出了手机成瘾程度和抑郁、焦虑、自尊、社会支持及心理健康的相关系数。手机成瘾程度和抑郁、焦虑之间呈两两正相关，和自尊、社会支持及心理健康之间呈两两负相关。

表14　手机成瘾程度与各变量的相关系数

项目	手机成瘾程度	抑郁	焦虑	自尊	社会支持	心理健康
手机成瘾程度	1					
抑郁	0.376 **	1				
焦虑	0.559 **	0.757 **	1			
自尊	− 0.343 **	− 0.646 **	− 0.611 **	1		
社会支持	− 0.078 **	− 0.285 **	− 0.167 **	0.249 **	1	
心理健康	− 0.222 **	− 0.472 **	− 0.400 **	0.449 **	0.432 **	1

四　研究主要结论

（1）本研究结果表明，北京市居民的手机成瘾程度处于中等水平。在人口统计学差异检验上，北京市居民的手机成瘾程度在性别、年龄、文化程度、工作状态、月收入、目前家庭住地、户籍所在地、主观社会经济地位和孩子数量方面存在显著的差异。

具体而言，手机成瘾的情况如下：在性别方面，男性高于女性；在年龄方面，21～30岁高于其他年龄的居民；在文化程度方面，中专或职高文化程度的居民高于其他文化程度的居民；无业、失业或下岗的居民手机成瘾程度显著高于有正式工作、离退休的居民及学生，有临时工作的居民手机成瘾程度显著高于离退休居民；在月收入方面，15001～20000元的居民手机成瘾程度最高；在目前家庭住地方面，城区居民低于农村和郊区居民；在户籍所在地方面，北京农村居民高于其他户籍所在地的居民；在主观社会经济地位方面，中上层居民高于其他层面的居民；在孩子数方面，生育孩子数越多的居民，其手机成瘾程度越高。

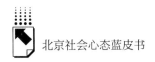

（2）在手机成瘾的相关影响因素上，手机成瘾程度和抑郁、焦虑之间呈两两正相关，手机成瘾程度和自尊、社会支持及心理健康之间呈两两负相关。

五　对策及建议

（一）重视青年群体手机成瘾问题，发挥教育系统中坚力量

本研究中，手机成瘾程度较高的大多为 41 岁以下的群体，说明这个年龄阶段的群体是使用手机的"主力军"。其中，21～30 岁的群体手机成瘾程度最高，其次是 20 岁及以下的群体。针对青少年群体过多使用手机，有研究表明过早和过度地使用手机是我国各年龄阶段群体近视的主要原因，对其过度依赖使用可能会带来不同程度的身心健康问题。[①] 而过度地使用智能手机和社交媒体容易给孩子带来在课堂上注意力不集中、睡眠不足、抑郁和自杀风险增高等负面影响。此外，青少年滥用手机容易影响其学习、课间体育活动、思维和分析综合能力等，也很有可能使他们更容易接触到暴力和色情等不良信息，这些问题显然是教育界所担心的。

因此，针对青少年群体，教育部门要予以重视，出台相应政策。学校应积极响应政策，开展手机成瘾相关讲座、宣传、实践等活动，倡导学生合理地使用手机，学会多样化地进行心理疏导，提升心理健康水平。青少年群体自身也要对手机成瘾引起重视，切忌沉迷于手机。

（二）关注社会群体就业问题，促进地区平衡发展

在工作状态上，北京市居民手机成瘾程度最高的是无业、失业或下岗群体。在地区上，居住在城区的人手机成瘾程度显著低于居住在农村和郊区的人，户籍所在地为北京农村的人手机成瘾程度显著高于户籍所在地为北京城市、外地城市和外地农村的人。总体来说，农村居民的手机成瘾程度比城市居民的高。

---

① 朱蕾晔、徐俊华、汪海彬：《中国手机依赖研究的现状与展望——基于文献计量学和 Cite Space 分析》，《成都师范学院学报》2019 年第 7 期。

针对上述情况，首先，国家层面要大力发展经济，增加就业岗位；实施积极的就业政策，减少无业、失业或下岗群体数量。其次，随着城市化的发展，农村也需要丰富娱乐生活，开展居民喜闻乐见的大众文化活动，合理宣传智能手机的积极和消极作用，改善居民对手机的合理认知，从而降低居民对手机的成瘾程度。

（三）加强教育宣传，营造家庭良好氛围

家庭是我们的港湾，是个体最重要的社会支持来源之一。本研究结果表明，生育孩子数越多的居民，其手机成瘾程度越高。这提示我们，家长对孩子或者家庭成员的关注可能还不够。这需要相关部门加强对良好家庭氛围作用的宣传，让家长们投入更多的时间在自己的孩子成长教育方面，降低家长对手机成瘾的程度。这不仅对营造良好家庭氛围有重要促进作用，也能给孩子树立榜样。

本研究表明，手机成瘾程度和自尊、社会支持及心理健康之间呈两两负相关。因此，提高居民自尊、增加居民社会支持、促进居民心理健康在一定程度上也能降低居民的手机成瘾程度。

B.15
北京市老年人抑郁调查

王广新　朱晓珊　于凯丽*

摘　要： 通过对北京市 16 个地区 361 名常住老年居民的调查发现，北京市常住老年居民抑郁的发生率为 40.3%。老年居民的婚姻状况会显著影响其抑郁水平，离婚老年个体比已婚个体更容易抑郁。老年个体的孤独感和抑郁有密切联系，主观感知到孤独感越高的老年个体，其抑郁更严重。缺乏良好社会支持的老年个体抑郁明显高于有高社会支持的个体。子女数量也会影响老年个体的抑郁，但并不是子女数越多，老年个体的抑郁得分就越低，影响重点还是在于子女对老年父母的孝敬和感情支持程度。自尊在一定程度上也会影响老年个体产生抑郁的概率，自尊水平越高，其产生抑郁的风险越小。以上结果提示我们，在老龄化社会，老年群体的抑郁需要加以重点关注和干预。

关键词： 老年人　抑郁　孤独　社会支持　自尊

一　引言

老年人是社会中需要特殊关注的群体，随着我国人口老龄化的加剧，老年人口数量急剧增加。根据 2010 年第六次全国人口普查数据，我国 60 岁及以上人口占全国人口的 13.26%，比 2000 年增长近 3 个百分点。2017 年民政部关于社会

---

* 王广新，北京林业大学人文社会科学学院副教授，硕士生导师，主要研究方向为虚拟现实与心理学、临床与文化心理学；朱晓珊，北京林业大学人文社会科学学院在读硕士；于凯丽，北京林业大学人文社会科学学院在读硕士。

服务发展统计公报的数据显示，截至 2017 年底，全国人口中 60 周岁以上的人口占比为 17.3%，已远高于老龄化的划界标准，[①] 针对人口老龄化及其带来的社会影响，党的十九大报告中指出，要"积极应对人口老龄化，构建养老、孝老、敬老政策体系和社会环境"。习近平总书记也指出，要"坚持党委领导、政府主导、社会参与、全民行动相结合……努力满足老年人日益增长的物质文化需求，推动老龄事业全面协调可持续发展"。2017 年 3 月发布的《"十三五"健康老龄化规划》提出，要将提升老年人心理健康水平作为重点内容之一。结合目前的社会老龄化现状以及政策的相关要求，亟须从心理层面着手去积极应对人口老龄化带来的影响。

老年人由于其身体机能的衰退、社会角色地位的转变、传统养老模式的改变等，容易产生诸多心理问题，其中抑郁是老年人群中常见的一种情绪障碍。老年抑郁是指：老年个体主观感知到的自身抑郁状态，其表现与抑郁症临床表现相似，但未确诊或未达到临床诊断标准。若未及时和有效地对其进行干预，其将有发展成抑郁症的风险。调查显示，在社区老年人群中，10%~34.5%的个体存在抑郁症状，老年抑郁症已成为影响健康的第二大杀手。[②]

老年抑郁症泛指存在于老年期的抑郁症，包括原发性抑郁（含青年或成年期发病，老年期复发）和老年期的各种继发性抑郁。其临床症状主要表现为：睡眠紊乱、食欲和体重改变、注意力难以集中、兴趣减退、无价值感或无意义感。在情绪方面，老年抑郁会导致老年人产生凄凉感，老年人会经常伤心悲痛、沮丧、脾气暴躁等，甚至出现自杀情况。[③] 但在诊治时，老年抑郁症患者年龄较大，可能伴有其他躯体不适症状，因而常就诊于综合性医院其他各科室而非精神科，老年抑郁症具有较高的误诊率和漏诊率，进而产生严重的后果。[④]

老年抑郁症的病因、发病机制和影响因素，可能与遗传、大脑解剖结构、病理

---

① 党俊武：《中国城乡老年人生活状况调查报告》，社会科学文献出版社，2018。

② 倪海珍：《城市社区老年人心理服务需求的现状分析》，《酒城教育》2019 年第 4 期。

③ 徐曼、刘冰、柴云、程桢、卢丽：《社区老年人抑郁症与生活事件及慢性躯体疾病的关系》，《中国老年学》2016 年第 36 期。

④ 牛亚南、李娟：《我国老年抑郁筛查工具及流行病学研究述评》，《中国老年学》2010 年第 30 期。

改变有关，此外，心理和社会因素也是老年人抑郁症发病的重要高危因素。[1] 在诸多影响因素中，社会支持的作用是不容忽视的。研究表明，人际交往、家庭互动等社会支持不仅会导致老年人抑郁情绪的产生，而且会进一步影响老年人抑郁情绪的发展，是老年人抑郁的重要影响因素。[2] 一般认为，社会支持从性质上可以分为两类，一类是他人给予的实际支持，包括物质上的支持，以及参与社会网络所获得的支持；另一类是主观获得的情感上的支持。[3] 良好的社会支持对个体心理健康有极大的意义，其可以通过调节生活压力和负性情绪，从而改善个体的身心健康状态。[4] 研究发现，社会支持可以对老年抑郁症和焦虑的发生率进行良好预测，[5] 获得较多帮助与支持的老年人抑郁症状现患率明显低于较少获得帮助与支持的老年人。[6]

孤独感也是影响抑郁症形成的重要因素。孤独感是指个体感知到的自身与外界的隔离，体验到与他人脱离或不和谐的感觉时产生的一种情绪。[7] 老年人随着年龄的增大，其孤独感会越来越严重。[8] 孤独感与老年人的心理健康水平有一定的相关性，[9] 有抑郁情况的老人的孤独感较重。[10] 而且，老年人的孤独

---

[1] 姚瑶、高原：《老年抑郁症病因及发病机制研究新进展》，《中华老年病研究电子杂志》2018 年第 5 期。

[2] Prince, M. J., Harwood, R. H., Thomas, A., Mann, A. H., "A Prospective Population-Based Cohort Study of the Effects of Disablement and Social Milieu on the Onset and Maintenance of Late-life Depression," *Psychological Medicine* (1998): 337 – 350.

[3] Thoits, P. A., "Dimensions of Life Events that Influence Psychological Distress: an Evaluation and Synthesis of the Literature," *Psychosocial Stress* (1983): 33 – 103.

[4] 雷莎、蔡国才、陈斌、沈松林、胡大一、张润峰：《社会支持对心血管疾病患者焦虑抑郁、生活质量及预后的影响》，《预防医学情报杂志》2018 年第 34 期。

[5] 金灿灿、赵宝宝：《身体健康与老年抑郁和焦虑的关系：朋友社会支持的调节作用》，《中国老年学杂志》2018 年第 38 期。

[6] 傅华：《社会支持对上海市老年人抑郁症状的影响研究》，《中国健康教育》2009 年第 2 期。

[7] 张翔、苏少贞、谢芳、张兰月、韦磐石：《农村空巢中老年人社会支持、孤独感及主观幸福感及相关性》，《中国老年学杂志》2017 年第 1 期。

[8] Dykstra, P. A., "Older Adult Loneliness: Myths and Realities," *European Journal of Ageing*, 2 (2009): 91.

[9] Wu, Z. Q., Sun, L., Sun, Y. H., Zhang, X. J., Cui, G. H., "Correlation between Loneliness and Social Relationship among Empty Nest Elderly in Anhui Rural Area, China," *Aging and Mental Health*, 1 (2010): 108 – 112.

[10] 胡慧秀、王志稳、李小卫、李颖堃：《养老院老年人孤独、抑郁状况及其关系的研究》，《中国护理管理》2014 年第 14 期。

感与其社会支持水平有密切联系，① 良好的社会支持将有助于改善老年人的心理健康水平和孤独感水平。②

此外，个体的自尊水平也会对抑郁的发生发展产生重要影响。自尊指个体对自我的一种情感性评价，是个体肯定与接纳自我价值的程度，也是体现心理健康水平的重要指标之一。③ 老年人身体健康以及生活方式的变化都可能对自尊产生消极影响。④ 在抑郁个体中，消极的自我评价是很常见的，低自尊水平的老年个体一旦遇到某些负性生活事件后，则容易失去信心、出现消极想法、难以克服困难，从而易陷入抑郁情绪中。⑤

抑郁严重干扰了老年人的日常生活，对老年人的生理、认知和社会功能均有一定的影响，这不仅影响个人健康，更有可能造成高死亡率和高致残率，产生高额的治疗费用，并对其亲属和社会造成严重的经济负担。调查研究老年人抑郁的现状及相关因素，如社会支持、孤独感和自尊等，有利于政府出台相关措施，建立起良好的心理健康服务体系，有效提升老年群体的心理健康水平，促进老龄事业的发展，有效应对人口老龄化。

二　研究方法

（一）调查对象

本研究共调查了361位在北京工作和生活的老年居民，具体人口学变量分布见表1。

---

① Chen, Y., Hicks, A., While, A. E., "Loneliness and Social Support of Older People Living Alone in a County of Shanghai, China," *Health & Social Care in the Community*, 4 (2014): 429 – 438.

② Losada, A., Márquez González, M., García-Ortiz, L., Gómez-Marcos, M. A., Rodríguez-Sánchez, E, "Is8.01: Loneliness and Mental Health in a Representative Sample of Community-Dwelling Spanish Older Adults," *European Geriatric Medicine* (2014): 10 – 11.

③ 叶静雯、李俞熹、张月、陈小异：《萨提亚治疗模式的团体辅导对老年人自尊、孤独感的干预》，《中国老年学杂志》2019年第39期。

④ Robins, R. W., Trzesniewski, K. H., Gosling S. D., et al., "Global Self – esteem Across the Life Span," *Psychol Aging*, 17 (2002): 423.

⑤ 招俊华、石广念、莫云杰、陈春：《农村敬老院五保老人的自尊及其与抑郁焦虑的关系》，《世界最新医学信息文摘》2019年第61期。

表1 调查样本的人口学分布

单位：人，%

项目		频次	百分比	项目		频次	百分比
文化程度	小学及以下	24	6.6	性别	男	171	47.4
	初中	111	30.7		女	190	52.6
	中专或职高	58	16.1		合计	361	100.0
	高中	61	16.9	地区	朝阳区	48	13.3
	大专	46	12.7		海淀区	92	25.4
	本科	48	13.3		丰台区	46	12.7
	硕士	4	1.2		昌平区	33	9.1
	博士	9	2.5		大兴区	10	2.8
	合计	361	100.0		通州区	15	4.2
子女数量	一个孩子	204	56.5		西城区	14	3.9
	两个孩子	96	26.6		房山区	4	1.1
	三个及以上孩子	45	12.5		顺义区	19	5.3
	未生育过	16	4.4		东城区	20	5.5
	合计	361	100.0		石景山区	32	8.9
婚姻状况	未婚	10	2.8		密云区	2	0.6
	已婚	263	72.9		平谷区	6	1.7
	同居	6	1.7		怀柔区	5	1.4
	离婚	18	5.0		延庆区	9	2.5
	丧偶	12	3.3		门头沟区	6	1.6
	缺失	52	14.3		合计	361	100.0
	合计	361	100.0				

（二）调查过程及内容

1. 调查过程

首先，查找文献资料，经专家组和课题组成员反复讨论后，确定最终使用问卷。问卷共涉及老年人抑郁、孤独、心理健康、自尊、抑郁、社会支持6个变量。其次，通过"问卷星"发放问卷及街头派发问卷，符合条件的居民在网上或线下填写问卷。最后，问卷回收后，筛选未认真填答的问卷。

2. 调查内容

（1）基本人口统计学变量

自编人口统计学变量问卷，包括性别、年龄、婚姻状况、文化程度等方面。

（2）老年人抑郁量表

杨兵等修订的中文版老年人抑郁量表，可用来测评社区老年人的抑郁状况。该量表共 10 个条目，得分范围为 0 分（无抑郁表现）至 10 分（严重抑郁表现）。计分方式为 Likert 2 级评分法，"是" 计 1 分，"否" 计 0 分。得分≤2 分表示无抑郁表现，3 分为可能有抑郁表现，≥4 分表示有抑郁表现。该量表克隆巴赫 α 为 0.829，分半信度为 0.831，重测信度为 0.907，信效度良好。

（3）孤独量表

采用 UCLA 孤独量表（第 3 版），该量表是专门为非大学生人群编制的，被转译为中文后在我国使用，克隆巴赫 α 为 0.890，在我国中老年群体中具有良好信效度。本量表共 20 个项目，采用 Likert4 级评分，1～4 分分别代表从 "从不" 到 "一直"，得分越高，个体孤独感越高。具体评分标准为：20 分以下（包含 20 分）为无孤独感，20～40 分为轻度孤独，40～60 分为中度孤独，60～80 分为重度孤独。

（4）自尊量表

该量表由 Rosenberg 编制，共 10 个项目。采用 4 点计分，从 "非常符合" 到 "很不符合" 分别记 4～1 分。各项目的原始分相加即为自尊感得分，总分的得分范围是 0～40，总分越高则表示个体自尊程度越高。该量表的内部一致性系数为 8.826。

（5）社会支持量表

该量表由肖水源编制，共 10 个项目，包括客观支持、主观支持和对支持的利用 3 个维度。各项目的原始分相加即为总分，总分越高则个体社会支持水平越高。具体评分标准为：45～66 分为高水平社会支持，23～44 分为中水平社会支持，小于 22 分为低水平社会支持。克隆巴赫 α 为 0.890～0.940，重测信度为 0.920。

（6）自测健康评定量表

自测健康评定量表由许军等编制，该量表由生理健康、心理健康和社会健康 3 个子量表组成，本调查采用其中的自测心理健康评定子量表测量北京市居民的心理健康状况。自测心理健康评定子量表共 16 个项目，采用 11 点计分，从 "非常差" 到 "非常好" 分别记 0～10 分。各项目的原始分相加即为总分，总分越高则个体心理健康状况越好。该子量表的克隆巴赫 α 为 0.847。

三　结果

1. 北京市老年居民抑郁总体状况

北京市老年居民抑郁得分为 4.68 ± 2.80（见表 2），按量表总分≥4 分者为有抑郁表现，本研究的调查对象的抑郁表现发生率为 40.3%，高于广西城市社区老年人抑郁表现发生率（28.8%）[①] 和天津市某区的抑郁表现发生率（15.6%）。[②] 北京市老年群体的抑郁表现发生率显著高于其他地区的老年人，有可能与本次调查范围较小、受试对象较少以及平均年龄不一致有关，另外也可能受不同的测量老年抑郁工具、不同城市经济水平和医疗卫生服务条件影响。

表 2　北京市老年人抑郁得分

	性别	$M \pm SD$
抑郁	男	4.61 ± 2.87
	女	4.74 ± 2.73
	总计	4.68 ± 2.80

2. 老年居民抑郁在婚姻状况上的差异

不同婚姻状况的老年居民抑郁有显著差异（$F = 2.60$，$p < 0.05$）。经事后比较发现，离婚老年居民的抑郁水平显著高于已婚老年居民的抑郁（见图 1）。刘易平调查发现，当今社会价值观多元化，很多人的婚姻观和家庭观发生了变化，我国的离婚率逐年升高。这可能导致单身老年个体越来越多，与已婚个体相比，离婚老年人缺少良好的家庭支持资源，容易产生抑郁。[③]

---

① 李成志、谭莉娜、韦秋玲、黄文静、唐峥华：《社区老年人抑郁情绪及其影响因素分析》，《中国现代医学杂志》2020 年第 2 期。

② 李苗、徐林城、高春梅、土燕、苏奴卓玛、王芳婷：《天津市某区居家养老老年人社会支持与抑郁相关性研究》，《齐鲁护理杂志》2018 年第 24 期。

③ 刘易平：《当代中国社会变迁背景下高离婚率的社会学分析》，《四川理工学院学报》（社会科学版）2012 年第 2 期。

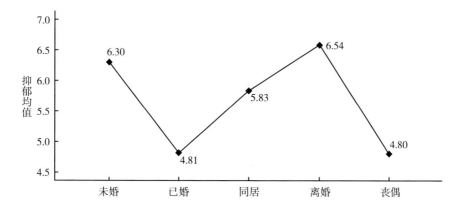

图1 不同婚姻状况下的老年个体抑郁程度

3. 老年居民抑郁在子女数量上的差异

老年个体的生育情况与其抑郁呈负相关（$r = -0.02$），即老年人的子女数量越少，越容易引发抑郁症状（见图2）。国外研究者发现，现代社会工业高速发展，在一定程度上使中国的孝道文化逐渐被消解，致使成年子女的孝顺父母观念越来越薄弱，[1] 而且大多数子女因工作忙碌、社会压力大等，认为经济尽孝便足矣，却忽略了父母最需要和最重要的精神和感情需求。但在深受儒家文化浸润的中国，老年人寻求亲密关系对象时多是向下搜寻，即这种亲密关系需求多指向自己的子女，[2] 这种"求而不得"往往很容易引发老年个体的抑郁。

4. 老年居民抑郁在孤独感上的差异

相关分析结果表明老年人孤独与抑郁呈显著正相关（$r = 0.19$，$p < 0.05$），即老年人孤独感越高，其抑郁情况越严重，这与赵霞在养老机构得出的调查结果一致（$r = 0.45$，$p < 0.001$）。[3] 将孤独感划分为低、中、高三个水平，进行差异检验发现，不同水平孤独感下的老年个体抑郁有显著差异（$F = 6.073$，

---

① Lim, L. L., Chang, W., Yu, X., Chiu, H., Chong, M. Y., Kua, E. H, "Depression in Chinese Elderly Populations," *Asia-Pacific Psychiatry*, 2（2011）：46 - 53；Whyte, M. K., *China's Revolutions and International Relations*（Michigan：University of Michigan Press）：56.

② Cheung, C. K., Kwan, Y. H., "The Erosion of Filial Piety by Modernisation in Chinese Cities," *Ageing and Society*, 2（2009）：179.

③ 赵霞：《养老机构老年人孤独与抑郁的关系及其作用机制》，山东大学硕士学位论文，2019。

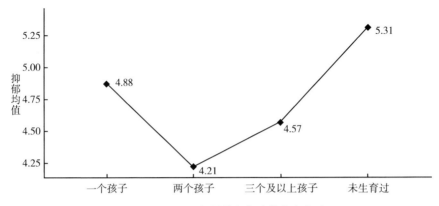

图 2　不同子女数量的老年个体抑郁程度

$p < 0.01$），事后比较发现，低孤独水平的老年个体的抑郁（$M = 3.65$，$SD = 3.12$）显著低于中孤独水平的老年个体的抑郁（$M = 5.10$，$SD = 2.59$），如图3所示。从家庭层面来看，我国传统的家庭结构发生了巨变，核心家庭越来越多，老年人与其子女的家庭联结不断弱化，而老年个体往往对于爱和归属的需求特别强烈，在客观家庭结构的改变下和主观情感需求得不到满足时，老年个体容易产生强烈的失落感和孤独感。从社会宏观层面来看，我国目前的社会保障体系仍待完善，基础养老服务和设施尚不能满足和适应目前的老龄化社会。在家庭层面得不到有效支持的老年个体，在社会方面又无法及时得到应有的补偿，致使他们必须独自面对晚年生活的各种风险，比如生活照料风险、精神赡养风险和经济供养风险。[1] 以上种种因素都容易使老年人孤独感日益增加，进而导致抑郁风险的增加。

5. 老年居民抑郁与自尊的关系

北京市老年个体自尊水平得分均值为 27.60，标准差为 3.68（见图4），与农村留守老人自尊水平得分均值相比（$M = 28.42$，$SD = 3.54$），北京市老年个体的自尊程度并不是特别高。[2] 老年个体的自尊与抑郁呈负相关（$r =$

---

①　闫志民、李丹、赵宇晗、余林、杨逊、朱水容：《日益孤独的中国老年人：一项横断历史研究》，《心理科学进展》2014 年第 22 期。

②　谢其利：《人格、自尊与农村留守老人主观幸福感的关系》，《中国健康心理学杂志》2015 年第 3 期。

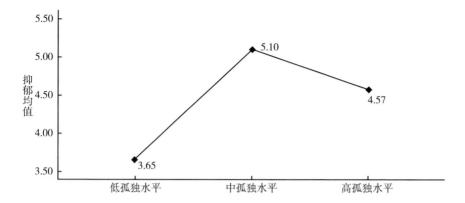

图3　不同水平孤独感下的老年个体抑郁程度

-0.10），即老年人自尊水平越高，其抑郁程度越低，但未达统计显著水平，主要与本次调查中有效问卷数不足有关。但是本次结果与招俊华的结果一致，该研究者利用回归分析发现敬老院老年人的自尊对抑郁有显著的负向预测作用。而且大多数现有调查结果都表明抑郁和自尊有密切联系，且自尊能够预测抑郁发生。[①] Metalsky 在无望自尊理论里提出，低自尊、消极归因风格和负性生活事件一起导致抑郁的发生，其中自尊越低抑郁越高，而高水平自尊则对抑郁起一个缓冲的作用。[②] Needles 认为通过自尊和归因训练可以帮助抑郁个体康复，[③] 程澹澹等通过对太原市两所养老机构的老年人进行为期4个月的干预，发现通过自尊训练可以有效提高老年个体的自尊水平，进而缓解抑郁症状。[④]

6. 老年居民抑郁与心理健康水平的关系

本次受调查的北京市老年人的心理健康大致呈正偏态分布（见图5），即

①　裴福华、李维青：《自尊与抑郁的研究综述》，《健康教育与健康促进》2012 年第 1 期。

②　Metalsky, G. I., Joiner, T. E., Hardin, T. S., Abramson, L. Y., "Depressive Reactions to Failure in a Naturalistic Setting: A Test of the Hopelessness and Self-esteem Theories of Depression," *Journal of Abnormal Psychology*, 1 (1993): 101 – 109.

③　Needles, D. J., Abramson, L. Y., "Positive Life Events, Attributional Style, and Hopefulness: Testing a Model of Recovery from Depression," *Journal of Abnormal Psychology*, 2 (1990): 156 – 165.

④　程澹澹、孙建萍、杨支兰、宋丹、牛桂芳、常佳婧：《基于无望自尊理论的护理干预对养老机构老年人抑郁的影响》，《护理学杂志》2019 年第 34 期。

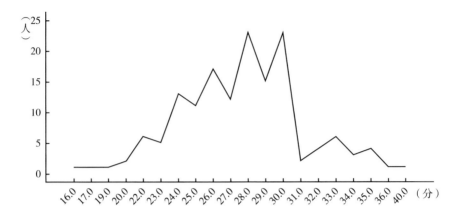

图4　北京市老年人自尊程度分布

多数人的心理健康处于中分段和中低分段，表明北京市老年人心理健康水平总体处于中等偏下水平。北京市老年个体的心理健康水平与抑郁呈负相关（$r = -0.12$），即老年人的心理健康水平越低，抑郁情况越严重。心理健康是个体心理状况的反映，包括认知、情绪、行为等层面，改善心理健康可有效防止抑郁的发生。

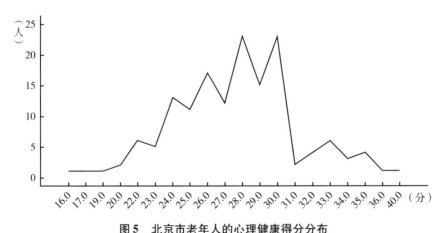

图5　北京市老年人的心理健康得分分布

7. 老年居民抑郁与社会支持的关系

老年个体的社会支持与抑郁呈负相关（$r = -0.08$），表明个体社会支持越差，抑郁情况越严重，这与王红雨等研究结果一致，即社会支持与抑郁情绪呈显著负相关。[1] 将社会支持划分为高中低三个水平后进行差异检验分析，发现不同社会支持水平下的老年个体抑郁程度有显著差异（$F = 3.17$，$p < 0.05$），经事后比较发现，高水平社会支持下老年个体的抑郁感（$M = 5.53$，$SD = 2.27$）明显低于中水平（$M = 6.51$，$SD = 1.65$）和低水平（$M = 7.00$，$SD = 0.00$）社会支持下的老年个体抑郁感（见图6）。以上分析表明了社会支持对老年人的重要性，且有研究表明社会支持能有效提高老年个体的自尊程度，并且改善抑郁孤独等负面情绪。[2] 所以应加强老年个体的社会支持，以减少老年抑郁的发生风险。

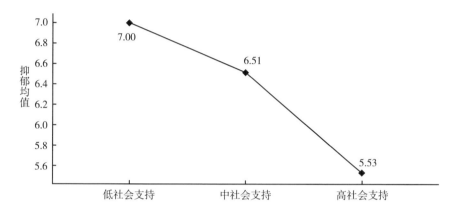

图6 不同社会支持水平下的老年个体抑郁程度

四 结语

（1）北京市老年居民抑郁的整体情况：北京市常住老年人群的抑郁发生率，相较于其他城市的老年群体而言是偏高的。

（2）人口学特征（婚姻状况和子女数量）对老年群体的抑郁水平有影响。老年个体的婚姻状况会显著影响其抑郁水平，离婚老年个体比已婚个体更容易产生抑郁。子女数量也会影响老年个体的抑郁水平，但并不是子女数越多，其

① 王红雨、韦伟：《社区老年人身体活动、社会支持与抑郁症状的关系分析》，《中华疾病控制杂志》2018 年第 22 期。
② 申继亮、张金颖、佟雁、周丽清：《老年人与成年子女间社会支持与老年人自尊的关系》，《中国心理卫生杂志》2003 年第 11 期。

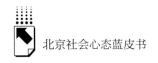

老年父母的抑郁得分就越低，影响重点还是在子女对父母的孝敬和提供感情支持的质量上。

（3）其他影响因素：老年个体的孤独感和抑郁有显著密切的联系，主观感知到孤独感越高的老年个体，其抑郁情况更严重。社会支持水平高低显著影响抑郁水平，缺乏良好社会支持的老年个体抑郁明显高于有高社会支持的老年个体抑郁。自尊在一定程度上也会影响老年个体的抑郁感受，自尊水平越高，其产生抑郁的风险越小。

基于以上的调查结果，我们的建议有以下几个方面。

首先，需重点加速社会公平等宏观制度的制定、提升生活保障水平，为老年人群体的生活建设良好的宏观环境。

其次，需完善老龄事业和养老体系的建设。政府应重点推进老年人的继续教育，鼓励并帮助老年人再就业，充分利用各种社会资源，为其提供发挥潜能、赢得社会尊重、创造社会价值、增强自身存在感的机会，加强"退而不休，老有所为"的思想宣传。一方面，这可以增加老年人接触外界社会、与社会进行良性互动的机会，降低其社会疏离感和孤独感，提升自尊与自我效能感，推动老年人共享全面建成小康社会的新成果，提高其获得感；另一方面，也可以使老年人继续创造社会价值，减轻家庭和社会的养老压力。另外，针对其中一些收入低、孤寡弱势等老年群体，则可通过政策倾斜和人文关怀，保障他们的基本生活，大幅提高其安全感和社会支持，从而营造良好的心理健康环境。

最后，需加强民生建设，在保障必需的物质生活水平的前提下，大力改善老年人的精神文化生活质量，满足他们的心理需求。如今，现代家庭结构发生变化，主干型家庭逐渐被核心型家庭取代，空巢和独居老人数量增加，易引发抑郁和孤独感。家庭支持的缺位提示我们亟须加强社区服务，这也是加速社会心理服务体系建设的必然要求。提供社区心理服务不仅可以为缺乏家庭子女关爱的老年人提供必要的心理支持，也可满足其他老年人群体的不同的心理需求，预防诸如抑郁、焦虑等心理问题的发生。

针对老年人群体的社区心理服务体系的建设可以从以下方面出发。首先，需要一批专业的社会心理服务者或志愿者，他们必须具有心理学专业、社工专业等的培训经历和资质，需通过严格筛选和考核方可上岗工作。其次，还需要建设若干心理活动室等场所，为老年人提供安全和专业的心理服务场地。在具备相应专业人员和硬件设施后，可尝试通过以下不同的形式开展心理服务。邀请社会上一些权威或专业人士，或与社区医院进行合作，如精神科医生、心理咨询师、心理学家或教授等，开展讲座或座谈会，宣传和科普与心理健康和精神卫生相关的知识，比如老年人常见的心理问题及应对方式、寻求专业帮助的途径和方法等。通过宣教，不仅可以引导老年人及其家属打破传统观念，正视心理疾病，提高对抑郁等心理问题的认识和重视，遇到应激事件时，应及时求助心理咨询师，或及时到精神疾病专科进行诊治；还可以使子女等家属更加了解老年人的心理世界，及时提供必要和高质量的家庭情感支持。除了一对一的心理咨询服务，社区还可提供其他更多的心理辅导服务，比如定期开展团体辅导，主题可围绕老年人的常见情绪问题、子女沟通问题等，或是开展心理学读书会、电影赏析、绘画和音乐干预等活动，这些活动不仅可以帮助老年人更好地解决心理方面的问题，引导老年人树立健康、积极的心理，还可以满足他们多元化的精神文化需求，走出家门，与社会建立更多联结，丰富其老年生活。最后，我们应充分发挥社区距离近、服务及时、精准对位的天然优势，最大限度去引导老年人疏解抑郁等不良情绪，重视自身的存在价值，实现助人自助，最终提高他们的心理健康水平。

当今我国人民的物质生活水平不断提高，老年人群体的生存和生活需求可以得到基本满足，但本次调查结果仍反映了老年人群体中一些值得关注的问题。总体而言，我们在物质上照顾老年人群体的同时，也应该提高医疗救助条件，预防和控制老年疾病，注重保健，增加老年娱乐文体设施的配备，尽最大努力去满足老年人群体的精神和心理层面的需求，提升他们的生活质量、主观幸福感和心理健康水平等，实现老有所养和老有所乐。

B.16
北京市老年居民孤独感调查

王广新　李韵佳　李璐涵*

摘　要： 本研究通过对 198 名北京市老年居民进行问卷调查，考察北京市老年居民孤独感的基本特点，以及其与老年抑郁、心理健康、自尊、社会支持的关系。北京市老年居民孤独感处于中等偏上水平。人口学变量（性别、地区、婚姻状况、受教育程度、月收入、家庭所在地、户籍所在地、子女数量）对老年居民孤独感的影响均有统计学意义；老年居民孤独感随着心理健康、自尊、社会支持的升高而降低；老年居民孤独感与心理健康、自尊、社会支持呈显著负相关，与老年居民抑郁相关不显著。

关键词： 老年居民　孤独感　北京市

一　引言

随着我国老年人口的增多，我国将在今后较长一段时期面临老龄化问题，截至 2018 年底，我国 60 岁以上的老年人口数量已经达到 2.49 亿人，占总人口的 17.9%。2019 年 11 月，中共中央、国务院印发《国家积极应对人口老龄化中长期规划》，明确到 2022 年，我国积极应对人口老龄化的制度框架初步建立；到 2035 年，积极应对人口老龄化的制度安排更加科学有效；到 21 世纪中叶，与社会主义现代化强国相适应的应对人口老龄化制度安排成熟完备。伴随老年人口数

---

* 王广新，北京林业大学人文社会科学学院副教授，硕士生导师，主要研究方向为虚拟现实与心理学、临床与文化心理学；李韵佳，北京林业大学人文社会科学学院在读硕士；李璐涵，北京林业大学人文社会科学学院在读硕士。

量的持续增加，缺少子女陪伴的老年人将感受到更多的孤独感。养老服务供给的提高，如与养老服务相关的教育培训、健康、体育、文化、旅游等幸福产业的发展，将降低老年人的孤独感水平，提升老年人的获得感和幸福满足感。以往有关老年人孤独感的调查发现，我国独居老年人的比例大幅增长，根据第六次人口普查的数据，2010 年我国 70 岁及以上的独居老年人，已经达到 483 万，而这个数据仅仅是城市中的老年人居民。

孤独感是自我对其社会交往数量的多少以及质量好坏的一种主观心理感受，[①] 是个体在人际关系中对社会关系与实际之间的期望存在差异时，感受到被忽视、被遗忘，产生的不愉快的心理体验；Peplau 等人指出孤独感的产生实际上取决于个体对社交频率、生活的计划安排以及大量独处时间的控制能力，是人们主观感受到的社会隔离。[②] Weiss 认为孤独感有两个相关维度：情感孤独和社交孤独，情感孤独是个体亲密关系的缺乏而产生的孤独感，它是个体现有关系无法满足密切依赖的需要而产生的。社交孤独是社会关系的缺乏而产生的孤独感，它是个体社会交往未能满足而产生的。他认为个体与外界的隔绝是造成孤独感体验的来源，加强和获得人际关系的密切程度可以帮助人们摆脱孤独。[③] 心理学大词典中对于孤独感的定义是个体处于某种不熟悉的、封闭的或者特殊的情境中感受到的不好的情绪体验。[④] 学者们对于孤独感的定义不尽一致，但大体上认为孤独感有 3 个重要的特点：①孤独感是人际关系的不足导致的。②孤独感是个体感知到的一种主观性的心理体验。③孤独感带给个体的是一种消极的、痛苦的经历。

孤独感作为老年群体最普遍的一种主观心理体验，不管不顾任其严重发展可能演化为更严重的心理障碍。及时对老年人孤独感进行干预能有效促进老年人、社会乃至国家的全面健康发展。

2018 年 3 月国务院机构改革方案提请十三届全国人大一次会议审议，卫健委通过树立大卫生、大健康的理念，把以治病为中心转变到以人民健康为中心，积极

① 韦璞：《老年人孤独感差异及影响因素分析》，《社会工作》2012 年第 10 期。
② Peplau, "Loneliness: A Sourcebook of Current Theory," *Research and Therapy*, 4 (1982): 1 - 18.
③ Suedfeld, P., Weiss, R. S., "Loneliness: The Experience of Emotional and Social Isolation," *Behavior Therapy*, 8 (1977): 120 - 121.
④ 朱智贤：《心理学大词典》，北京师范大学出版社，1981。

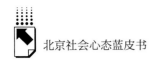

应对我国人口老龄化，为人民群众提供全方位全周期的健康服务。不断壮大的老年人群体面临着日益严重的孤独感，子女出门在外工作生活忙碌，老年人群体缺少陪伴和交流，很多老年人生前独自生活，临终缺失亲人关怀已经严重影响老年人的生活幸福感和生活满意度，因此关注老年人孤独感对于构建美好幸福社会国家意义重大。

作为一种消极的负面情绪体验，对老年人的身心健康是非常不利的。以往的研究发现，老年人孤独感与抑郁水平高度相关。[1] 高水平的孤独感会对老年人的心理健康水平造成极大的威胁。还有研究者发现老年人孤独感是影响老年人认知功能减退的风险因素之一，随着时间的推移，感到孤独的老年人相比于没有感到孤独的老年人更容易发生认知功能的退化。[2]

影响老年人孤独感的因素有很多，研究发现社会支持高的老年人孤独感水平更低。[3] 还有研究发现，有老伴的老年人相比于没有老伴的老年人有着更少的孤独感体验；相比于身体状况一般的老年人，身体状况良好的老年人会体验到更少的孤独感。[4] 此外，与子女家人有密切联系的老年人感到更少的孤独感。[5]

本研究以北京市老年居民为主要调查对象，旨在考察北京市老年居民孤独感的基本现状，查明与老年居民孤独感相关的因素，为改善老年居民的孤独感提供有效数据和研究支持。

二　研究方法

（一）调查对象

本研究一共调查了216位在北京生活的老年居民，剔除未认真填答的17人，剩余有效的样本数为198人，问卷有效率为91.7%，调查样本人口学变量分布见表1。

从表1可知，本次调查样本中男女比例基本平衡，男94人，女104人，

① 魏军:《农村老年人的孤独感与抑郁》,《医学理论与实践》2015年第15期。
② Tilvis, R. S., Kähönen-Väre, M. H., Jolkkonen, J., Valvanne, J., Pitkala, K. H., Strandberg, T. E., "Predictors of Cognitive Decline and Mortality of Aged People Over a 10 – Year Period," *The Journals of Gerontology: Series A*, 59 (2004): 268 – 274.
③ 白世国、信念、冀云:《老年人孤独感在社会支持与生活质量间的中介作用》,《中国健康教育》2019年第2期。
④ 张娟娟、张更生:《老年人孤独感相关因素调查》,《甘肃医药》2018年第9期。
⑤ 梁辰:《老年人孤独感现状及影响因素研究》,山东大学博士学位论文,2018。

平均 56.91 ±6.13 岁。调查的样本主要集中在 4 个地区，其中朝阳区最多，海淀区次之，远郊地区的样本量相对较少，本次调查的样本在地区分布上与北京市统计局发布的 2018 年北京市常住人口总量分布基本一致。在其他人口学变量上（如月收入），与北京市 2018 年度统计的资料所显示的分布较为一致，表明本次研究的样本具有代表性。

表 1　调查样本的人口学变量分布

单位：人，%

项目		频次	百分比	项目		频次	百分比
性别	男	94	47.5	月收入	2000 元及以下	11	5.6
	女	104	52.5		2001~7855 元	120	60.6
地区	朝阳区	39	19.7		7856~15000 元	36	18.2
	海淀区	37	18.7		15001~20000 元	17	8.6
	丰台区	21	10.6		20001 元以上	8	4.0
	昌平区	29	14.6		无收入	2	1.0
	大兴区	5	2.5	受教育程度	小学及以下	1	0.5
	通州区	12	6.1		初中	49	24.7
	西城区	10	5.1		中专或职高	36	18.2
	房山区	1	0.5		高中	40	20.2
	顺义区	5	2.5		大专	38	19.2
	东城区	13	6.6		本科	26	13.1
	石景山区	8	4.0		硕士	4	2.0
	密云区	1	0.5		博士	4	2.0
	平谷区	3	1.5	子女数量	一个孩子	130	65.7
	怀柔区	3	1.5		两个孩子	44	22.2
	延庆区	7	3.5		三个及以上孩子	17	8.6
	门头沟区	4	2.0		未生育过	7	3.5
婚姻	未婚	9	4.5	主观经济地位	上层	6	3.0
	已婚	161	81.3		中上层	33	16.7
	同居	4	2.0		中层	53	26.8
	离婚	16	8.1		中下层	69	34.8
	丧偶	8	4.1		下层	35	17.7
信仰	中国特色社会主义（马列主义）	78	39.4	政治面貌	共产党员	58	29.4
					共青团员	21	10.7
	命运	27	13.6		民主党派	13	6.6
	无神论	21	10.6		群众	105	53.3
	基督教	66	33.3	家庭所在地	城区	110	57.6
	天主教	4	2.0		农村	47	24.6
	佛教	1	0.5		郊区	34	17.8
	道教	1	0.5				

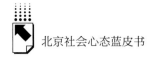

（二）调查过程及内容

1. 调查过程

首先，查阅文献资料，拟定调查问卷，并经过专家组以及课题组成员反复讨论后，确定最终使用的问卷。问卷共有189道题目，其中人口学变量一共21题；总共涉及老年人抑郁、老年人孤独感、心理健康、手机成瘾、自尊、焦虑、抑郁、失眠、社会支持9个变量。其次，我们通过线下发问卷填答的方式，符合条件的居民现场填写问卷，填写完毕后交给调查人员。最后，将收回后的问卷整理并筛除未认真填答的问卷。

2. 调查内容

（1）基本人口学变量

包括性别、年龄、婚姻状况、所在地区、受教育程度、政治面貌、月收入、子女数量等方面。

（2）老年人孤独感

本研究采用UCLA弧度量表（第三版），该量表是专门为非大学生人群编制的，被转译为中文后在我国使用。UCLA孤独量表共20个条目，每个条目均采用4级计分，从"从不"到"一直"分别计1~4分。各项目的原始分相加即为总分，总分越高表示孤独程度越高，具体评分标准为：20分以下（包含20分）为无孤独感，20~40分为轻度孤独，40~60分为中度孤独，60~80为重度孤独，克隆巴赫α为0.87。

（3）老年人抑郁

本研究采用杨兵修订的中文版老年人抑郁量表，该量表共10个条目，得分范围为0分（无抑郁症状）至10分（严重抑郁症状）。计分方式为Likert 2级评分法，"是"计1分，"否"计0分（条目1、2、4、5、6、8、9）；条目3、7、10与之相反，即"是"计0分，"否"计1分。得分≤2分表示无抑郁，3分为可能患有抑郁，≥4分为患有抑郁。克隆巴赫α为0.83。

（4）心理健康

自测心理健康评定子量表由许军等编制，该量表共16个项目，采用11点计分，从"非常差"到"非常好"分别记0~10分。各项目的原始分相加即为总分，总分越高则个体老年人心理健康越好，克隆巴赫α为0.84。

（5）自尊

本研究采用 Rosenberg 自尊量表中文版测量北京市老年居民的自尊。该量表由 Rosenberg 编制，共 10 个项目。采用 4 点计分，从"很不符合"到"非常符合"分别记 1 ~ 4 分。各项目的原始分相加即为总分，总分越高则个体自尊程度越高，研究表明该量表具有较高的信度和效度，克隆巴赫 α 为 0.91。

（6）社会支持

该量表由肖水源编制，共 10 个项目，包括客观支持、主观支持和对支持的利用度 3 个维度。各项目的原始分相加即为总分，总分越高则个体社会支持水平越高，克隆巴赫 α 为 0.90。

三　结果

1. 北京市老年居民孤独感的总体情况

由图 1 可知，北京市老年居民孤独感总均值为 50.15 分，每题均值为 2.51 分，老年人孤独感量表为 4 点计分，量表总分范围在 20 ~ 80 分，据此可知北京市老年居民孤独感状况处于中等偏上水平。

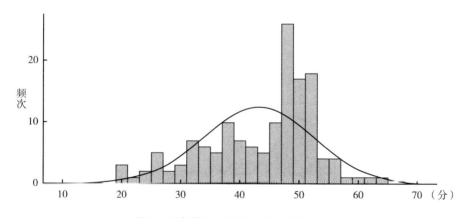

图 1　老年居民孤独感总分频次直方图

2. 北京市老年居民孤独感的人口统计学分析

将性别、受教育程度、月收入、婚姻状况、地区、家庭所在地、子女数量、户籍所在地作为自变量，老年居民孤独感作为因变量，进行差异检验，结果如下：

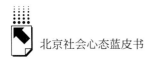
（1）北京市老年居民孤独感在地区上的差异

我们对北京市 14 个区的老年居民孤独感水平进行方差分析后发现，北京市老年居民孤独感在地区上不存在显著差异（$F = 1.69$，$p > 0.05$），进一步分析发现，老年居民孤独感最低的地区依次是：顺义区（32.20 分）、房山区（36.00 分）、延庆区（37.00 分）。老年居民孤独感水平最高的地区依次是：石景山区（50.00 分）、丰台区（47.29 分）、平谷区（47.00 分）。孤独感排名前三地区的老年居民值得我们重点关注，并给予更多的关怀（见图 2）。

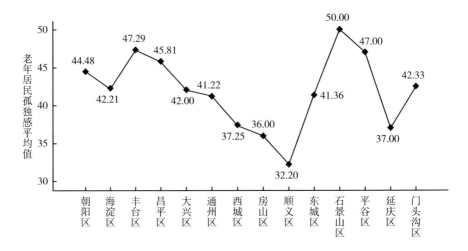

图 2　不同地区的北京市老年居民孤独感得分差异

（2）北京市老年居民孤独感在性别上的差异

为考察北京市老年居民孤独感的性别差异，以性别为自变量，老年居民孤独感为因变量进行独立样本 T 检验分析（见图 3），结果发现：性别对老年居民孤独感的总均分无显著差异（$F = 2.17$，$p > 0.05$），男性老年居民的孤独感均值是 44.29 分，女性老年居民的孤独感均值是 42.03 分，结果表明北京市老年居民在性别方面无明显的差异。

（3）北京市老年居民孤独感在婚姻状况上的差异

我们对不同婚姻状况的北京市老年居民孤独感进行了差异检验（见表 2 和图 4），结果得出：不同婚姻状况对老年居民的孤独感水平影响不显著（$F = 1.24$，$p > 0.05$），同居老年居民的孤独感最高，丧偶老年居民的孤独感最低。

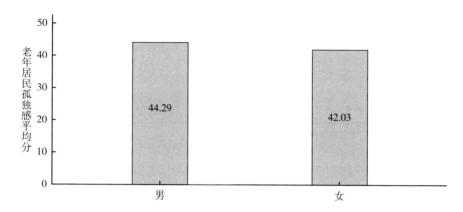

图3 不同性别的北京市老年居民孤独感得分差异

表2 北京市老年居民孤独感的婚姻状况差异检验

项目	年龄	M	SD	F	p
老年居民孤独感	未婚	48.33	2.60	1.24	0.30
	已婚	42.61	9.45		
	同居	49.00	1.83		
	离婚	42.67	10.05		
	丧偶	41.83	11.41		

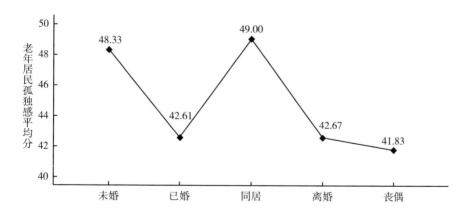

图4 不同婚姻状况的北京市老年居民孤独感得分差异

（4）北京市老年居民孤独感在受教育程度上的差异

由表3可知，受教育程度不同的老年居民的孤独感水平没有显著差异（$F =$

0.50，$p > 0.05$）。其中，受教育程度为中专或高中的老年居民的孤独感水平最高，受教育程度为博士的老年居民的孤独感水平最低，这表明学历越高的老年居民更不易感受到孤独感。

表3　北京市老年居民孤独感的受教育程度差异检验

项目	受教育程度	M	SD	F
老年居民孤独感	①初中	41.82	9.42	
	②中专或高中	44.54	9.12	
	③大专	43.31	9.38	0.50
	④本科	42.57	9.64	
	⑤硕士	42.00	9.54	
	⑥博士	38.00	11.14	

（5）北京市老年居民孤独感在月收入上的差异

由表4与图5可知，不同月收入的老年居民的孤独感水平没有显著差异（$F = 1.82$，$p > 0.05$）。其中，月收入在7856～15000元的老年居民的孤独感水平最高，无收入的老年居民的孤独感水平最低。

表4　北京市老年居民孤独感的月收入差异检验

项目	月收入	M	SD	F
老年居民孤独感	①无收入	29.50	13.44	
	②2000元及以下	42.67	9.70	
	③20001～7855元	42.23	9.64	1.82
	④7856～15000元	46.44	7.33	
	⑤15001～20000元	44.21	8.79	
	⑥20001元及以上	45.17	6.34	

（6）北京市老年居民孤独感在家庭所在地上的差异

由表5与图6可知，不同家庭所在地的老年居民的孤独感水平有显著差异（$F = 5.24$，$p < 0.01$）。其中，居住在城区的老年居民孤独感水平最低，居住

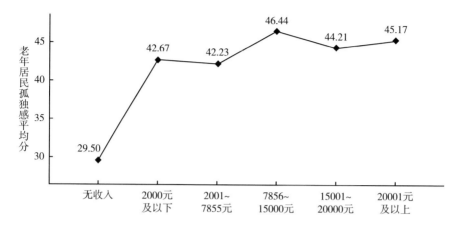

图 5　不同月收入的北京市老年居民孤独感得分差异

在农村的老年居民的孤独感最高。居住在农村的老年居民的孤独感分数显著高于居住在城区的老年居民。

表 5　北京市老年居民孤独感的家庭所在地差异检验

项目	家庭住地	*M*	*SD*	*F*	事后比较
老年居民孤独感	①城区	41.41	9.61	5.24	①＜②
	②农村	47.10	7.74		
	③郊区	43.32	8.44		
	总计	41.41	9.61		

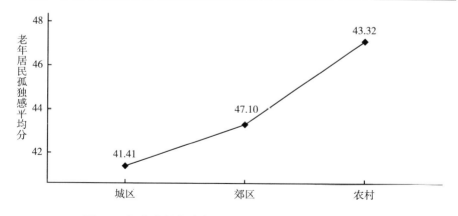

图 6　不同家庭所在地的北京市老年居民孤独感得分差异

（7）北京市老年居民孤独感在子女数量上的差异

表6和图7呈现了不同子女数量的老年居民的孤独感情况。方差分析结果表明，不同子女数量的老年居民的孤独感不存在显著差异（$F = 1.53$，$P > 0.05$）。生育一个孩子的老年居民孤独感水平最低，生育三个及以上孩子的老年居民孤独感水平最高。

表6　北京市老年居民孤独感的子女数量差异检验

子女数量	M	SD
未生育过	44.72	2.81
一个孩子	41.93	9.86
两个孩子	44.15	9.24
三个及以上孩子	46.75	6.59

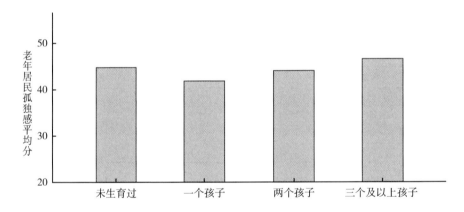

图7　不同子女数量的北京市老年居民的孤独感得分差异

（8）北京市老年居民孤独感在户籍所在地上的差异

由表7与图8可知，不同户籍所在地的老年居民的孤独感水平有显著差异（$F = 3.37$，$p < 0.05$）。其中，户籍所在地为北京城市的老年居民的孤独感水平最低，户籍所在地为外地城市的老年居民的孤独感水平最高。户籍所在地为北京城市的老年居民的孤独感水平显著低于户籍所在地为外地城市以及外地农村的老年居民。

表7　北京市老年居民孤独感的户籍所在地差异检验

项目	户籍所在地	$M \pm SD$	F	事后比较
老年居民孤独感	①北京城市	41.48 ± 9.57	3.37 *	① < ③④ ③ > ① ④ > ①
	②北京农村	42.79 ± 11.97		
	③外地城市	47.21 ± 7.77		
	④外地农村	46.80 ± 3.80		

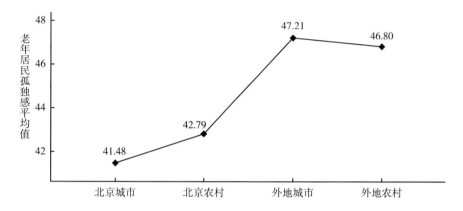

图8　不同户籍所在地的北京市老年居民的孤独感得分差异

3. 老年居民孤独感的相关影响因素分析

对北京市老年居民孤独感和其他相关影响因素进行相关分析后发现，老年居民孤独感与抑郁呈显著正相关，与心理健康、自尊及社会支持均呈显著负相关（见表8）。

表8　老年居民孤独感与老年居民抑郁、心理健康、自尊、社会支持的相关关系

	老年居民孤独感	老年居民抑郁	心理健康	自尊	社会支持
老年居民孤独感	1				
老年居民抑郁	0.12	1			
心理健康	- 0.66 **	- 0.12	1		
自尊	- 0.53 **	- 0.10	0.61 **	1	
社会支持	- 0.26 **	- 0.08	0.41 **	0.22 *	1

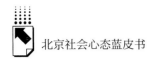

4. 社会支持对老年居民孤独感的影响

高中低社会支持与老年居民孤独感的分析

采用正负一个标准差的方法划分社会支持得分的高中低。将不同社会支持作为自变量，老年居民孤独感作为因变量进行方差分析，分析不同社会支持情况对北京市老年居民孤独感的影响。具体分析结果见表9。

表9　高中低社会支持与老年居民孤独感的差异检验

项目	社会支持	N	$M \pm SD$	F
老年居民孤独感	低社会支持	9	46.22 ± 4.29	
	中社会支持	70	43.59 ± 7.99	2.52
	高社会支持	18	39.61 ± 9.29	

从表9可以看出，高中低社会支持在老年居民孤独感上差异不显著（$F = 2.52$，$p > 0.05$），低社会支持的老年居民孤独感水平最高，高社会支持的老年居民孤独水平最低。

5. 北京市老年居民孤独感的回归分析

为了进一步探索各影响因素与老年居民孤独感之间的联系，将心理健康、自尊、老年居民抑郁、社会支持作为预测变量，将老年居民孤独感总分作为因变量，α取0.05，进行多元逐步回归分析。具体分析结果见表10。

表10　心理健康、自尊、老年居民抑郁、社会支持对老年居民孤独感的逐步回归分析

因变量	预测变量	R^2	$\triangle R^2$	$Beta$	t	P
老年居民孤独感	心理健康	0.37	0.37	− 0.42	− 4.37	0.00
	自尊	0.43	0.06	− 0.31	− 3.20	0.00

从表10可以看出，第一个进入回归方程的预测变量是心理健康，其次是自尊，这两个具有显著预测作用的变量对北京市老年居民孤独感总分方差的贡献率为43.2%。

四　讨论

随着我国老年人口的不断增多，老年人口比例的不断升高，我国的老龄化

速度不断加快，我国将长期处于重度老龄化社会，子女在外、离异丧偶等因素，孤独感已经成为我国老年群体中一种常见的心理状态。本次调查的分析结果表明，人口学变量（地区、性别、受教育程度、月收入、婚姻状况、家庭住地、户籍所在地、子女数量）对老年居民孤独感状况的影响均有统计学意义。在此次研究中我们发现，相比于男性老年居民的孤独感，女性老年居民体验到更少的孤独感，这可能是因为女性更加注重人际关系的建立，因此大部分女性老年居民会主动寻求社交活动，这在一定程度上降低了老年人孤独感;[1] 生活在农村的老年居民孤独感最高，这可能是因为农村服务建设相比于城市还需更加完善，子女外出工作生活也使农村老年居民与子女异地居住，长时间的不联系使农村老年居民体验到更多的孤独感和无助感;在户籍所在地方面，外地城市的老年居民孤独感更高，这可能是因为外地城市的老年居民的亲人朋友都在异乡。此外，北京作为一线城市，城市建设的快速发展让这一群体产生较少的融入感和归属感。

老年居民孤独感与心理健康、自尊、社会支持呈显著负向相关，这说明通过提高老年居民的心理健康水平可以有效缓解老年居民的孤独水平，子女和家人的社会支持也可以缓解老年居民的孤独感，此外，高自尊水平下的老年居民也会体验到更少的孤独感。加快心理健康服务体系建设有利于抑制老年居民孤独感的产生，社区提供更加丰富的心理团体辅导或咨询都可以避免老年居民处于孤独的情绪状态。

五　对策与建议

经过调查分析，针对老年居民孤独感的干预问题，我们提出了以下建议，以进一步指导我们做好降低老年人孤独感水平的相关建设工作。

在家庭层面，子女应多与父母沟通互动，增进彼此之间的亲密关系。在陪伴方面，和谐的夫妻关系能够有效提升老年居民的幸福感水平，少年夫妻老来伴。老年居民选择用社交煤体平台或视频通话与亲人进行互动，也可以降低自

---

[1]　龚亚飞:《大学生性格内外向、归属感与线上社交网络使用的关系研究》，贵州师范大学博士学位论文，2016。

身的孤独感。此外，之前的研究表明健康的身体状况有利于缓解老年居民孤独感，因此老年居民应加强体育锻炼，多参加一些户外运动和社团组织，例如：舞蹈社团、户外慢跑、太极拳协会等，丰富的社会活动有助于提高老年居民的身心健康水平，在活动中接触新鲜事物，认识结交新的老年朋友也可以有效疏解老年居民孤独的情绪，帮助退休的老年居民获得幸福感和生活满意感。

在社区层面，老年居民需要参加计算机或电子产品如何使用的相关培训，从而能够方便快捷地与家人朋友进行联系，社区可以通过招募大学生志愿者，在社区定期开展相应的培训课程或活动。社区的心理服务建设对于老年居民孤独感的缓解有着非常积极的作用，社区可以定期开展老年居民心理健康的团体辅导活动或心理咨询，帮助老年居民提高心理健康水平。

在政府层面，老年居民退休前后生活差异过大可能是老年群体产生孤独的原因之一，退休前的老年居民属于社会人，而退休以后，脱离社会和人群使老年居民的精神世界无处安放。政府应在保障老年居民福利待遇的同时，制定相关再就业或志愿服务政策，使老年居民再次参与到社会中来，政府还应积极发挥社会志愿服务组织的作用，为独居老人提供相应的帮助，使老年居民的精神得到安抚。

社会心理服务篇

Psychosocial Services

B.17
北京市社会心理服务供需现状调查

杨智辉　崔　伟*

摘　要： 本研究通过对北京市普通居民以及北京市社会心理服务工作者分
别进行问卷调查及访谈，考察了北京市社会心理服务供给、需求
现状以及人才队伍建设现状。本研究主要发现：（1）50.10%的
居民认为其社区社会心理服务站的工作人员专业化水平一般或偏
上；（2）56.80%的居民认为有必要在社区开设社会心理服务站；
（3）一半以上的社会心理服务工作者具有心理学或者医学背景，
接受过专业培训，并且从事心理服务或心理治疗时间超过五年。

关键词： 社会心理服务供给　社会心理服务需求　社会心理服务体系

* 杨智辉，北京林业大学人文社会科学学院教授，博士生导师，主要研究方向为心理咨询与治
疗，生态环境与个体发展；崔伟，北京林业大学人文社会科学学院在读博士。

一 前言

21 世纪以来，心理工作越来越受党和国家的重视。在党的历届全国代表大会报告中，党的十七大报告最早提及"心理"。其在"文化建设"部分提出，要"加强和改进思想政治工作，注重人文关怀和心理疏导，用正确方式处理人际关系"。这一提法在党的十八大报告中得以延续，要"加强和改进思想政治工作，注重人文关怀和心理疏导，培育自尊自信、理性平和、积极向上的社会心态"。在党的十九大报告中，这一提法发生了根本性变化。党中央对心理工作的认识从较狭义的"心理疏导"拓展为系统性的社会心理服务体系建设，① 即从"提高保障和改善民生水平，加强和创新社会治理"的高度，提出要"加强社会心理服务体系建设，培育自尊自信、理性平和、积极向上的社会心态"。此外，在国家的历次五年规划纲要中，"十五计划"最早提及"心理"，随后的"十一五"、"十二五"规划纲要中均提及"心理健康""心理疏导"等内容，尤其是在"十三五"规划纲要的"完善社会治理体系"部分，其提出"健全社会心理服务体系，加强对特殊人群的心理疏导和矫治"。

建设社会心理服务体系是习总书记治国理政思想的延续，是国家治理体系现代化以及社会治理的重要组成部分。社会治理的主体及客体都是人，社会治理的最终目标是提高人民群众的获得感、幸福感和安全感。在社会治理过程中，大量心理学问题不断显现。社会治理需要心理学，更需要社会心理服务体系建设。② 建设社会心理服务体系，促进人民群众形成自尊自信、理性平和、积极向上的社会心态，既符合社会转型的时代背景要求，也是促进社会和谐的要求，更是全面建成小康社会的要求。

建设社会心理服务体系，应当把握社会心理服务体系的内涵。当前关于社会心理服务体系的内涵尚有争议，主要存在三种观点。一是"社会的心理健康服务体系"。某些卫生系统的官员和学者将社会的心理健康服务体系看作是心理健康服务体系的延续，他们认为当前要在社会层面建设心理健康服务体

---

① 陈雪峰：《社会心理服务体系建设的研究与实践》，《学科发展》2018 年第 3 期。
② 陈倩倩：《构建社会心理服务体系探析》，《宁波经济（三江论坛）》2019 年第 3 期。

系。二是"社会心理的服务体系"。这是对社会心理服务体系的狭义理解，持此观点者认为社会心理服务体系建设就是要解决社会心理问题。三是"社会的心理服务体系"。这是广义的理解，既包括"社会心理的服务体系"，也包括"心理健康服务体系"。[①] 社会心理服务体系的内涵究竟如何，仍需专家学者进一步探讨。

近年来，尽管我国的社会心理服务体系建设已经在理论创新、工作体制机制以及人才队伍建设等方面积累了宝贵的经验。[②] 但是，建设社会心理服务体系尚存在一些问题，建设社会心理服务体系我们仍在路上，仍需不断完善、不断发展。

具体而言，目前我国社会心理服务体系建设城乡差异较大。从整体上讲，农村地区的社会心理服务体系建设落后城市地区，大部分农村地区的社会心理服务体系建设还处于起步阶段，社会心理健康服务还相对缺乏，农村居民对社会心理服务了解程度及接受程度均不高，迷信色彩较浓厚，出现心理问题寻求服务的可能性也较小。

城乡社会心理服务还未得到有效落实。只有部分社区有社会心理服务场所，而且其中一些场所也难以达到开展心理服务的要求。当前开展的社会心理服务内容较为简单，方式方法单一。从事社会心理服务的人员文化程度及专业化程度均较低，接受培训时间短，培训内容繁杂，缺乏系统长期的培训和进修。

此外，当前我国社会心理服务的具体措施还未得到有效落实，社会系统的可用资源还未得到充分开发和利用，与社会心理服务相关的各系统间分工还未明确，配合度仍较低。[③]

据此，我们应继续大力推进社会心理服务体系建设。在建设社会心理服务体系过程中，我们必须清楚认识，社会心理服务体系建设无现成的国际成功经验可借鉴，只能根据我国国情以及文化现实，依靠理论创新和实践经验，逐步探索中国特色社会心理服务体系建设之路。

---

① 辛自强：《社会心理服务体系建设的定位与思路》，《心理技术与应用》2018 年第 5 期。
② 陈雪峰：《社会心理服务体系建设的研究与实践》，《学科发展》2018 年第 3 期。
③ 蒋利雪、李敏：《关于新时代社会心理服务体系建设问题的思考》，《湖北经济学院学报》2019 年第 4 期。

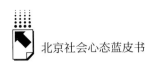

二 北京市社会心理服务供需现状调查

（一）研究目的

本调查立足于建设我国社会心理服务体系的时代背景，以北京市社会心理服务体系建设为例，探讨其供需现状。具体而言，本调查主要为了查明北京市社会心理服务供给、社会心理服务需求和社会心理服务人才队伍建设的总体特征。

（二）研究方法

1. 调查对象

本调查所用数据主要包括两部分。第一部分为北京市常住居民，第二部分为北京市社会心理服务工作者。

在收集第一部分数据时，采取多阶段随机抽样法，按照区—街道/乡镇—社区—居民的顺序，以北京市 16 个区的 18 ~ 70 岁常住人口数为基础，按照人数比例，确定各区需要收集的样本量。然后，再按照各区样本量，确定各社区需要收集的样本量。最后共收集样本 2392 个，有效样本 2167 个，问卷有效回收率为 90.59%。样本基本信息见表 1。

表 1 样本基本信息

单位：人，%

基本信息		频次	百分比	基本信息		频次	百分比
性别	男	1232	56.9	婚姻状况	同居	136	6.3
	女	935	43.1		离异	46	2.1
年龄	18 ~ 25 岁	966	44.6		丧偶	14	0.6
	26 ~ 35 岁	838	38.7	政治面貌	共产党员	604	27.9
	36 ~ 45 岁	209	9.6		共青团员	805	37.1
	46 ~ 55 岁	78	3.6		民主党派	220	10.2
	56 ~ 70 岁	76	3.5		群众	538	24.8
婚姻状况	未婚	962	44.4	生育子女数	一个孩子	671	31.0
	已婚	1009	46.6		两个孩子	482	22.2

续表

基本信息		频次	百分比	基本信息		频次	百分比
生育子女数	三个及以上孩子	223	10.3	职业	私企职员	195	9.0
	未生育过	791	36.5		国企员工	109	5.0
信仰	中国特色社会主义（马列主义）	1414	65.3		自由职业者/无业/退休/学生	905	41.8
	命运	157	7.2	民族	汉族	2003	92.5
	无神论	357	16.5		满族	31	1.4
	基督教	66	3.0		回族	48	2.2
	天主教	27	1.2		其他	85	3.9
	佛教	70	3.2	所在地区	海淀区	709	32.7
	道教	32	1.5		朝阳区	630	29.1
	其他	44	2.1		丰台区	262	12.1
户籍所在地	北京城市	855	39.5		昌平区	190	8.8
	北京农村	474	21.9		大兴区	73	3.4
	外地城市	578	26.7		通州区	42	1.9
	外地农村	260	12.0		西城区	38	1.8
月收入	2000 元以下	229	10.6		房山区	33	1.5
	2001～7855 元	718	33.1		顺义区	11	0.5
	7856～15000 元	653	30.1		东城区	48	2.2
	15001～20000 元	235	10.8		石景山区	36	1.7
	20001 元以上	100	4.6		密云区	17	0.8
	无收入	232	10.7		平谷区	18	0.8
学历	小学以及下	40	1.8		怀柔区	20	0.9
	初中	151	7.0		延庆区	26	1.2
	中专或职高	271	12.5		门头沟区	14	0.6
	高中	287	13.2	工作状态	在职	1365	63.0
	大专	364	16.8		退休	152	7.0
	本科	804	37.1		无业、失业或下岗	257	11.9
	硕士	187	8.6		学生	393	18.1
	博士	63	2.9	家庭住地	城区	1231	56.8
	农民	95	4.4		农村	660	30.5
	服务业工作人员	202	9.3		郊区	276	12.7
	教师	234	10.8	主观社会经济地位	上层	117	5.4
职业	军人	71	3.3		中上层	409	18.9
	机关干部或公务员	201	9.3		中层	876	40.4
	医务工作者	74	3.4		中下层	604	27.9
	外企职员	81	3.7		下层	161	7.4

在收集第二部分数据时，采用随机抽样法，对部分北京市社会心理服务工作者进行访谈。共访谈北京市社会心理服务工作者 20 人，其中男性 3 人，女性 17 人，年龄在 30~61 岁。

2. 研究工具

调查问卷共包括四个部分：人口统计学信息、社会心理服务供给调查量表、社会心理服务需求调查量表以及社会心理服务人才队伍专业情况调查量表。

人口统计学信息主要包括：性别、年龄、民族、信仰、婚姻状况、文化程度、工作状态、职业、月收入、政治面貌、家庭住地、户籍所在地、生育子女数以及所在地区。

本调查采用自编的社会心理服务供给调查量表测量北京市社会心理服务供给现状。该量表共 6 个项目，主要收集社会心理服务供给内容和方式等信息。

本调查采用的社会心理服务需求调查量表改编自精神卫生服务求助方式、求助态度以及相关知识问卷（MSK）。该量表共 8 个项目，主要收集社会心理服务需求态度及方式等信息。

本调查采用的社会心理服务人才队伍专业情况访谈表改编自心理健康从业人员服务方法调查表。该访谈表共包括 15 个项目，主要收集与社会心理服务相关的信息。

3. 研究结果

（1）北京市社会心理服务供给现状

关于"北京市居民所在社区是否有社会心理服务站"一题的调查结果显示（见图 1），55.40% 的居民报告其所在社区有社会心理服务站，44.60% 的居民报告其所在社区没有社会心理服务站。这一结果可能与居民对社会心理服务站的理解存在偏差有关。通过对北京市居民访谈发现，他们将社区的心理活动室、调解室等均视为社区的社会心理服务站。

接下来对所在社区有社会心理服务站的居民进行调查，考察其所在社区社会心理服务站工作人员的专业程度，社区心理服务站的专业设施类型、心理服务开展形式以及心理服务开展时间等内容。

关于"所在社区社会心理服务站的工作人员专业程度"一题的调查结果显示，15.40% 的居民认为其所在社区社会心理服务站的工作人员非常专业，19.80% 的居民认为其所在社区社会心理服务站的工作人员比较专业，14.90%

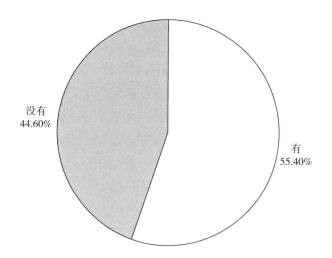

图1 有无社会心理服务站的作答

的居民认为其所在社区社会心理服务站的工作人员专业程度一般，4.20%的居民认为其所在社区社会心理服务站的工作人员不专业，1.20%的居民认为其所在社区社会心理服务站的工作人员非常不专业（见图2）。这一结果表明，北京市社区社会心理服务站的多数工作人员专业程度良好，但仍有部分工作人员的专业性有待提高。

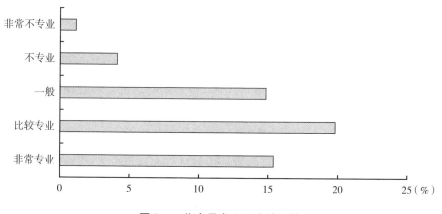

图2 工作人员专业程度的作答

关于"所在社区社会心理服务站的专业设施有哪些"一题的调查结果显示，38.80%的居民报告其所在社区社会心理服务站有心理咨询室，39.40%的居民报告其所在社区社会心理服务站有心理测量工具，46.50%的居民报告其所在社区社会心理服务站有音乐治疗和放松仪器，36.10%的居民报告其所在社区社会心理服务站有情绪发泄室，34.60%的居民报告其所在社区社会心理服务站有心理图书借阅室，22.10%的居民报告其所在社区社会心理服务站有心理热线，2.10%的居民报告其所在社区社会心理服务站有其他专业设施（见图3）。由此可见，报告其所在社区社会心理服务站有音乐治疗和放松仪器的居民占比最多。

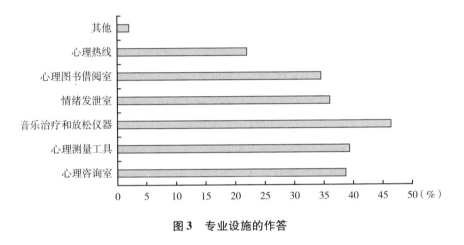

图3　专业设施的作答

关于“社区社会心理服务站开展的心理服务形式”一题的调查结果显示，43.70%的居民报告其所在社区开展“心理疾病的预防、早期识别等相关知识的教育指导”，50.20%的居民报告其所在社区开展“如何协调家庭关系、处理家庭矛盾的心理讲座或相关活动”，47.30%的居民报告其所在社区开展“针对弱势群体（无业人群、老年人、妇女等）的心理讲座或辅导”，41.40%的居民报告其所在社区开展“如何排解不良情绪、缓解工作或学习压力的相关知识宣教或讲座”，23.60%的居民报告其所在社区开展“心理测验及心理疾病早期的筛查服务”，20.60%的居民报告其所在社区开展“儿童青少年心理发展和学习、交往等社会适应技能的教育指导”，14.30%的居民报告其所在社区开展“社区心理咨询及转诊服务”，17.20%的居民报告其所在社区开展“心理健康促进、健康生活和行为方式等信息的宣教”，14.70%的居民报告其所在社区开展“如何处理人际交往中出现的问题的心理讲座或团体活动”，7.20%的居民报告其所在社区开展“亲子沟通方式的指导”，0.80%的居民报告其所在社区社会心理服务站开展有其他形式的心理服务（见图4）。由此可见，报告其所在社区开展"如何协调家庭关系、处理家庭矛盾的心理讲座或相关活动"的人数占比最多。

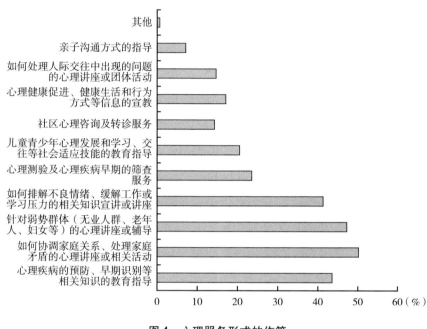

图4　心理服务形式的作答

关于"社区一般多久开展一次心理服务活动"一题的调查结果显示，9.60%的居民报告其所在社区每周开展一次心理服务活动，14.30%的居民报告其所在社区隔周开展一次心理服务活动，11.60%的居民报告其所在社区三周开展一次心理服务活动，8.80%的居民报告其所在社区一个月开展一次心理服务活动，1.70%的居民报告其所在社区一年开展一次心理服务活动，9.50%的居民报告其所在社区开展心理服务活动的时间不固定（见图5）。

（2）北京市居民的社会心理服务需求现状

关于"您认为有必要在社区开设社会心理服务站"一题的调查结果显示，29.00%的居民认为非常有必要，27.80%的居民认为可能有必要，24.90%的居民认为一般，13.20%的居民认为可能没有必要，5.10%的居民认为非常没必要（见图6）。由此可见，大多数居民认为有必要在社区开设社会心理服务站。

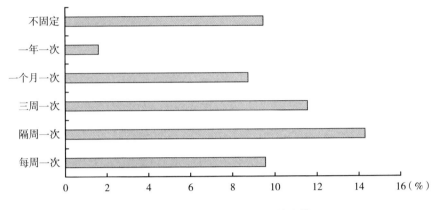

图5 社区开展心理服务时间的作答

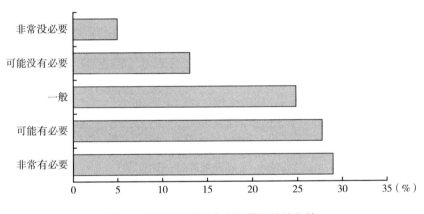

图6 对社区开设社会心理服务站的作答

关于"如果出现心理问题，您会求助吗"一题的调查结果显示，24.30%的居民报告肯定会求助，30.20%的居民报告可能会求助，25.60%的居民报告不知道，14.90%的居民报告可能不求助，5.00%的居民报告肯定不求助（见图7）。由此可见，大多数居民报告如果出现心理问题，会进行求助。

关于"如果出现心理问题，通常采用哪种方式求助"一题的调查结果显示，40.30%的居民报告会向亲朋好友倾诉，41.20%的居民报告会求助综合医院的心理门诊，35.00%的居民报告会向社区卫生服务中心进行心理咨询，32.40%的居民报告会求助私人心理服务机构，26.00%的居民报告会求助教育部门的心理服务机构，19.50%的居民报告会求助精神专科医院，17.80%的居

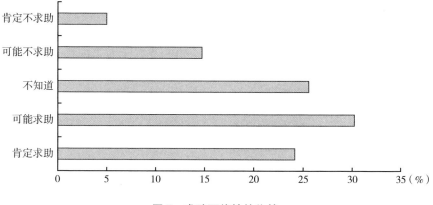

图 7 求助可能性的作答

民报告会求助政府部门，13.20% 的居民报告会求助社区居委会调解员，10.60% 的居民报告会求助民间心理援助志愿者，1.80% 的居民报告会选择其他求助方式（见图 8）。由此可见，如果出现心理问题，居民更倾向于求助综合医院的心理门诊。

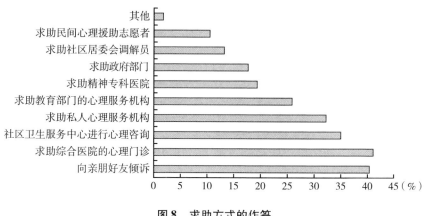

图 8 求助方式的作答

关于"社区社会心理服务站应开展哪种形式的服务"一题的调查结果显示，34.90% 的居民认为应该开展心理健康讲座，49.40% 的居民认为应该开展免费心理咨询，36.80% 的居民认为应该发放宣传手册，35.30% 的居民认为应该开通心理热线，25.90% 的居民认为应该开设宣传栏，29.80% 的居民认为应该进行心理测验与评估，22.20% 的居民认为应该开展心理团体活动，21.40%的居民认为应该开展网络心理咨询，9.50%的居民认为应该开展计费心理咨询，1.10%的居民认为应该开展其他形式的心理服务活动（见图9）。由此可见，大多数居民认为社区社会心理服务站更应该开展免费心理咨询。

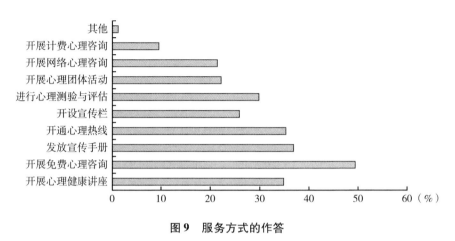

图9　服务方式的作答

　　关于"社区社会心理服务站应开展哪些服务"一题的调查结果显示，43.90%的居民认为应该进行心理疾病的预防、早期识别等相关知识的教育指导，53.60%的居民认为应该开展如何协调家庭关系、处理家庭矛盾的心理讲座或相关活动，47.70%的居民认为应该开展针对弱势群体（无业人群、老年人、妇女等）的心理讲座或辅导，44.60%的居民认为应该开展如何排解不良情绪、缓解工作或学习压力相关知识的宣教或讲座，28.00%的居民认为应该开展心理测验及心理疾病早期的筛查服务，28.70%的居民认为应该进行儿童青少年心理发展和学习、交往等社会适应技能的教育指导，18.20%的居民认为应该开设社区心理咨询及转诊服务，20.60%的居民认为应该开展心理健康促进、健康生活和行为方式等信息的宣教，19.30%的居民认为应该开展如何处理人际交往中出现的问题的心理讲座或团体活动，15.30%的居民认为应该进行亲子沟通方式的指导，0.70%的居民认为应该开设其他服务（见图10）。由此可见，大多数居民认为社区社会心理服务站应该开展如何协调家庭关系、处理家庭矛盾的心理讲座或相关活动。

　　关于"在接受社区的社会心理服务时，倾向于选择哪种工作者"一题的

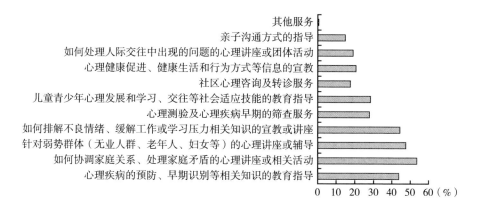

图 10　服务内容的作答

调查结果显示，44.40% 的居民倾向于选择专业心理学工作者，46.40% 的居民倾向于选择阅历丰富的长者，35.70% 的居民倾向于选择社区干部，36.50% 的居民选择社区志愿者，26.50% 的居民倾向于选择社区卫生服务站医务人员，20.00% 的居民倾向于选择其他类型的服务者（见图 11）。由此可见，大多数居民在接受社区社会心理服务时倾向于选择阅历丰富的长者。

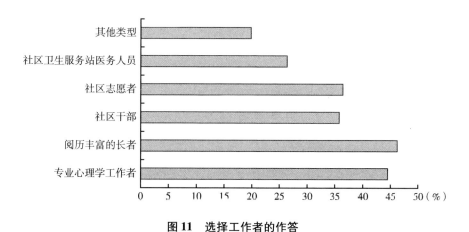

图 11　选择工作者的作答

关于"社区社会心理服务站应该配备哪些设施"一题的调查结果显示，38.40% 的居民认为应该配备心理咨询室，41.00% 的居民认为应该配备心理测量工具，49.20% 的居民认为应该配备音乐治疗和放松仪器，45.20% 的居民认为应该配备情绪发泄室，40.20% 的居民认为应该配备心理图书借阅室，

25.80%的居民认为应该开通心理热线，1.20%的居民认为应该配备其他设施（见图12）。由此可见，大多数居民认为社区社会心理服务站应该配备音乐治疗和放松仪器。

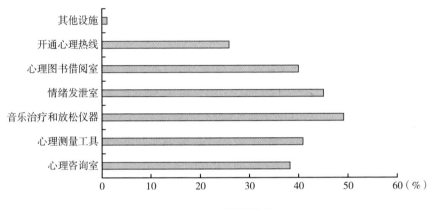

图12　配备设施的作答

关于"社区社会心理服务站应多久举办一次心理服务活动"一题的调查结果显示，12.80%的居民认为应该每天一次，28.70%的居民认为应该每周一次，28.80%的居民认为应该隔周一次，14.50%的居民认为应该三周一次，14.30%的居民认为应该每月一次，0.90%的居民报告其他（见图13）。由此可见，多数居民认为社区社会心理服务站应该每周举办一次心理服务活动。

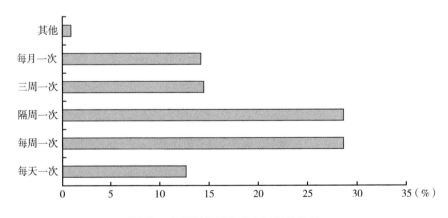

图13　心理服务活动举办时间的作答

（3）北京市社会心理服务人才队伍建设现状

在本次调查中，具有心理学背景或者本科学历的北京市社会心理服务工作者居多。具体而言，60%的北京市社会心理服务工作者具有心理学专业背景，10%的北京市社会心理服务工作者具有医学背景，5%的北京市社会心理服务工作者具有教育学背景，25%的北京市社会心理服务工作者具有其他专业背景，如历史学、新闻学、土木工程、信息处理以及工商管理等。55%的北京市社会心理服务工作者具有本科学历，20%的北京市社会心理服务工作者具有硕士学历，15%的北京市社会心理服务工作者具有博士学历，5%的北京市社会心理服务工作者具有专科学历。此外，60%的北京市社会心理服务工作者是心理咨询师。

关于"接受过与心理服务相关培训"一题的调查结果显示，85%的社会心理服务工作者在国内专业机构学习过相关的理论课程，85%的社会心理服务工作者接受过自我分析或自我体验，20%的社会心理服务工作者在国外的专业机构学习或进修，80%的社会心理服务工作者参加过国内单位举办的系统连续培训项目，40%的社会心理服务工作者参加过国外单位举办的系统连续培训项目，65%的社会心理服务工作者参加过短期培训班，5%的社会心理服务工作者接受过专业人员督导（见图14）。

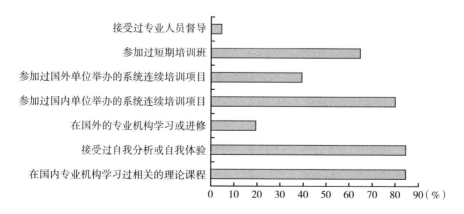

图14 心理服务相关培训的作答

关于"心理服务或治疗的从业时间"一题的调查结果显示，40%的北京市社会心理服务工作者从事心理服务或心理治疗时间在 5 年以下，10%的北

京市社会心理服务工作者从事心理服务或心理治疗时间在 5～10 年，40% 的
北京市社会心理服务工作者从事心理服务或心理治疗时间在 10～15 年，
10% 的北京市社会心理服务工作者从事心理服务或心理治疗时间在 15 年以
上（见图 15）。

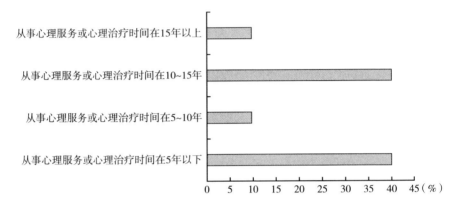

图 15　心理服务或治疗从业时间的作答

关于"每周进行心理服务或治疗时间"一题的调查结果显示，20% 的北
京市社会心理服务工作者每周进行 5 小时以下的心理服务或治疗，45% 的北京
市社会心理服务工作者每周进行 5～10 个小时的心理服务或治疗，35% 的北京
市社会心理服务工作者每周进行 10 个小时以上的心理服务或治疗（见图 16）。

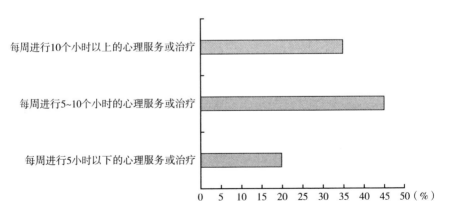

图 16　每周进行心理服务或治疗时间的作答

关于"从事社会心理服务或心理治疗是专职或兼职"一题的调查结果显示,75%的北京市社会心理服务工作者专职从事社会心理服务或治疗,25%的北京市社会心理服务工作者兼职从事社会心理服务(见图17)。

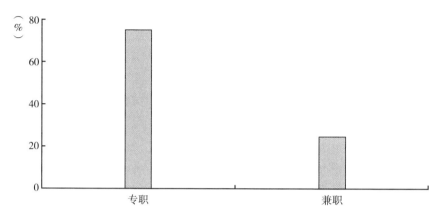

图17　从事社会心理服务或心理治疗是专职或兼职的作答

三　建议

1. 坚持党的领导,完善社会心理服务体系建设方案

建设社会心理服务体系离不开党和政府的领导。社会心理服务体系是一个具有中国特色的社会科学概念,也是基于中国国情的社会实践,只有在党和政府的领导下,基于社会治理的高度,才能保持正确的方向,才能扎实推进社会心理服务体系建设。

我国的社会心理服务体系建设仍在摸索,尚缺乏一套自上而下的、专责的以及完善的行政体系。这不利于社会心理服务体系建设工作的稳定有序开展。据此,党和国家机关有必要加强顶层设计,完善社会心理服务体系建设方案,各地政府积极响应并明确与社会心理服务体系建设相关的责任部门,形成建设社会心理服务体系的运行机制体制。①

---

① 辛自强:《社会心理服务体系建设的定位与思路》,《心理技术与应用》2018 年第 5 期。

2.动员社会各界力量，齐心建设社会心理服务体系

社会心理服务体系建设是一项复杂且系统的社会工程，需要聚集社会各界力量共同完成。我们有必要组织心理学、社会学、管理学等学科的专家学者，从专业视角，深入、系统地进行理论探索以及实践研究，用其科学、专业的研究成果指导社会心理服务体系建设。① 另外，建议政府大力支持、引导并且培育社会心理服务机构的发展，促成其专业化、规范化发展，使其为建设社会心理服务体系贡献力量。②

3.建设社会心理服务工作者队伍，实现社会心理服务专业化

社会心理服务不仅需要大量的社会心理服务工作者，更需要具备心理学、医学以及社会工作等方面专业知识的社会心理服务工作者。从当前实际来看，社会心理服务工作者队伍还未达到这一要求。因此，我们建议社会心理服务站在引进社会心理服务工作者时，还要重点引进心理学、医学以及社会工作等相关专业人士，增加社会心理服务专业人员数量。而且，我们应该制定完善的"社会心理指导师"认证与培训体系，通过规范化、专业化培训，避免社会心理服务专业人员仅从心理咨询师或社工的角度开展社会心理服务，进而提升社会心理服务专业人员的综合素质和服务水平。

4.宣传社会心理服务，提高市民的社会心理服务需求意识

我国的社会心理服务体系是一个动态、复杂的结构体系。建设社会心理服务体系离不开党和国家的支持，离不开社会各界的多方支持，也离不开人民群众的积极配合。只有在党和政府的政策支持和制度保障下，根据专家学者的科学研究成果，借助社会心理服务工作者的专业技术，加之人民群众的积极配合及参与，才能逐渐形成具有中国特色的、科学的、系统的、专业的社会心理服务体系。因此，政府和专业人士，应该面向大众宣传社会心理服务体系建设，宣传社会心理服务，让每个人都熟悉社会心理服务体系，都愿意配合社会心理服务体系建设工作。

---

① 辛自强：《社会心理服务体系建设的定位与思路》，《心理技术与应用》2018 年第 5 期。
② 陈倩倩：《构建社会心理服务体系探析》，《宁波经济（三江论坛）》2019 年第 3 期。

B.18
北京市居民社会心理服务需求调查

高晶　李正仁　杨智辉*

摘　要： 本研究对北京市 16 个区的 2569 名居民进行问卷调查，以考察北京市居民对社会心理服务的需求现状。主要结果如下：在求助态度与意愿方面，男性、中年、居住在城区、已婚、未生育过孩子、本科及以上学历、有正式工作的居民应对心理问题时更为积极，同时倾向于选择综合医院心理咨询门诊与亲朋好友寻求帮助；在社会心理服务需求方面，42.47% 的居民对社区开展的社会心理服务表示"非常满意"或"比较满意"，56.82% 的居民对社会心理服务站的开设表示"非常有必要"或"可能有必要"，居民最希望社会心理服务站开展免费的心理咨询服务，同时希望获得关于如何协调家庭关系、处理家庭矛盾的心理讲座或相关活动等服务。

关键词： 社会心理服务　求助态度与意愿　社会心理服务需求　社区心理服务站

一　前言

近年来，我国经济快速发展，人民生活节奏显著加快，公众对社会心理服

---

* 高晶，中国人口宣传教育中心副研究员，主要研究方向为应用心理学、健康心理学；李正仁，北京林业大学人文社会科学学院在读硕士；杨智辉，北京林业大学人文社会科学学院教授，博士生导师，主要研究方向为心理咨询与治疗、生态环境与个体发展。

务需求呼声强烈。《"健康中国2030"规划纲要》指出："加强心理健康服务体系建设和规范化管理。"① 党中央、国务院高度重视社会心理服务体系建设，党的十九大报告明确提出："加强社会心理服务体系建设，培育自尊自信、理性平和、积极向上的社会心态。"

我国立法层面也十分重视精神卫生服务体系与社会心理服务体系的建设，同时通过立法切实保障精神卫生服务体系与社会心理服务体系建设的统一性与协调性。《中华人民共和国精神卫生法（2018修正）》第5章第61条规定："省、自治区、直辖市人民政府根据本行政区域的实际情况，统筹规划，整合资源，建设和完善精神卫生服务体系，加强精神障碍预防、治疗和康复服务能力建设。"第63条规定："国家加强基层精神卫生服务体系建设，扶持贫困地区、边远地区的精神卫生工作，保障城市社区、农村基层精神卫生工作所需经费。"

2016年12月30日，国家卫生计生委、中宣部等22部门联合印发《关于加强心理健康服务的指导意见》（以下简称《意见》）。该《意见》从充分认识加强心理健康服务的重要意义与总体要求出发，从大力发展各类心理健康服务、加强重点人群心理健康服务、建立健全心理健康服务体系、加强心理健康人才队伍建设、加强组织领导和工作保障等方面提出指导意见。

2018年11月16日，国家卫生健康委、中央政法委、民政部等10部委印发《全国社会心理服务体系建设试点工作方案》，为我国精神卫生服务体系与社会心理服务体系的建设提出了具体方案与要求。该方案从搭建基层心理服务平台、完善教育系统心理服务网络、健全机关和企事业单位心理服务网络、规范发展社会心理服务机构、提升医疗机构心理健康服务能力、建立健全心理援助服务平台、健全心理健康科普宣传网络、完善严重精神障碍患者服务工作机制、发展心理健康领域社会工作专业队伍、培育心理咨询人员队伍、发展医疗机构心理健康服务队伍、组建心理健康服务志愿者队伍、健全行业组织并加强管理、加强组织领导、加强政策扶持、加强经费保障、强化督导评估17个方面入手，建立健全社会心理服务网络，加强心理服务人才队伍建设与保障

---

① 曾钊、刘娟：《中共中央国务院印发〈"健康中国2030"规划纲要〉》，《中华人民共和国国务院公报》2016年第32期。

措施。

2016 年，张斌等采用多阶段分层随机抽样的方法，对北京城市居民社区心理健康服务需求及满意度、出现心理健康问题时求助意愿及求助方式、管理现状的不足及意见等内容展开调查，18.90% 的居民表示对社区心理健康服务非常需要，只有 11.50% 的居民表示对社区心理健康服务非常满意。[1]

2015 年，林渊等以太仓市社区居民为例，对社区居民心理服务需求现状进行调查，采用问卷调查的方法，调查结果显示：约 1/3 的居民心理处于亚健康状态；约 2/3 的居民对开展社区心理服务有需求；但是担心隐私泄露，当遇到心理问题时，大多数居民选择自我调整，同时希望社区能提供相关的心理服务帮助，在心理服务方式上更倾向于建立社区心理网站。[2]

上述两项研究凸显了我国居民对社会心理服务的迫切需要，在 2020 年全面建成小康社会之际，对居民社会心理服务需求展开深度调研尤为重要。通过本次调研，可以充分了解北京市居民社会心理服务需求，并为北京市乃至全国社会心理服务体系建设提供参考性依据与建设性建议。

二 研究方法

（一）研究对象

本调查采用分层随机抽样的方法。具体方法如下：以在北京市长期生活、工作、学习的社区居民为研究对象，选定北京市 16 个区 100 余个问卷发放点，并采用比例概率抽样法确定各社区的样本量，共发放问卷 2726 份，回收有效问卷 2569 份，无效问卷 157 份，有效率 94.24%。本次调查的样本分布与北京市 2018 年度统计的资料所显示的分布基本一致，表明本次研究的样本具有代表性，调查样本的人口学基本信息见表 1。

---

[1] 张斌、杨凤池：《北京城市居民社区心理健康服务需求及满意度调查》，《中国全科医学》2016 年第 7 期。
[2] 林渊、王维英：《社区居民心理服务需求现状调查——以太仓市社区居民为例》，《唯实：现代管理》2015 年第 96 期。

表1 调查样本的人口学分布

单位：人，%

人口学变量	类型	频次	百分比
性别	男	1442	56.10
	女	1117	43.50
	缺失	10	0.40
年龄	20岁及以下	467	18.20
	21~30岁	1145	44.60
	31~40岁	563	21.90
	41~50岁	159	6.20
	51岁及以上	230	9.00
	缺失	5	0.20
民族	汉族	2306	89.80
	少数民族	263	10.20
工作状态	正式工作	1170	45.50
	临时工作	388	15.10
	无业、失业或下岗	306	11.90
	离退休	197	7.70
	学生	488	19.00
	其他	16	0.60
	缺失	4	0.20
职业	农民	103	4.00
	教师	250	9.70
	军人	78	3.00
	机关干部或公务员	210	8.20
	服务业工作人员	219	8.50
	医务工作者	85	3.30
	外企职员	92	3.60
	私企职员	246	9.60
	国企员工	143	5.60
	自由职业者	118	4.60
	其他	30	1.20
	缺失	995	38.70

续表

人口学变量	类型	频次	百分比
文化程度	小学及以下	58	2.30
	初中	203	7.90
	中专或职高	320	12.50
	高中	335	13.00
	大专	426	16.60
	本科	922	35.90
	硕士	218	8.50
	博士	75	2.90
	缺失	12	0.50
月收入	2000 元及以下	275	10.70
	2001~7855 元	888	34.60
	7856~15000 元	735	28.60
	15001~20000 元	264	10.30
	20001 元及以上	129	5.00
	无收入	271	10.50
	缺失	7	0.30
婚姻状况	未婚	1103	42.90
	已婚	1193	46.40
	同居	169	6.60
	离婚	66	2.60
	丧偶	19	0.70
	缺失	19	0.70
生育孩子数	一个孩子	801	31.20
	两个孩子	569	22.10
	三个及以上孩子	275	10.70
	未生育过	919	35.80
	缺失	5	0.20
家庭住地	朝阳区	800	31.10
	海淀区	707	27.50
	丰台区	305	11.90
	昌平区	242	9.40
	大兴区	87	3.40
	通州区	49	1.90
	西城区	69	2.70
	房山区	41	1.60
	顺义区	21	0.80
	东城区	62	2.40

人口学变量	类型	频次	百分比
家庭住地	石景山区	51	2.00
	密云区	24	0.90
	平谷区	29	1.10
	怀柔区	26	1.00
	延庆区	26	1.00
	门头沟区	30	1.20
户籍所在地	北京城市	1002	39.00
	北京农村	534	20.80
	外地城市	693	27.00
	外地农村	330	12.80
	缺失	10	0.40

（二）研究工具

本调查根据社区心理健康宣教干预示范项目调查问卷，[①] 编制并发放心理服务需求情况调查问卷，子维度包括以下几个方面。

1. 人口学基本变量：姓名、性别、年龄、民族、身高、体重、婚姻状况、文化程度、工作状态、家庭经济状况、家庭住地、户籍所在地、生育孩子数、主观社会经济地位等。

2. 居民对待心理问题的态度与解决途径。

3. 居民对社会心理服务的满意度与需求情况等。

（三）统计学处理

采用 SPSS 24.0 软件对相关数据进行处理。

[①] 李珂珂、黄小琴、陈红、李祚山：《重庆市民心理服务需求问卷的初步编制》，《重庆教育学院学报》2011 年第 3 期。

三　研究结果

（一）北京市居民出现心理问题时的求助态度与意愿分析

对北京市居民出现心理问题时是否会求助的情况展开调查，结果显示：24.26%的居民报告"肯定会求助"，30.92%的居民报告"可能会求助"，25.35%的居民报告"不知道"，14.60%的居民报告"可能不求助"，4.87%的居民报告"肯定不求助"，如图1所示。

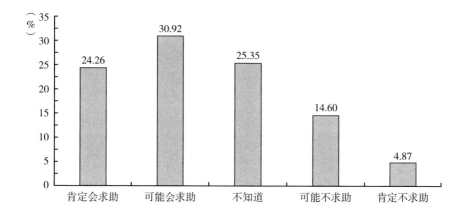

图1　北京市居民出现心理问题时的求助态度

具体而言，在出现心理问题时，62.05%的女性居民报告"肯定会求助"或"可能会求助"，49.76%的男性居民报告"肯定会求助"或"可能会求助"，16.20%的女性居民报告"肯定不求助"或"可能不求助"，22.07%的男性居民报告"肯定不求助"或"可能不求助"；在年龄差异上，41~50岁的居民报告"肯定会求助"或"可能会求助"的比例最高（66.67%），31~40岁的居民次之（60.04%），51岁及以上的居民最低（44.98%）；在婚姻状况差异上，已婚居民报告"肯定会求助"或"可能会求助"的比例最高（59.40%），未婚居民次之（55.58%），同居的居民最低（28.40%）；在文化程度差异上，本科学历的居民报告"肯定会求助"或"可能会求助"的比例最高（62.26%），大专学历的居民次之（58.45%），中专或职高学历的居民最低（44.69%）；在家庭住地差异上，城区居民报告"肯定会求助"或"可能会求助"的比例最高（63.66%），郊区居民次之（49.16%），农村居民最低（42.77%）；在生育情况差异上，生育一个孩子的居民报告"肯定会求助"或"可能会求助"的比例最高（63.67%），未生育过孩子的居民次之（60.28%），生育三个及以上孩子的居民最低（33.58%）；在工作状态差异上，有正式工作的居民报告"肯定会求助"或"可能会求助"的比例最高（64.02%），无业、失业或下岗的居民最低（37.25%）。综上，在应对心理问题时，女性、41~50岁、已婚、本科学历、城区居民、生育一个孩子、有正式工作的居民的求助态度更为积极。

对北京市居民出现心理问题时选择的求助方式进行调查，结果显示：41.11%的居民选择综合医院的心理门诊寻求帮助，40.48%的居民选择寻求亲朋好友帮助，33.24%的居民选择社区卫生服务中心心理咨询进行求助，31.34%的居民选择私人心理服务机构获取帮助，25.18%的居民选择教育部门的心理服务机构寻求帮助，19.22%的居民选择精神专科医院进行诊治，16.54%的居民选择政府部门的心理服务机构获取帮助，12.30%与10.35%的居民分别选择向社区居委会调解员和民间心理援助志愿者求助（见图2）。

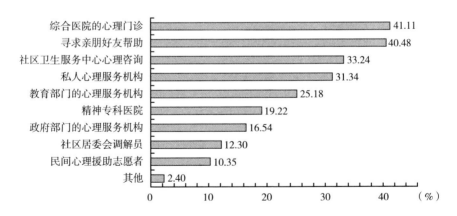

图2　北京市居民出现心理问题时选择的求助方式

（二）北京市居民对社区开展社会心理服务满意度与需求分析

1. 北京市居民社会心理服务满意度分析

社会心理服务满意度调查结果显示：19.81%的居民报告对其所在社区开展的社会心理服务"非常满意"，22.66%的居民报告"比较满意"，29.60%的居民报告"一般满意"，12.68%的居民报告"比较不满意"，7.92%的居民报告"非常不满意"，7.88%的居民报告"无社会心理服务"。其中朝阳区居民报告对其所在社区开展的社会心理服务"非常满意"与"比较满意"的比例最高，占比49.40%，门头沟区居民报告对其所在社区开展的社会心理服务"非常不满意"、"比较不满意"或"无社会心理服务"的比例最高，占比43.30%（见图3）。

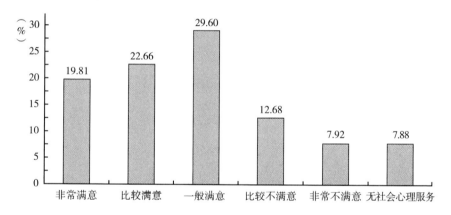

图3　北京市居民社区社会心理服务满意度

2. 北京市居民社会心理服务站需求度分析

在社区开设社会心理服务站的必要性调查结果显示：28.04%的居民报告在社区开设社会心理服务站"非常有必要"，28.78%的居民报告"可能有必要"，24.69%的居民报告"一般"，13.28%的居民报告"可能没必要"，5.22%的居民报告"非常没必要"（见图4）。

其中，在性别差异上，63.92%的女性居民报告"非常有必要"或"可能有必要"在社区开设社会心理服务站，51.28%的男性居民报告"非常有必要"或"可能有必要"；在年龄差异上，41~50岁的居民报告"非常有必

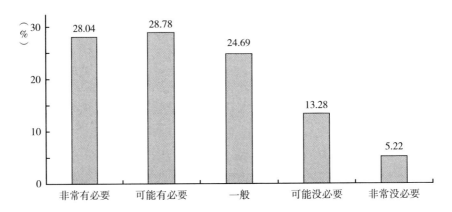

图4 北京市居民对社会心理服务站的需求度

要"或"可能有必要"在社区开设社会心理服务站的比例最高（66.04%），
51岁及以上的居民比例最低（48.47%）；在婚姻状况差异上，已婚居民报告
"非常有必要"或"可能有必要"在社区开设社会心理服务站的比例最高
（60.49%），未婚居民次之（56.94%），同居的居民比例最低（35.50%）；
在学历差异上，本科学历的居民报告"非常有必要"或"可能有必要"在
社区开设社会心理服务站的比例最高（63.23%），初中学历的居民比例最
低（46.04%）；在家庭住地差异上，城区居民报告"非常有必要"或"可
能有必要"在社区开设社会心理服务站的比例最高（63.94%），郊区居民
次之（49.44%），农村居民比例最低（47.21%）；在生育情况差异上，生
育一个孩子的居民报告"非常有必要"或"可能有必要"在社区开设社会
心理服务站的比例最高（63.55%），未生育过孩子的居民次之（62.24%），
生育三个及以上孩子的居民比例最低（35.27%）；在工作状态差异上，有
正式工作的居民报告"非常有必要"或"可能有必要"在社区开设社会心
理服务站的比例最高（62.65%），无业、失业或下岗的居民比例最低
（41.83%）。综上，在社区开设社会心理服务站的问题上，女性、41～50
岁、已婚、本科学历、居住在城区、生育一个孩子、有正式工作的居民意
愿更强烈。

3. 北京市居民社会心理服务站服务需求分析

居民对社会心理服务站活动开展的形式的期待调查显示：免费的心理咨询

是居民最希望开展的服务形式，占比 50.10%，而计费心理咨询在所有活动形式中受期待程度最低，占比 9.60%。按居民期待程度排序依次为：宣传手册占比 35.70%，心理热线占比 35.40%，心理健康讲座占比 34.80%，心理测验与评估占比 30.00%，宣传栏占比 25.70%，心理团体活动与网络心理咨询所占比例相同，均为 21.60%（见图 5）。

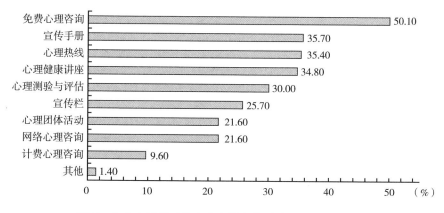

图 5 北京市居民对社会心理服务站活动开展形式的期待

对居民在社会心理服务站期望获得的服务展开调查，结果显示：居民最希望获得关于如何协调家庭关系、处理家庭矛盾的心理讲座或相关活动的服务，占比为 52.80%，针对弱势群体（无业人群、老年人、妇女等）的心理讲座或辅导和如何排解不良情绪、缓解工作或学习压力的相关知识宣教或讲座较次之，占比分别为 47.20% 和 45.00%。接下来居民的服务期待度从高到低依次为：对心理疾病的预防、早期识别等相关知识的教育指导，占比 44.50%，儿童青少年心理发展和学习、交往等社会适应技能的教育指导，占比 29.50%，心理测验及心理疾病早期的筛查服务，占比 29.00%，心理健康促进、健康生活和行为方式等信息的宣教，占比 21.60%，如何处理人际交往中出现的问题的心理讲座或团体活动，占比 19.90%，社区心理咨询及转诊服务，占比 19.00%，亲子沟通方式的指导，占比 17.10%（见图 6）。

居民接受社区开展的社会心理服务时，选择服务工作者类型的倾向调查结果显示：专业心理学工作者受信任程度最高，占比 46.40%，44.60% 的居民愿意选择阅历丰富的长者，35.00% 的居民愿意选择社区志愿者，社区干

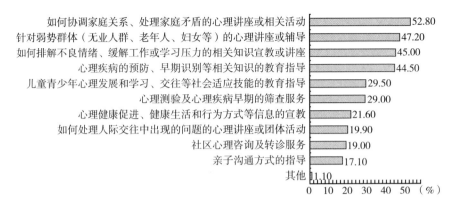

图6 北京市居民对社会心理服务站期望获得的服务

部和社区卫生服务站医务人员分别有33.60%和25.60%的居民愿意选择（见图7）。

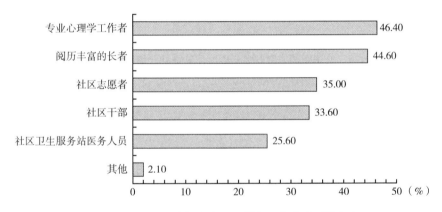

图7 北京市居民选择社会心理服务工作者类型的倾向

居民对社会心理服务站配备设施的期望情况调查结果显示：在社会心理服务站配置音乐和放松仪器比例最高，有48.60%的居民选择，45.00%的居民期望配有情绪发泄室，40.10%的居民期望配有心理测量工具，39.70%的居民期望配有心理咨询室，39.50%的居民期望配有心理图书借阅室，26.20%的居民期望配有心理热线（见图8）。

对社区的社会心理服务站举办心理服务的活动频率的期待调查，结果显示：28.90%的居民希望两周开展一次心理服务，27.90%的居民希望每周一

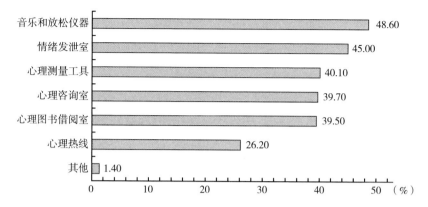

图 8　北京市居民对社会心理服务站配备设施的期望情况

次，16.30%的居民希望每月一次，14.10%的居民希望三周一次，11.60%的居民希望每天一次（见图9）。

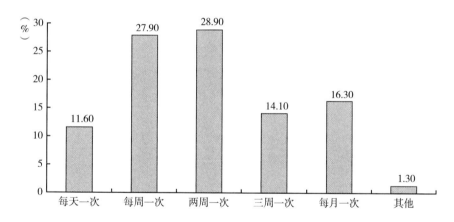

图 9　北京市居民对社会心理服务站举办心理服务的活动频率的期待

（三）北京市居民社会心理服务需求的人口统计学分析

1. 性别

研究对象中，女性居民较男性对社会心理服务站的需求更为强烈，在应对心理问题的求助倾向上，女性居民也更为积极（见图10、图11）。在出现心理问题时，女性更倾向选择亲朋好友（50.40%）、综合医院的心理门诊

（43.78%）与私人心理服务机构（32.41%）寻求帮助，男性更倾向选择综合医院的心理门诊（38.83%）、社区卫生服务中心心理咨询（35.09%）与寻求亲朋好友（32.66%）求助。在期待社会心理服务站应该开展哪些服务形式方面，女性选择最多的三种服务形式为：免费心理咨询（56.40%）、心理健康讲座（40.56%）与心理热线（37.87%），男性选择免费心理咨询比例最高（45.01%），宣传手册（36.40%）与心理热线（33.43%）次之。在接受社区开展的社会心理服务时，女性更倾向于选择专业心理学工作者（57.21%）、阅历丰富的长者（44.59%）与社区志愿者（29.81%），男性更倾向于选择阅历丰富的长者（44.59%）、社区志愿者（39.18%）、社区干部（37.73%），男性对专业心理学工作者的选择率仅为37.73%。

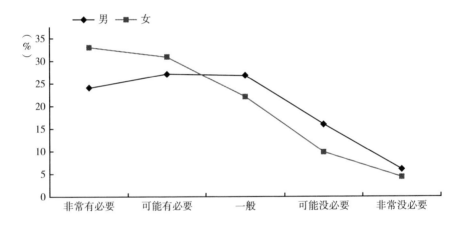

图10 不同性别对社会心理服务站的需求差异

该结果受到性别心理差异与社会文化两方面的影响。女性在情感方面更为细腻，同时具有较高的同理性。[1] 社会文化对女性的期待为"阴柔之美"；男性易冲动，同时社会文化对男性的期待为"阳刚之气"，[2] 形成了性别刻板印象，男性求助意愿低于女性等差异。

① 宋岩：《从社会性别视角分析男女两性的心理差异》，《经济技术协作信息》2018年第36期。
② 杨雄：《关于性别心理差异研究的几个问题》，《西南师范大学学报》（哲学社会科学版）1996年第4期。

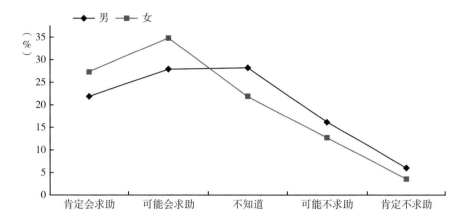

图 11　不同性别应对心理问题时的求助倾向差异

2. 年龄

在对社会心理服务站的需求的调查中，报告"非常有必要"或"可能有必要"的比例由高到低为：41~50 岁的居民，占比 66.04%；31~40 岁的居民，占比 58.97%；20 岁及以下的居民，占比 57.17%；21~30 岁的居民，占比 56.16%；51 岁及以上的居民，占比 48.47%。在对求助意愿的调查中，报告"肯定会求助"或"可能会求助"的比例由高到低为：41~50 岁的居民，占比 66.67%；31~40 岁的居民，占比 60.04%；21~30 岁的居民，占比 53.80%；20 岁及以下的居民，占比 53.53%；51 岁及以上的居民，占比 44.98%。在对求助方式的调查中，21~40 岁的居民选择综合医院的心理门诊最多，20 岁及以下与 51 岁及以上的居民选择向亲朋好友倾诉最多。在对社会心理服务站的期待上，不同年龄段的居民的选择倾向基本一致，但 41~50 岁的居民在对专业心理学工作者、心理健康讲座、心理疾病的预防与识别，以及亲子沟通方式的指导上倾向性更高（见图 12 及图 13）。

将问题"您对所在社区开展的社会心理服务满意吗?"的选项"非常满意""比较满意""一般满意""比较不满意""非常不满意"，与问题"您认为有必要在社区开设社会心理服务站吗?"的选项"非常有必要""可能有必要""一般""可能没必要""肯定没必要"，以及问题"如果出现心理问题，您会求助吗?"的选项"肯定会求助""可能会求助""一般""可能不求助""肯定不求助"分别记为 5、4、3、2、1 分。得分情况进行单因素方差分析（见表 2）。

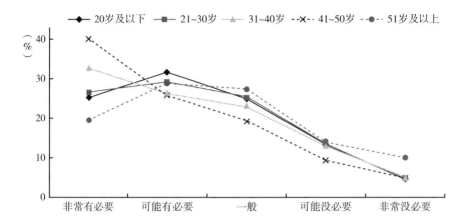

图12 不同年龄对社会心理服务站的需求差异

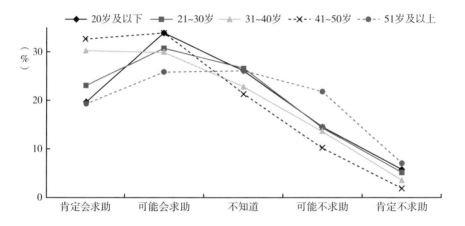

图13 不同年龄应对心理问题时的求助倾向差异

表2 年龄得分差异检验

项目	年龄	N	M ± SD	F	事后比较
当前社会心理服务满意度	①20岁及以下	442	3.27 ± 1.13	2.46	无显著性差异
	②21~30岁	1061	3.39 ± 1.18		无显著性差异
	③31~40岁	510	3.45 ± 1.34		无显著性差异
	④41~50岁	140	3.48 ± 1.17		无显著性差异
	⑤51岁及以上	203	3.22 ± 1.14		无显著性差异
	总计	2356	3.37 ± 1.21		

项目	年龄	N	$M \pm SD$	F	事后比较
社会心理服务站需求度	①20 岁及以下	467	3.60 ± 1.13	5.56	无显著性差异
	②21 ~ 30 岁	1145	3.60 ± 1.15		② > ⑤
	③31 ~ 40 岁	563	3.68 ± 1.20		③ > ⑤
	④41 ~ 50 岁	159	3.87 ± 1.19		④ > ⑤
	⑤51 岁及以上	229	3.34 ± 1.23		⑤ < ②③④
	总计	2563	3.61 ± 1.17		
应对心理问题时的求助倾向	①20 岁及以下	467	3.47 ± 1.13	9.01	① < ③④
	②21 ~ 30 岁	1145	3.52 ± 1.14		② < ③④
	③31 ~ 40 岁	563	3.70 ± 1.14		③ > ①②⑤
	④41 ~ 50 岁	159	3.86 ± 1.05		④ > ①②⑤
	⑤51 岁及以上	229	3.28 ± 1.20		⑤ < ③④
	总计	2563	3.55 ± 1.15		

该差异可能与不同年龄居民面临的压力有关：青年人主要面临学业、就业、亲密关系、贷款等方面的压力；中年人主要面临家庭、事业、养育子女等方面的压力；[1] 老年人主要面临自身与配偶身体健康、养老与物质生活的保障、社会支持减少等方面的压力。[2] 不同年龄对心理健康的重视程度，以及对心理问题与心理咨询的看法不同，[3] 各年龄段居民对社会心理服务的需求和求助倾向可能产生差异。

3. 家庭住地

研究对象中，城区居民对社会心理服务站的需求最强烈，应对心理问题时求助意愿也最积极，郊区居民次之，农村居民最低（见图14、图15）。在求助方式与对社会心理服务站的期待上，城区居民、郊区居民、农村居民的选择倾

---

① 庞云燕：《社区居民心理健康状况及服务需求情况调查与分析》，《首都公共卫生》2018 年第 1 期。

② 吴捷、李幼穗、王芹：《离退休老年人心理需求状况》，《中国老年学杂志》2011 年第 16 期。

③ 郑银佳、黄国展、唐晓丹、莫煊：《精神疾病公众污名的研究进展》，《精神医学杂志》2017 年第 4 期。

向基本一致。但农村居民与郊区居民对社区卫生服务中心心理咨询选择率较低，农村居民对专业的心理工作者选择率较低。

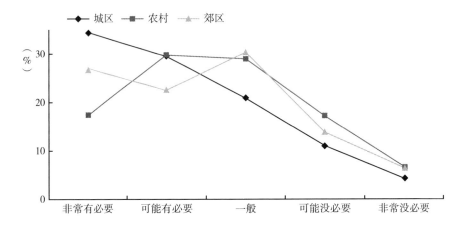

图14　不同家庭住地的居民对社会心理服务站的需求差异

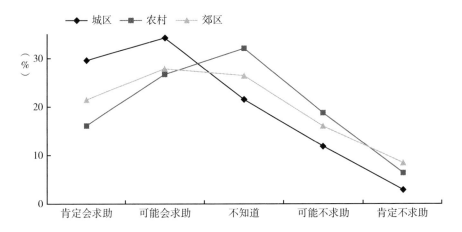

图15　不同家庭住地的居民应对心理问题时的求助倾向差异

将问题"您对所在社区开展的社会心理服务满意吗？"的选项"非常满意""比较满意""一般满意""比较不满意""非常不满意"，与问题"您认为有必要在社区开设社会心理服务站吗？"的选项"非常有必要""可能有必要""一般""可能没必要""肯定没必要"，以及问题"如果出现心理问题，您会求助吗？"的选项"肯定会求助""可能会求助""一般""可能不求助""肯定不求助"分别记为5、4、3、2、1分。得分情况进行单因素方差分析（见表3）。

造成这一差异可能是城乡社区心理服务建设、居民经济收入具有一定差距,[1] 城乡居民对心理问题存在不同程度的社会偏见等。[2]

表3　家庭住地得分差异检验

项目	家庭住地	N	M ± SD	F	事后比较
当前社会心理服务满意度	①城区	1272	3.48 ± 1.20	12.66	① > ②
	②农村	749	3.20 ± 1.18		② < ①
	③郊区	326	3.31 ± 1.26		无显著性差异
	总计	2347	3.37 ± 1.21		
社会心理服务站需求度	①城区	1406	3.79 ± 1.15	39.92	① > ②③
	②农村	788	3.34 ± 1.15		② < ①
	③郊区	356	3.50 ± 1.21		③ < ①
	总计	2550	3.61 ± 1.17		
应对心理问题时的求助倾向	①城区	1406	3.75 ± 1.09	51.61	① > ②③
	②农村	788	3.27 ± 1.13		② < ①
	③郊区	356	3.38 ± 1.22		③ < ①
	总计	2550	3.55 ± 1.15		

4. 婚姻状况与生育孩子数

研究对象中,已婚居民对社会心理服务站的需求最强烈,认为"非常有必要"或"可能有必要"的居民占比60.49%,应对心理问题时求助意愿也最积极,占比59.40%,未婚居民（56.94%,55.58%）、丧偶居民（47.37%,52.63%）、离婚居民（43.94%,43.94%）、同居居民（35.50%,28.40%）依次递减。在求助方式和对社会心理服务站的期待上,不同婚姻状况的居民选择倾向基本一致（见图16、图17）。但同居居民向亲友倾诉的比例较低,占比17.75%,离婚居民向综合医院心理门诊求助的比例较低,占比15.15%。

① 刘晓芹、郑德伟:《潍坊城市和农村老年人心理健康比较》,《中国老年学杂志》2015年第20期。
② 郑银佳、黄国展、唐晓丹、莫煊:《精神疾病公众污名的研究进展》,《精神医学杂志》2017年第4期。

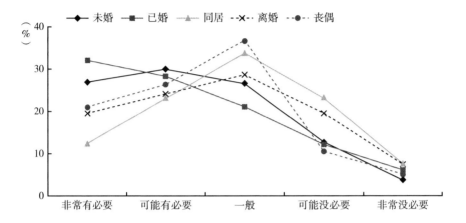

图 16 不同婚姻状况的居民对社会心理服务站的需求差异

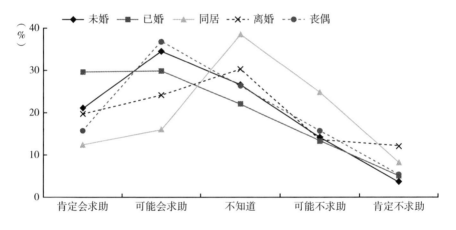

图 17 不同婚姻状况的居民应对心理问题时的求助倾向差异

将问题"您对所在社区开展的社会心理服务满意吗?"的选项"非常满意""比较满意""一般满意""比较不满意""非常不满意",与问题"您认为有必要在社区开设社会心理服务站吗?"的选项"非常有必要""可能有必要""一般""可能没必要""肯定没必要",以及问题"如果出现心理问题,您会求助吗?"的选项"肯定会求助""可能会求助""一般""可能不求助""肯定不求助"分别记为 5、4、3、2、1 分。得分情况进行单因素方差分析(见表 4)。

表 4 婚姻状况得分差异检验

项目	婚姻状况	N	$M \pm SD$	F	事后比较
当前社会心理服务满意度	①未婚	1022	3.28 ± 1.15	11.36	① < ②
	②已婚	1097	3.52 ± 1.23		② > ①③④
	③同居	159	2.99 ± 1.28		③ < ②
	④离婚	56	3.04 ± 1.19		④ < ②
	⑤丧偶	16	3.00 ± 1.26		无显著性差异
	总计	2350	3.37 ± 1.21		
社会心理服务站需求度	①未婚	1103	3.64 ± 1.12	10.78	① > ③
	②已婚	1192	3.68 ± 1.22		② > ③
	③同居	169	3.09 ± 1.12		③ > ①②
	④离婚	66	3.29 ± 1.21		无显著性差异
	⑤丧偶	19	3.47 ± 1.12		无显著性差异
	总计	2549	3.61 ± 1.18		
应对心理问题时的求助倾向	①未婚	1103	3.55 ± 1.08	13.73	① > ③
	②已婚	1192	3.65 ± 1.18		② > ③
	③同居	169	2.99 ± 1.12		③ > ①②
	④离婚	66	3.26 ± 1.27		无显著性差异
	⑤丧偶	19	3.42 ± 1.12		无显著性差异
	总计	2549	3.55 ± 1.15		

同时，生育一个孩子的居民对社会心理服务站的需求最强烈，占比63.55%，应对心理问题时求助意愿也最积极，占比63.55%，未生育过孩子的居民（62.24%，60.28%）与生育两个孩子的居民（48.77%，45.34%）次之，生育三个及以上孩子的居民最低，分别占比35.27%与33.58%。在求助方式和对社会心理服务站的期待上，不同生育孩子数的居民选择倾向基本一致，倾向程度与需求程度、求助意愿基本一致（见图18、图19）。

将问题"您对所在社区开展的社会心埋服务满意吗？"的选项"非常满意""比较满意""一般满意""比较不满意""非常不满意"，与问题"您认为有必要在社区开设社会心理服务站吗？"的选项"非常有必要""可能有必要""一般""可能没必要""肯定没必要"，以及问题"如果出现心理问题，您会求助吗？"的选项"肯定会求助""可能会求助""一般""可能不求助""肯定不求助"分别记为5、4、3、2、1分。得分情况进行单因素方差分析（见表5）。

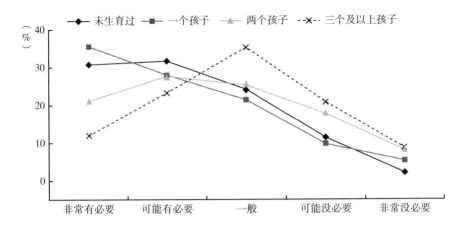

图 18 不同生育孩子数的居民对社会心理服务站需求差异

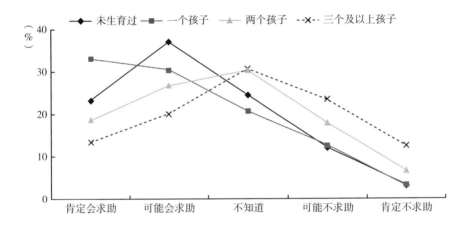

图 19 不同生育孩子数的居民应对心理问题时的求助倾向差异

表 5 生育孩子数得分差异检验

项目	生育孩子数	N	M ± SD	F	事后比较
当前社会心理服务满意度	①一个孩子	733	3.55 ± 1.26	11.40	① > ②③④
	②两个孩子	538	3.30 ± 1.22		② < ①④
	③三个及以上孩子	259	3.07 ± 1.23		③ < ①④
	④未生育过	829	3.34 ± 1.12		① > ④ > ③
	总计	2359	3.37 ± 1.21		

项目	生育孩子数	N	M ± SD	F	事后比较
社会心理服务站需求度	①一个孩子	801	3.79 ± 1.18	40.12	① > ②③
	②两个孩子	568	3.36 ± 1.22		①④ > ② > ③
	③三个及以上孩子	275	3.09 ± 1.12		③ < ①②③
	④未生育过	919	3.77 ± 1.07		④ > ②③
	总计	2563	3.61 ± 1.17		
应对心理问题时的求助倾向	①一个孩子	801	3.78 ± 1.13	43.96	① > ②③
	②两个孩子	569	3.33 ± 1.16		①④ > ② > ③
	③三个及以上孩子	274	2.99 ± 1.21		③ < ①②③
	④未生育过	919	3.65 ± 1.06		④ > ②③
	总计	2563	3.55 ± 1.15		

婚姻的稳定性、同居的亲密关系以及离婚与丧偶均会影响居民的社会支持感，从而影响居民的心理服务需求与求助意愿。[1] 无生育经验的居民可能会面临较大的压力，有生育经验可能会降低居民的心理服务需求与求助意愿，该结论需要进一步研究证实。

5. 文化程度

大学生心理健康教育的普及和大学生心理健康意识的逐步提高，[2] 大专、本科及以上学历的居民对社会心理服务站的需求较强烈，应对心理问题时求助意愿也较积极，高中、中专、职高及以下学历的居民对社会心理服务站的需求较弱，应对心理问题时求助意愿也较低。在求助方式与对社会心理服务站的期待上，不同文化程度的居民选择倾向基本一致，倾向程度与需求程度、求助意愿基本一致（见图20、图21）。

6. 工作状态

研究对象中，有正式工作的居民与学生对社会心理服务站的需求较强烈（62.65%，64.02%），应对心理问题时求助意愿也更积极（61.89%，59.43%），

---

[1] 李树凯、邵文涛、孙菲、杨硕、景汇泉：《辽宁省不同婚姻状况人群精神健康分析》，《中国公共卫生》2018 年第 5 期。

[2] 冯凤莲、王在然、冯振宁：《大学生寻求专业性心理帮助态度的性别差异 Meta 分析》，《中国学校卫生》2016 年第 3 期。

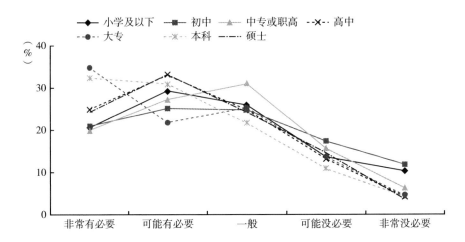

图20 不同文化程度的居民对社会心理服务站的需求差异

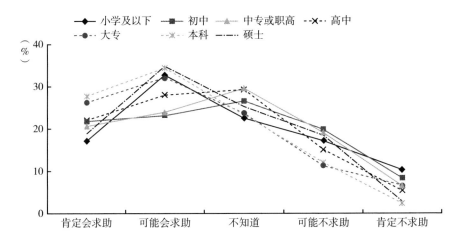

图21 不同文化程度的居民应对心理问题时的求助倾向差异

而临时工作者，离退休居民，无业、失业或下岗居民对社会心理服务站的需求较弱（49.48%，45.41%，41.83%），应对心理问题时求助意愿也更低（44.70%，40.10%，37.25%）。在求助方式与对社会心理服务站的期待上，不同工作状态的居民选择倾向基本一致，倾向程度与需求程度、求助意愿基本一致（见图22、图23），但在选择求助方式方面，有正式工作的居民与学生较其他工作状态的居民选择向亲友倾诉更多；选择求助对象方面，无业、失业或下岗居民，更倾向于选择社区干部与阅历丰富的长者，占比均为 40.20%，学生更倾向于选择阅历丰富的长者与专业的心理工作者，占比分别为 61.70% 与 55.30%。

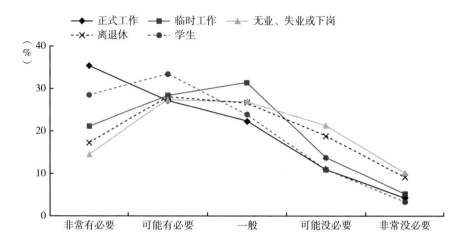

图 22　不同工作状态的居民对社会心理服务站的需求差异

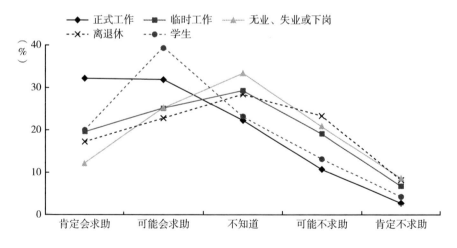

图 23　不同工作状态的居民应对心理问题时的求助倾向差异

将问题"您对所在社区开展的社会心理服务满意吗？"的选项"非常满意""比较满意""一般满意""比较不满意""非常不满意"，与问题"您认为有必要在社区开设社会心理服务站吗？"的选项"非常有必要""可能有必

要""一般""可能没必要""肯定没必要",以及问题"如果出现心理问题,
您会求助吗?"的选项"肯定会求助""可能会求助""一般""可能不求助"
"肯定不求助"分别记为5、4、3、2、1分。得分情况进行单因素方差分析
(见表6)。

表6 工作状态得分差异检验

项目	工作状态	N	M ± SD	F	事后比较
当前社会心理服务满意度	①正式工作	1059	3.57 ± 1.24	18.92	① > ②③④⑤
	②临时工作	370	3.29 ± 1.22		② < ①④
	③无业、失业或下岗	282	3.10 ± 1.19		③ < ①
	④离退休	176	2.91 ± 1.18		④ < ①②⑤
	⑤学生	458	3.29 ± 1.05		① > ⑤ > ④
	总计	2345	3.37 ± 1.21		
社会心理服务站需求度	①正式工作	1170	3.79 ± 1.16	26.97	① > ②③④
	②临时工作	388	3.46 ± 1.12		① > ② > ③⑤
	③无业、失业或下岗	306	3.15 ± 1.20		③ < ①②⑤
	④离退休	196	3.26 ± 1.21		④ < ①⑤
	⑤学生	488	3.73 ± 1.09		⑤ > ②③④
	总计	2548	3.61 ± 1.17		
应对心理问题时的求助倾向	①正式工作	1170	3.80 ± 1.09	35.71	① > ②③④⑤
	②临时工作	387	3.32 ± 1.18		② < ①⑤
	③无业、失业或下岗	306	3.11 ± 1.13		③ < ①⑤
	④离退休	197	3.18 ± 1.21		④ < ①⑤
	⑤学生	488	3.58 ± 1.08		① > ⑤ > ②③④
	总计	2548	3.55 ± 1.15		

四 相关建议

以习近平新时代中国特色社会主义思想为指引,从群众需求出发,逐步完
善社会心理服务制度,协调发展社会心理个体咨询、危机干预、科学普及、宣
传教育等核心服务业务,稳步推进社会心理服务体系建设。

（一）以群众需求为建设导向，抓规范，重反馈，保障社会心理服务的便利性、专业性与保密性

满足社会心理服务体系的建设需求，大力发展各类心理健康服务工作，建立健全各部门、各行业心理健康服务网络，搭建基层心理健康服务平台，确保国家政策得到稳步实施；满足广大社区居民的普遍需求，从婚姻家庭、不良情绪、疾病预防等角度切入，以讲座、义诊、线上与线下宣传等多种形式开展，打造多功能一体化的社会心理服务站点；满足各类人群的差异需求，从性别、年龄、家庭住地、特殊群体等不同人群需求入手，以单位、工会或其他社会组织为开展途径，将心理健康教育融入思想政治工作；满足社会重点人群的帮扶需求，以早期发现与及时干预为工作重点，编制心理危机应急干预预案，丰富并完善心理援助途径，使社会心理服务全面覆盖重点人群。

（二）以科学普及为服务基础，多视角，多形式，充分发挥各类传播媒介在科普工作中的重要作用

引导居民科学认识心理疾病与精神疾病，全面普及和传播心理健康知识，梳理正确的舆论导向，正确对待心理疾病与精神疾病患者，避免社会偏见与刻板效应对病患造成不良影响；倡导居民科学识别与应对心理行为问题，面对常见心理行为问题不恐惧、不回避，以包容的态度面对病患，以乐观的心境寻求帮助，以积极的方式解决困惑；指导居民科学运用心理知识解决实际问题，从生活实际出发，促进居民适应社会环境，保持良好的社会功能，塑造和谐的人际交往关系，合理解决矛盾与冲突。

（三）以个体咨询为主要形式，以宣教活动为补充手段，促适应，谋发展，提供强有力的社会支持

建设公益性心理咨询服务平台，坚持全民心理健康素养提高和个体心理疏导相结合，提供心理热线、个体咨询、团体辅导多种形式的社会支持；打造有针对性的心理健康教育活动，重视群众兴趣，关注热点话题，以新颖、多样的形式开展心理健康教育活动，融入社区居民的日常生活与工作中；培养专业性心理健康人才队伍，完善心理健康专业人才培养、监督、考核制

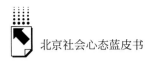
度，探索与高等院校的合作关系，积极推动心理学专业"产学研一体化"
发展。

参考文献

陈雪峰：《社会心理服务体系建设的研究与实践》，《中国科学院院刊》2018 年第
3 期。

黄希庭、郑涌：《中国心理健康服务：基于需求与服务关系的研究》，《心理与行为
研究》2015 年第 5 期。

俞国良：《社会转型：社会心理服务与社会心理建设》，《心理与行为研究》2017 年
第 4 期。

Abstract

This book is the seventh "Blue Book of Beijing Social Mentality" organized by the research group of Beijing Social Psychological Service Promotion Center under the guidance of the relevant leaders of the Civil Affairs Bureau of the Social Work Committee of the Beijing Municipal Committee. This book consists of four sections: General Report, Social Mentality, Mental Health, and Social Psychological Service. In the General Report section, we systematically explore the importance and disadvantages of the construction of social psychological service system in China, and put forward some suggestions to construct this system. In the Social Mentality section, we examine the current status of ecological environment satisfaction, national identity, social security, social anxiety, community belonging, social alienation, social responsibility, prosocial behaviors, subjective well-being, life satisfaction and job satisfaction among Beijing residents and their related factors. In the Mental Health section, we investigate the levels of mental health among Beijing residents, and the levels of depression and loneliness of the elderly in Beijing. Considering the popularity of internet, we also investigate the levels of mobile phone addiction among Beijing residents. In the Social Psychological Service section, we explore the current status of the supply, the need, and the professional talents of social psychological service in Beijing.

Based on the above mentioned research, we hope to systematically understand the current status of the construction of social psychological service system in Beijing, know the levels of social mentality and mental health among Beijing residents, and provide some suggestions for the construction of social psychological service system in Beijing.

Keywords: Beijing; Social Mentality; Mental Health; Social Psychological Service

Contents

I General Report

Abstract: Societal Psychological Service System Construction (SPSSC) has become an important task for government by improving the individual's mental health, maintaining social stability and guiding social values. The study explored the current situation and future development direction of SPSSC through literature analysis and survey interview. The results taking Beijing residents as an example showed: (1) Over the years, the mental health of residents in our country has declined. psychological problems such as stress, sleep disorders and anxiety/depression are more serious. (2) The social mentality of residents is good but the social values need further guidance; Some residents have negative emotions because of life pressure (house, medical care, education, etc.), even tend to adopt radical approaches to unfair incidents; Intergroup conflicts are increasingly prominent. (3) Most residents agree with the importance of mental health work, but few people seeking professional help. People are eager for government departments to fully function. For the problems such as weak social mental health awareness, low mental service professionalism and accessibility, poor resource integration, limited funding/policy support, etc. Learning from the work experience of domestic and foreign psychological services, we make suggestions for SPSSC from several aspects such as education publicity, training professionals, standardized organization management, sharing information, building network platform, guarantee government funds/policies and training social psychological culture. These methods are used to promote the healthy development of psychosocial services.

Keywords: Societal Psychological Service System Construction (SPSSC); Societal Psychological Service; Mental Health; Beijing

II Social Mentality

Abstract: The study investigated the basic characteristics of ecological environment satisfaction and its relationship with community attachment, national identity, social security and social anxiety through questionnaire surveys among 2390 Beijing residents. Results found that: (1) ecological environment satisfaction among Beijing residents has a medium level; (2) there were age, gender, marital status, educational level, working status, occupation, monthly income, homeplace, place of domicile, subjective socioeconomic status and number of offspring differences in ecological environment satisfaction; (3) ecological environment satisfaction was significantly and positively associated with community attachment, national identity and social security, and was significantly and negative associated with social anxiety.

Keywords: Beijing; Residents; Ecological Environment Satisfaction; Social Mentality

Abstract: In this study, 2658 Beijing residents were investigated by means of national identity questionnaire, environmental satisfaction questionnaire and community attachment questionnaire. The purpose of this study was to investigate the status of national identity among permanent residents of Beijing and explore the relationship between national identity and community attachment, environmental satisfaction and social anxiety. The results showed following: 1. the national identity

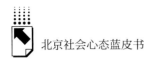

of Beijing residents is at an upper level. 2. The residents of Beijing who are married, between the ages of 41 and 50, with formal jobs, believe in socialism with Chinese characteristics, have a bachelor's degree, have no income or registered residence in Beijing city hasd the highest level of national identity. 3. The residents of Beijing who are cohabited, aged 21 – 30, unemployed, have other religious beliefs (Christianity, Catholicism, Buddhism, Taoism, etc.), the level of education is below primary school, the level of income is at 15001 – 20000 yuan or registered residence in Beijing rural areas had the lowest sense of national identity.

Keywords: Beijing; Residents; National Identity; Community Attachment

B. 4　The Study on the Social Security of Beijing Residents

Xiang Jinjing, Li Yunjia and Zhang Zhuo / 072

Abstract: This study investigated the basic characteristics of Beijing residents' social security and its relationship with ecological environment satisfaction, social anxiety, community belonging and national identity through a questionnaire survey of 2380 Beijing residents. Beijing residents' social security is in the middle level. Demographic characteristics (gender, age, region, marital status, education level, current working status, occupation, monthly income, belief, political outlook, family location, household registration, subjective economic status, and number of children) had statistical significance on residents' social security. With the increase of environmental satisfaction, community belonging and national identity, residents' social security also increased. Social security is positively correlated with environmental satisfaction, community belonging and national identity, but not with social anxiety.

Keywords: Beijing; Residents; Social Security; Social Mentality

B. 5   The Study on the Social Anxiety of Beijing Residents

Yang Zhihui, Li Yunjia and Yang Jingyuan / 093

Abstract: This study investigated the basic characteristics of social anxiety and its relationship with ecological environment satisfaction, social security, community belonging and national identity through a questionnaire survey of 2396 Beijing residents. The social anxiety of Beijing residents is in the middle level. Demographic characteristics (gender, age, region, marital status, education level, current working status, occupation, monthly income, belief, political outlook, family location, household registration, subjective economic status, number of children) have statistical significance on social anxiety of residents. Social anxiety decreases with the increase of environmental satisfaction; social anxiety increases with the increase of community belonging and national identity. Social anxiety was negatively correlated with environmental satisfaction, positively correlated with community belonging and national identity, but not with social security.

Keywords: Beijing Residents; Social Anxiety; Social Psychology

B. 6   A Survey of the Sense of Community Belonging of

Residents in Beijing

Tian Hao, Song Junqing / 119

Abstract: This study conducted a questionnaire survey on 2652 Beijing residents to investigate the characteristics of the sense of belonging in the community, and the relationship between sense of community belonging to social security, environmental satisfaction, and social anxiety. The results found that Beijing residents' sense of belonging is at the upper-middle level; there are demographic difference including age, gender, marital status, education level, current work status, household registration, subjective economic status in sense of community belonging; Beijing residents' sense of community belonging is positively correlated with their social security, environmental satisfaction, and social anxiety.

Keywords: Community Attachment; Social Psychology; Beijing; Residents

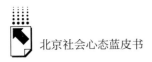

B. 7   A study on the sense of social alienation among Beijing residents

Xiang Jinjing, Zhu Xiaoshan and Li Luhan / 139

Abstract: This study used a sample of 2851 Beijing residents and investigated the basic characteristics of their social alienation. The results found that (1) the levels of sense of social alienation among men is higher than that of women; (2) the levels of sense of social alienation are highest in early and middle adulthood; (3) the levels of sense of social alienation are the highest among the unemployed, unemployed or laid-off groups; (4) the sense of social alienation is significantly and positively related to socioeconomic status, subjective well-being and life satisfaction. Based on the above findings, it is important to construct the mental health service system and to carry out mental health education to Beijing residents.

Keywords: The Sense of Social Alienation; Beijing; Residents; Demographic Factors

B. 8   The study on the Social Responsibility of Beijing Residents

Lei Xiuya, Hu Shui and Liu Jia / 155

Abstract: In this study, 2851 Beijing residents were surveyed by means of social responsibility questionnaire, life satisfaction questionnaire, happiness questionnaire, etc., aiming to find out the status of Beijing residents´ social responsibility and discuss whether there are differences in gender, age, income and other aspects of Beijing residents´social responsibility, and investigate the relationship between social responsibility, happiness, life satisfaction and job satisfaction of Beijing residents. The results showed that: 1. The social responsibility of permanent residents in Beijing was above the medium level. 2. There are significant differences in the social responsibility of different residents. The responsibility of woman is significantly higher than man. The residents who with official work or higher education level have the higher social responsibility.

Keywords: Social Responsibility; Life Satisfaction; Beijing; Residents

B. 9 Investigation on Prosocial Behaviors of Beijing Residents

Wu Baopei, *Qin Yang* / 170

Abstract: The present study used a sample of 2404 Beijing residents and examined the characteristics of prosocial behaviors and its related factors. Results found that: (1) the prosocial behaviors among Beijing residents has a medium level; (2) the levels of dimensions of prosocial behaviors were altruism, emotionality, openness, anonymity, compliance and urgency from low to high; (3) there were age, educational level, monthly income, and subjective socioeconomic status differences in prosocial behaviors; (4) prosocial behaviors was significantly and positively correlated with life satisfaction, subjective well-being, job satisfaction and the sense of social responsibility.

Keywords: Beijing; Residents; Prosocial Behaviors; Questionnaire Survey

B. 10 Investigation on Subjective Well-being of Beijing

Residents in Beijing   *Li Peiling*, *Song Junqing* / 196

Abstract: A survey of 2634 residents in 16 districts of Beijing in 2019 found that the subjective well-being of Beijing residents was at an upper-middle level. Female's subjective well-being was higher than that of men; citizens aged 31 − 40 had the highest subjective well-being, the married people and masters had the highest subjective well-being; People with formal jobs, people with Beijing registered permanent residence, and middle-class people had the highest subjective well-being. Social alienation is negatively correlated with subjective well-being, while job satisfaction is positively correlated with social responsibility and subjective well-being.

Keywords: Subjective Well-Being; Beijing; Residents; Social Psychological Services

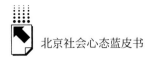
B. 11　Survey on life satisfaction of Beijing residents

Xia Yuxin，Yang Jing and Jin Siyu ∕ 218

Abstract：In this study，2851 Beijing residents were surveyed about their life satisfaction level. Results showed that： （1）Beijing residents' life satisfaction was slightly below the medium level； （2）the influence of demographic characteristics （age，etc.）on the life satisfaction of Beijing residents is statistically significant； （3）Life satisfaction was positively correlated with happiness，job satisfaction，prosocial behavior and social responsibility. There was a significant negative correlation with social alienation. Based on these results，this study put forward five advice on how to improve residents' life satisfaction. To ensure employment and standardize the enterprise system； To attach importance to the marriage function and carry out marriage education； To expand the welfare audience and improve the treatment of personnel in other provinces； To enhance the cultural level of the people； To strengthen the mental health education.

Keywords：Life Satisfaction； Beijing Residents； Subjective Socioeconomic Status； Psychological Needs

B. 12　The Study on the Job Satisfaction of Beijing Residents

Xia Yuxin，Guan Chunping ∕ 247

Abstract：The present study used a sample of 2634 Beijing residents and examined the characteristics of job satisfaction. Results found that： （1）the job satisfaction among Beijing residents has a medium level； （2）there were age，gender，marital status，educational level，working status，monthly income，homeplace，place of domicile，subjective socioeconomic status and number of offspring differences in job satisfaction； （3）job satisfaction was significantly and positively associated with subjective well-being，life satisfaction，prosocial behavior and the sense of social responsibility. And there was no significant correlation between job satisfaction and social alienation.

Keywords：Beijing Residents； Job Satisfaction； Social Mentality

Ⅲ Mental Health

B. 13 Survey on Mental Health of Residents in Beijing

Lei Xiuya, *Fang Hualing* / 267

Abstract: This survey investigates the current situation and related factors of mental health among 1918 Beijing residents. The results of the survey are as follows: (1) the mental health status of Beijing residents has an upper-middle level; (2) there are significant age, education level, working status, monthly income, marital status, family location, place of residency, household registration and numbers of children differences in mental health among Beijing residents; (3) depression, social support, sleep index, self-esteem and mobile phone addiction had strong association with mental health.

Keywords: Beijing Residents; Mental Health; Social Mentality

B. 14 A Survey on Mobile Phone Addiction among
Residents in Beijing

Li Peiling, *Qin Yang* / 284

Abstract: The current study, using a sample of 1915 Beijing residents, investigated the characteristics of the mobile phone addiction and its related factors. The results showed the following: (1) the mobile phone addiction of Beijing residents has a medium level; (2) the levels of dimensions of the mobile phone addiction, from low to high, were social comfort, App update, withdrawal behavior, negative influence, prominent behavior, and App use; (3) there were gender, age, educational level, and subjective socioeconomic status differences in the mobile phone addiction of Beijing residents; (4) the mobile phone addiction was significant and positive correlated with both depression and anxiety, while it negatively correlated with self-esteem, social support, and mental health.

Keywords: Beijing Residents; Mobile Phone Addiction; Mental Health

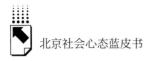

B. 15　A study on Depression among Elders in Beijing

Wang Guangxin, Zhu Xiaoshan and Yu Kaili / 304

Abstract: The purpose of this study is to investigate the characteristics and related factors of depression among the aged in Beijing. Totally 361 elderly people were accessed with Depression in Old Age Scale (DIA – S20), Loneliness Scale, University of California at Los Angeles (UCLA), Self-esteem Scale (SES), Social Support Rating Scale (SSRS), and Self-rated Health Measurement Scale (SRHMS). The results are as follows: (1) the rate of depression in this sample was 40. 3%; (2) the statistically significant differences showed in different marital status and number of children; (3) loneliness, social support and self-esteem significantly impacted on depression level. These findings highlight the mental health of the elderly since our country has stepped into the ageing of population stage. It is urgent to help old individuals living with depression state.

Keywords: Elderly People; Depression; Loneliness; Social Support; Self-Esteem

B. 16　The Study on Loneliness of Beijing Elderly Residents

Wang Guangxin, Li Yunjia and Li Luhan / 318

Abstract: This study investigated the basic characteristics of loneliness and its relationship with depression, mental health, self-esteem and social support of 198 elderly residents in Beijing. The loneliness status of the elderly residents in Beijing is above the middle level. Demographic characteristics (gender, location, marital status, education level, monthly income, family location, household registration, number of children) had significant impact on elderly residents' loneliness. The loneliness of the elderly decreases with the increase of mental health, self-esteem and social support. Elderly residents' loneliness is negatively correlated with mental health, self-esteem and social support, but not with depression.

Keywords: Elderly Residents; Loneliness; Beijing

Ⅳ Psychosocial Services

B. 17   The Current Situation of the Construction of Social

Psychological Service in Beijing   *Yang Zhihui*, *Cui Wei* / 333

Abstract: The current study, using a sample of Beijing residents and social psychological service providers, examined the current status of the supply, the need and the professional talents of social psychological service in Beijing. Results found that: (1) 50. 10% of the Beijing residents reported that the specialization levels of the social psychological service providers in their communities were generally not very high; (2) 56. 8% of the Beijing residents reported that it was necessary to construct the social psychological service centers in communities; (3) more than half of the social psychological service providers had psychological or medicine background, and they received professional training.

Keywords: Supply of Social Psychological Service; Need of Social Psychological Service; Social Psychological Service System

B. 18   Investigation on the Demand of Social Psychological

Services of Beijing Residents

Gao Jing, *Li Zhengren and Yang Zhihui* / 351

Abstract: A questionnaire survey was conducted among 2569 residents in 16 districts of Beijing to investigate the current situation of residents' demand for social psychological services. The main results are as follows: (1) in terms of the attitude and willingness to seek help, the male, middle-aged, urban residents, married, childless, with a bachelor's degree or above, and with a formal job residents are more active in coping with psychological problems, and tend to choose the psychological consultation clinic in general hospitals and seek relatives and friends to talk; (2) in terms of social psychological service demand, 42. 5% of the residents of community

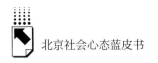

psychological service said "very satisfied" or "satisfied", 56.82% of the residents of community said that it was "very necessary" or "possibly necessary" to set up the community psychological service station; (3) the residents most wanted that the community psychological service station to carry out free psychological counseling services. They hoped could get other professional psychological service as well, such as psychological lectures or related activities about coordinating the relationship between family, dealing with family conflicts, releasing bad emotions, relieving pressure related to work or study, preventing and diagnosing mental diseases, especially for vulnerable groups (unemployed people, the elderly, women, etc.).

Keywords: Social Psychological Service; Attitude and Willingness to Seek Help; Social Psychological Service Demand; Community Psychological Service Station

社会科学文献出版社

皮 书

智库报告的主要形式
同一主题智库报告的聚合

❖ 皮书定义 ❖

皮书是对中国与世界发展状况和热点问题进行年度监测，以专业的角度、专家的视野和实证研究方法，针对某一领域或区域现状与发展态势展开分析和预测，具备前沿性、原创性、实证性、连续性、时效性等特点的公开出版物，由一系列权威研究报告组成。

❖ 皮书作者 ❖

皮书系列报告作者以国内外一流研究机构、知名高校等重点智库的研究人员为主，多为相关领域一流专家学者，他们的观点代表了当下学界对中国与世界的现实和未来最高水平的解读与分析。截至2020年，皮书研创机构有近千家，报告作者累计超过7万人。

❖ 皮书荣誉 ❖

皮书系列已成为社会科学文献出版社的著名图书品牌和中国社会科学院的知名学术品牌。2016年皮书系列正式列入"十三五"国家重点出版规划项目；2013~2020年，重点皮书列入中国社会科学院承担的国家哲学社会科学创新工程项目。

权威报告·一手数据·特色资源

皮书数据库
ANNUAL REPORT(YEARBOOK)
DATABASE

分析解读当下中国发展变迁的高端智库平台

所获荣誉

- 2019年，入围国家新闻出版署数字出版精品遴选推荐计划项目
- 2016年，入选"'十三五'国家重点电子出版物出版规划骨干工程"
- 2015年，荣获"搜索中国正能量 点赞2015""创新中国科技创新奖"
- 2013年，荣获"中国出版政府奖·网络出版物奖"提名奖
- 连续多年荣获中国数字出版博览会"数字出版·优秀品牌"奖

成为会员

　　通过网址www.pishu.com.cn访问皮书数据库网站或下载皮书数据库APP，进行手机号码验证或邮箱验证即可成为皮书数据库会员。

会员福利

- 已注册用户购书后可免费获赠100元皮书数据库充值卡。刮开充值卡涂层获取充值密码，登录并进入"会员中心"—"在线充值"—"充值卡充值"，充值成功即可购买和查看数据库内容。
- 会员福利最终解释权归社会科学文献出版社所有。

社会科学文献出版社 皮书系列
SOCIAL SCIENCES ACADEMIC PRESS (CHINA)

卡号：223125597824
密码：

数据库服务热线：400-008-6695
数据库服务QQ：2475522410
数据库服务邮箱：database@ssap.cn
图书销售热线：010-59367070/7028
图书服务QQ：1265056568
图书服务邮箱：duzhe@ssap.cn

S 基本子库
SUB DATABASE

中国社会发展数据库（下设 12 个子库）

整合国内外中国社会发展研究成果，汇聚独家统计数据、深度分析报告，涉及社会、人口、政治、教育、法律等 12 个领域，为了解中国社会发展动态、跟踪社会核心热点、分析社会发展趋势提供一站式资源搜索和数据服务。

中国经济发展数据库（下设 12 个子库）

围绕国内外中国经济发展主题研究报告、学术资讯、基础数据等资料构建，内容涵盖宏观经济、农业经济、工业经济、产业经济等 12 个重点经济领域，为实时掌控经济运行态势、把握经济发展规律、洞察经济形势、进行经济决策提供参考和依据。

中国行业发展数据库（下设 17 个子库）

以中国国民经济行业分类为依据，覆盖金融业、旅游、医疗卫生、交通运输、能源矿产等 100 多个行业，跟踪分析国民经济相关行业市场运行状况和政策导向，汇集行业发展前沿资讯，为投资、从业及各种经济决策提供理论基础和实践指导。

中国区域发展数据库（下设 6 个子库）

对中国特定区域内的经济、社会、文化等领域现状与发展情况进行深度分析和预测，研究层级至县及县以下行政区，涉及地区、区域经济体、城市、农村等不同维度，为地方经济社会宏观态势研究、发展经验研究、案例分析提供数据服务。

中国文化传媒数据库（下设 18 个子库）

汇聚文化传媒领域专家观点、热点资讯，梳理国内外中国文化发展相关学术研究成果、一手统计数据，涵盖文化产业、新闻传播、电影娱乐、文学艺术、群众文化等 18 个重点研究领域。为文化传媒研究提供相关数据、研究报告和综合分析服务。

世界经济与国际关系数据库（下设 6 个子库）

立足"皮书系列"世界经济、国际关系相关学术资源，整合世界经济、国际政治、世界文化与科技、全球性问题、国际组织与国际法、区域研究 6 大领域研究成果，为世界经济与国际关系研究提供全方位数据分析，为决策和形势研判提供参考。